EL PUENTE ENTRE EL ESTE Y EL OESTE:

UNA JORNADA A LA VERDAD A TRAVÉS DE SU AMOR

Con todo el amor y las
bendiciones del Señor Jesús
y María Santísima!
Samia Zumout

ISBN 978-1-60145-906-0
2d Edición

Impreso en los Estados Unidos de América

Citas bíblicas tomadas de *La Biblia Latinoamérica*, edición revisada 1995, Derechos reservados 1972.

Catecismo de la Iglesia Católica, Segunda Edición, Librería Editrice Vaticana, Derechos reservados 1997.

Traducido al español por: Enrique Romero, Raquel Arenz, Teresa Arenz y Andrea Pérez

Título del libro en su idioma original: *The Bridge Between the East and the West: A Journey to Truth through His Love*
Diseño de la portada de libro: Ana Ramírez, Diseñadora gráfico.

Fotos de la portada compradas con el Contrato de Licencia Extendido (Reproducción Ilimitada):

El Puente: ©iStockphoto.com/Evgeny Kuklev

La Paloma: ©iStockphoto.com/Christopher Ewing

Imagen de la Virgen María: Foto tomada por Samia Zumout del cuadro original en Medjugorje. © Informativni centar "Mir" Medjugorje: www.medjugorje.hr

Publicado por: Booklocker.com, Inc. 2010

EL PUENTE ENTRE EL ESTE Y EL OESTE:

UNA JORNADA A LA VERDAD A TRAVÉS DE SU AMOR

AUTORA:

Samia Mary Zumout

TRADUCIDO POR:

Enrique Romero   **Raquel Arenz**

Teresa Arenz   **Andrea Perez**

DEDICATORIA:

PARA LA GRAN GLORIA DE DIOS

EN HONOR A:

MI FAMILIA TERRENAL

MIS QUERIDOS Y FIELES PADRES: ELIAS Y SONIA

MIS EXTRAORDINARIOS HERMANOS Y HERMANA Y SUS FAMILIAS

TODOS MIS PARIENTES MARAVILLOSOS: TÍAS, TIOS Y PRIMOS

WENDY SACA, ANA RAMÍREZ, MARIZOL PLOCHÉ, LOURDES PEREIRA

ENRIQUE ROMERO, RAQUEL ARENZ, TERESA ARENZ, ANDREA PÉREZ

TODOS MIS AMIGOS INCREIBLES

LOS MINISTERIOS DE JOSHUA Y PAHIES GRUPO DE ORACIÓN

CADA PERSONA QUE HA ORADO POR MÍ O VA A ORAR POR MÍ

CADA PERSONA QUE HA CRUZADO O CRUZARÁ MI CAMINO EN LA VIDA

AGRADECIMIENTOS ESPECIALES A:

MI FAMILIA CELESTIAL

LA SANTÍSIMA TRINIDAD

(EL PADRE, EL HIJO Y EL ESPÍRITU SANTO)

LA SANTÍSIMA VIRGEN MARÍA

MI ÁNGEL GUARDIÁN

TODOS LOS SANTOS

TODOS LOS ÁNGELES

CONTENIDO

Capítulo Uno

Dios es Amor

"Él que no ama no ha conocido a Dios, pues Dios es Amor."
1Juan 4:8

No tengo miedo de hablar de Dios. Dios es la fuente de vida y amor sanador en mi vida. Este libro se trata de este amor. Dios **es** Amor. ¿Qué sientes cuándo lees esta frase? La repetiré una vez más.

Dios es Amor.

Quizás estás experimentando enojo en estos momentos al leer esta frase. He conocido a muchas personas a través de los años, incluso amigos cercanos, que están muy enfadados con Dios y se niegan darle una oportunidad. Ellos han sufrido enormemente en sus vidas por lo cual se sienten traicionados por Él y no pueden experimentar Su amor o Su protección cuando lo necesitan más. Yo comprendo sus enojos y me identifico con ellos. También yo he experimentado períodos muy difíciles y oscuros en mi vida. Muchas veces, me he sentido enojada con Dios, sintiéndome abandonada hasta el punto de llegar a la desesperación, pero a través de la jornada de mi vida, a pesar de lo que he soportado, Dios ha demostrado que Él *es* Amor. Él ha confirmado que todo en mi vida – lo bueno y lo malo – tiene su propósito. Mientras que estás leyendo la historia de mi vida, quizás tú puedas darte cuenta también, cuando estás reflexionando sobre tu pasado, que nunca fuiste abandonado por Dios tampoco. Mi mayor oración y esperanza es que tú puedas encontrar algunas respuestas a las preguntas de *tu* vida al leer sobre la mía. Le pido al Señor que mi jornada sirva como un paso importante para poder alcanzar paz interior y sanación a todos mis lectores.

Quizás tú no estás seguro quien es Dios o tal vez tú estás de acuerdo conmigo que Dios es Amor; a pesar de esto, te invito a acompañarme en esta jornada a través de mi vida y mi propio descubrimiento de Dios y de Su amor abundante por cada uno de nosotros. Este libro es para todos los que están dispuestos abrir su corazón para experimentar el amor sanador de Dios.

El propósito de este libro no es para convertirte o convencerte de *mis* propias creencias mientras te las cuento. Te estoy invitando a caminar conmigo mientras comparto contigo lo que ha sido hasta ahora mi viaje espiritual en esta vida, lo que formó *mis* creencias y me condujo a vivir y experimentar el Amor inmenso e inmensurable de Dios por mí y por todos los que están a mi alrededor. El viaje de mi vida se ha extendido a través de varios continentes, desde mi salida de Jordania en el Medio Oriente (el Este) hasta los Estados Unidos en el Oeste, y de ahí el título de mi libro: "*El Puente entre el Este y el Oeste.*" El puente representa mi vida.

Mientras que abro mi corazón y comparto contigo *mi* jornada hacia Dios, le pido a Él para que tú también trates de abrir tu corazón cuando estés leyendo mi historia. Te reto a salir de tus propios esquemas en los que posiblemente has estado encajado, te reto a abrir tu alma y tu corazón hacia un

2

nuevo modo de ver las cosas, una nueva perspectiva hacia la vida, el sentido que ésta tiene y tu misión en la vida.

Prepárate a ver el mundo a través de *mis* ojos mientras te llevo a otros países y te muestro culturas diferentes. Prepárate a sonreír. Prepárate a sentir algo de enojo y tristeza. Permite que tus lágrimas corran. Prepárate para el reto de ver profundamente dentro de tu propio corazón. Le pido al Señor que cuando terminemos esta jornada juntos, estés lleno de más fe, más esperanza, más paz interior, más alegría y sobre todo, más AMOR.

¿QUÉ ES EL AMOR?

Lamentablemente, en el mundo de hoy, la palabra "amor" ha perdido su sentido y esencia. La usamos para todo. Amo estos zapatos. Amo el golf. Amo mi perro. Amo a mi *iPod*. Amo esta película. Amo esta canción. Amo el *sushi*.

Cuando me refiero a Dios como AMOR, tomo esta palabra muy seriamente y quiero restaurarle su sentido completo. Desafortunadamente, a través de la historia, muchos han usado el nombre de Dios para destruir la vida y han sembrado semillas de odio, cuando en realidad Dios es la Fuente de Vida y Amor.

La jornada de mi vida me ha mostrado que el AMOR implica Perdón, Sacrificio, Misericordia, Compasión, Esperanza, Fe, Confianza, Comprensión, Apoyo, Desinterés, Sanación, Verdad, Vida, Paz y Alegría. Estas son algunas de las palabras que describen a Dios, quien es la esencia del AMOR. El amor es el corazón de todo lo vivo. El amor es la esencia de nuestro ser. El amor es el oxígeno el cual es primordial para nuestra existencia.

Todos los libros del mundo nunca podrán enseñarnos sobre Dios o Su Amor si nunca hemos tenido una experiencia personal con Él. Una vez que realmente experimentemos Su Amor y abramos nuestros corazones para recibirlo, nunca volveremos a ser los mismos. Su Amor ha estado cambiando y sanando mi corazón herido de todas las mentiras que creí de mí y de todo a mi alrededor. Sólo la Verdad de Dios pudo disipar las mentiras que en el pasado creí. Sólo Su Luz pudo disipar la oscuridad en mi corazón. Sólo Su Amor pudo transformar mi vida y restaurarme a ser la persona quién Él creó para que yo fuera desde el principio.

Por supuesto, cuando definimos el Amor, es natural recordar los versos famosos de San Pablo que nos habla de las características del amor que con tanta frecuencia se leen durante las ceremonias de las bodas cristianas: *"El amor es paciente, servicial y sin envidia. No quiere aparentar ni se hace el importante. No actúa con bajeza ni busca su propio interés. El amor no se deja llevar por la ira, sino que olvida las ofensas y perdona. Nunca se alegra de algo injusto y siempre le agrada la verdad. El amor disculpa todo; todo lo cree, todo lo espera y todo lo soporta."*[1]

---

[1] 1Corintios 13: 4-8

¿QUIÉN SOY YO?

Yo no soy teóloga o historiadora y ciertamente no soy terapeuta o psicóloga. Mis estudios académicos son en derecho y soy abogada y también agente de bienes raíces. Estoy agradecida por las bendiciones recibidas en esta jornada de mi vida hasta ahora, en la cual he aprendido a dominar con fluidez cuatro idiomas: inglés, árabe, español y francés. Por medio de estas bendiciones, Dios me ha permitido compartir Su Amor con diferentes culturas. Sin embargo, mi educación académica y lo que hago para ganarme la vida no define quién soy yo como ser humano. Cualquier profesión sólo indica una habilidad y la vida de cada uno de nosotros está constantemente cambiando. Ahora me defino por mi relación con Aquél quién es la razón de mi existencia en la tierra. Él es quien le da sentido a mi vida y todo lo que en ella ocurre. Él es quien estratégicamente planeó mi nacimiento y mi misión específica en la vida. Él es el único que sabe el minuto exacto y hasta el segundo en que me *graduaré* finalmente de la tierra para regresar a mi casa celestial.

Por supuesto, yo no me he definido siempre de esta manera. Dios me ha comprobado que Él es mi Padre Celestial a través de muchas maneras en mi vida, particularmente por medio de un incidente horrible que pudo traumatizarme para siempre. Soy ante todo hija de Dios, nuestro Padre Divino. Para mí, tú, el lector, es mi hermano y hermana espiritual, también un hijo o una hija de nuestro Padre Divino sin importar el credo, la religión o la creencia que puedes estar practicando hoy.

Como vas a leer en los capítulos a continuación, he experimentado algunos eventos extraordinarios y milagrosos que cambiaron el curso de mi vida y que ocurrieron mientras viajaba por Europa con amigos. Mi intelecto y mi mente no pudieron comprender lo que yo vi con mis propios ojos o experimenté en mi corazón. Mi noción de Dios cambió para siempre y he sido invitada a compartir estas experiencias poderosas en California y hasta en México.

Empecemos nuestra jornada mientras te doy la bienvenida al país de mi nacimiento, nuestra primera destinación.

Capítulo Dos

Mi infancia en Jordania

"Pues eres tú quien formó mis riñones, quien me tejió en el seno de mi madre. Te doy gracias por tantas maravillas, admirables son tus obras y mi alma bien lo sabe. Mis huesos no te estaban ocultos cuando yo era formado en el secreto, o bordado en lo profundo de la tierra. Tus ojos veían todos mis días, todos ya estaban escritos en tu libro y contados antes que existiera uno de ellos."

Salmo 139: 13-16

Nací en Amman, la capital de Jordania, en octubre de 1969, y crecí allí hasta la edad de trece años. El primer idioma que aprendí fue el árabe. Nací en una familia que era, y que siempre ha sido, cristiana. Mi madre fue criada católica bizantina y mi padre católico romano. Yo fui bautizada católica romana; crecí abrazando las ricas enseñanzas de esos dos brazos de la Iglesia Católica, los ritos del Este y del Oeste.

Hoy en día, los cristianos en Jordania constituyen aproximadamente el cinco por ciento (5%) de la población. Muchos cristianos jordanos pertenecen a la Iglesia Ortodoxa Griega, otros a la Iglesia Católica Romana, algunos a la Iglesia Católica del Este, y algunos a la Iglesia Protestante. La mayoría, el noventa y cinco por ciento (95%), son Musulmanes Sunitas.

Los cristianos en el Medio Oriente se autonombran "cristianos" independientemente de sus denominaciones. Después de inmigrar a los Estados Unidos, me sorprendió el saber que muchas personas interpretan la palabra "cristiano" como "protestante", la cual excluye católicos y otras denominaciones. Los católicos son cristianos. La palabra "católica" significa "universal." La Iglesia Católica se refiere a la iglesia universal que fue fundada hace más de 2000 años por Jesucristo mismo a través de sus apóstoles al decir a Pedro, según el Evangelio de Mateo: *"Y ahora yo te digo: tú eres Pedro (o sea Piedra), y sobre esta piedra edificaré mi Iglesia; los poderes de la muerte jamás la podrán vencer. Yo te daré las llaves del Reino de los Cielos: lo que ates en la tierra quedará atado en el Cielo, y lo que desates en la tierra quedará desatado en el Cielo.*[2] Pedro fue el primer Papa de la Iglesia Católica Romana.

Cuando era niña me enseñaron a rezar todas las noches antes de irme acostar. Debido a la naturaleza restrictiva de la semana laboral en Jordania, mis padres me llevaban a mis hermanos y a mí a la iglesia los días festivos de mayor importancia como la Navidad, las celebraciones de la Semana Santa, y la Pascua. Debido a que Jordania es un país musulmán, los domingos eran días laborales como cualquier otro día, así que a mis padres les requerían que trabajaran. El viernes era el día musulmán oficial de descanso, y era el único

---

[2] Mateo 16: 18-19

día de descanso para la gente en aquel tiempo. Afortunadamente, mi casa estaba ubicada al otro lado de la calle donde había una iglesia Católica Bizantina. Me levantaba cada domingo e iba a la iglesia solita. Aun a la edad de siete años me levantaba temprano, sin ayuda, para ir a la Liturgia o Misa de las siete y media de la mañana. Cuando veo hacia al pasado, estoy asombrada del instinto interno y del hambre que yo tenía de Dios, lo cual superaba mi entendimiento limitado en aquel tiempo. He llegado a saber ahora que el amor tierno de Dios estaba presente entonces, y que siempre ha guiado mis pasos en mi viaje hacia Él.

Crecí en una casa conservadora que se centraba en altos valores morales, y fuertes lazos familiares. Mis padres me enseñaron la importancia de la unidad familiar a una edad muy temprana. La familia era el corazón de todo. Mis abuelos paternos habían vivido con mi familia desde que nací. En Jordania, era costumbre que el hijo mayor cuidara a sus padres ancianos, trayéndolos a su hogar, ya que era inimaginable ponerlos en una casa de convalecencia. A los niños se les enseñaba a respetar a los mayores de una manera muy especial y tierna.

Crecí con dos hermanos mayores, Nabil y Ramzi. Los tres nacimos con un año de diferencia cada uno, y a menudo jugábamos juntos y compartimos los mismos amigos del vecindario, quienes nos trataban como familia. Jugábamos los mismos juegos que los niños de todo el mundo juegan, como el esconderse y buscarse, *Monopoly*, *Scrabble*, ajedrez, fútbol, baloncesto, tenis, ping-pong, bádminton y a menudo jugábamos e intercambiamos nuestras canicas.

Mis padres ambos venían de familias grandes; yo siempre estuve rodeada por tías, tíos, y muchos primos quienes eran como mis propios hermanos. Las reuniones familiares siempre estaban llenas de comida deliciosa, conversaciones ruidosas, cantos, bailes y mucho amor y risa. En general, la cultura jordana se centraba en la familia y los eventos sociales de la familia. La gente en Jordania estaba internamente ligada con fuertes lazos comunitarios, obligaciones y se apoyaban uno al otro en ocasiones gozosas o tristes como, cumpleaños, aniversarios, días religiosos, nacimientos, bautizos, graduaciones, fiestas de antes, durante, y después de una boda, fiestas de despedidas, fiestas de bienvenidas, enfermedades, muertes, y funerales.

Sin embargo, el crecer en Jordania, no simplemente como cristiana, pero también como mujer fue muy difícil en diferentes niveles. Crecí lidiando con asuntos que me causaron sentir un conocimiento tremendo de mí misma, de mi feminidad, de mi orientación religiosa, de mi género y de mi tez oscura. Muchos jordanos tenían el color más claro y una tez más clara que era considerada ser mejor, más bonita, o de una clase más alta. Aunque nací en Jordania, mi padre era jordano y mi madre era palestina-libanés. Mi padre la conoció y contrajo matrimonio con ella cuando él estaba estudiando en la universidad en Beirut, la capital de Líbano. Cuando se casaron se mudaron a Jordania. Frecuentemente regresamos a Líbano durante las vacaciones de verano, la navidad o la Pascua a visitar a mis abuelos maternos y mi familia. Tuve la oportunidad de vivir en Beirut por dos años cuando era muy joven. A propósito, disfrute enormemente ir a Líbano donde las cosas parecieron ser diferentes. Sentí un sentido de la libertad y una actitud abierta en la cultura que yo anhelaba cuando regresé a Jordania. También me sentí bendecida extremamente por el amor que recibí de la familia de mi mama - abuelos, tías, tíos, y primos.

Tengo varios recuerdos de Jordania, tales como las reacciones de otras personas hacia mi religión que me hacían sentir como si hubiera algo malo en mí. Por ejemplo, durante los primeros siete años de mi vida, asistí a una excelente escuela privada que era muy elogiada por la enseñanza del francés - aparte del árabe e inglés - y era conocida por ser la mejor del país. Tenía estándares y requisitos académicos muy altos. La escuela era propiedad de una familia cristiana y era muy conocida en la capital de Amman. Los niños cristianos y musulmanes asistían a la escuela. Como cualquier niña de mi edad, yo quería hacer amigos, ser aceptada, ser querida, y sentir como si perteneciera ahí. Desafortunadamente, recuerdo varios incidentes los cuales me hicieron sentir lo opuesto, los cuales me hicieron sentir avergonzada de quien era yo. Esto ocurría comúnmente cuando conocía a los padres de mis amigos musulmanes, cuando jugaba con ellos o los visitaba en sus hogares. Temía demasiado una pregunta muy común, la cual anticipaba con mucha preocupación y ansiedad: *¿eres musulmana o cristiana?*

Esas palabras siempre me afectaron mucho, como un cuchillo afilado desgarrando mis oídos, y repetidamente descuartizando mi frágil y joven corazón. No se como escondía mis lagrimas en esos momentos porque sabía que las consecuencias de mi respuesta a veces resultaba en la perdida de la compañía de un amigo o el cambio de su comportamiento conmigo. Como niña, era incapaz de procesar esos sentimientos; yo hacía lo que muchos niños hacían comúnmente cuando sentían tremenda vergüenza, interiorizaba todo y trataba de bloquearla en algún lugar en el fondo de mi mente. No quería ser

11

diferente. Quería pertenecer y ser querida y aceptada por mis compañeros. Quizás puedas identificarte con algunos de estos sentimientos.

Mi religión no era algo de lo cual podía esconderme o escaparme, aun mi pasaporte lo identificaba así. Cristianos en Jordania muchas veces fueron llamados "infieles" en los programas de la televisión musulmana y entre muchas personas en la sociedad. Los cristianos eran tratados con inferioridad aunque nadie hablaba públicamente de esto, ni se atrevían a admitirlo. Se nos consideraba tener una religión del Oeste, ya que la mayoría de la gente hacia el oeste del Medio Oriente eran cristianos. Irónicamente, Jesucristo nació precisamente en el Medio Oriente, y el cristianismo se extendió desde allí hasta el resto del mundo. Muchas personas en todas partes del mundo parecen olvidar hoy este detalle histórico. Se asombran de saber que hay árabes cristianos en el Medio Oriente. La religión de Islam no existió sino hasta el siglo siete. Esto ocurrió a más de 600 años después de la crucifixión de Cristo. Para ese entonces el cristianismo se había extendido por muchos lugares. A pesar de la rápida expansión de Islam en el siglo siete a través de las conquistas islámicas, muchos cristianos que sobrevivieron persecuciones eligieron no convertirse al Islamismo. Mantuvieron sus creencias cristianas. En ese tiempo se les obligó a que pagaran un impuesto especial para poder practicar su religión, a cambio de su seguridad y libertad de culto. Muchos otros se convirtieron al Islamismo para evitar pagar el impuesto.

Así los musulmanes árabes y los judíos árabes, cristianos árabes se refieren también a Dios como "*Alá*," ya que es la palabra que significa "Dios" en árabe.

Aprendí a una edad muy joven en Jordania que para estar en paz y mantenerme viva, había dos asuntos de los cuales nunca debía hablar o públicamente discutir: política o religión. Como podrás ver, el ser una minoría nunca es una cosa agradable. El crecer como una cristiana y mujer en un país musulmán me produjo probablemente algunas de las heridas más profundas en mi corazón. Ésta *no* es la experiencia de cada cristiano que todavía tiene que crecer ahí. Sé que soy sólo una voz, pero no obstante, es *mi* voz y *mi* experiencia.

Aunque crecí en Jordania con una educación cristiana, honestamente no puedo decir que haya verdaderamente experimentado a Dios o Su amor en mi corazón. No fue hasta mucho tiempo después en mi vida que encontré una relación más personal con nuestro Señor Jesucristo. Mi conocimiento de Dios era un conocimiento intelectual, basado en lo que mi familia católica me había enseñado, las cosas que me memoricé en mi clase de educación religiosa en mi escuela católica y también este conocimiento estaba basado estrictamente en los puntos de vista culturales de Dios arraigados en mi mente. En Jordania, así como en más países de habla-árabe en el Medio Oriente, la cultura estaba dominada por los valores y por los puntos de vista islámicos.

Durante mi crecimiento, mi imagen de Dios era de un Dios distante, estricto, aislado, principalmente enfadado, y rencoroso que me castigaba cada vez que cometía un error. El miedo y la ira de Dios fueron inculcados en mí así como en muchas otras personas. De niños, aprendimos, en la sociedad, a hacer las cosas por "miedo" a Dios en lugar de hacerlas por "amor" a Dios. De niños oímos frecuentemente como nos decían "¡*Dios te castigará por hacer eso!*"

El miedo y desgraciadamente la vergüenza parecían ser las fuerzas impulsoras de la mayoría de las cosas que hacíamos o no hacíamos. Cuando era una muchacha joven, el miedo y la vergüenza estaban incrustados en mí de una manera tan profunda que a veces sentía como si no sólo cargara con lo mío sino que también cargaba con lo de otras mujeres de generaciones pasadas.

Para clarificar, hay dos tipos de vergüenza que he podido identificar. Una es el tipo de vergüenza positiva y saludable; es la que nos hace sentirnos mal cuando hacemos algo malo o nos comportamos impropiamente. Esta vergüenza saludable nos hace recordar nuestras limitaciones humanas y la dependencia en nuestro Creador, Dios. El segundo tipo de vergüenza al que me estoy refiriendo aquí es principalmente la vergüenza venenosa que se inyecta en nuestras mentes a través de los pre-juicios de otros y también a través de nuestro propio juicio, haciéndonos sentir defectuosos, incoherentes, inferiores, indignos y no amados. De hecho, las expresiones como *"ten vergüenza de ti"* o *"eso es vergonzoso"* eran frases muy comunes que estábamos acostumbradas a oír diario yo y la mayoría de las muchachas jóvenes. A veces las cosas más inocentes que hacía de niña me traían vergüenza como el andar en bicicleta, usar faldas cortas, el ser amiga de alguien de sexo opuesto o incluso mencionar la palabra "sexo."

El peor crimen de vergüenza que una muchacha o una mujer joven podía cometer era el "deshonrar" a su familia al perder su virginidad antes de casarse. El "honor" y "valor" de una muchacha están conectados con su "virginidad." Claro, esta regla sólo aplicaba a las mujeres mientras que los hombres estaban completamente exentos de esto. Tener una ley para unos y otra para otros entre hombres y mujeres era algo aceptado como normal y nadie se atrevía a cuestionar o desafiar esta desigualdad. De hecho, después de su primera noche como casados, muchas familias en aquel entonces (y creo que todavía esta práctica aplica en algunas familias de hoy) querían ver evidencia tangible que la novia había sido virgen en su primera noche de boda, por ejemplo, una toalla con manchas frescas de sangre indicando que su himen había estado intacto.

Al escribir estas líneas, no puedo evitar sentir un sentimiento repulsivo en mi estómago, en como el valor de una mujer podía degradarse y podía rebajarse a esta magnitud. ¿Cómo es posible que la mayoría de las personas en Jordania, y culturas similares, acepten la noción que el honor de una mujer se ata a ella en el "himen?" ¿Cómo puede ser que sus principios, integridad, intelecto, personalidad, educación y aspiraciones en la vida y ni hablar del valor de su vida, no cuenten para nada? Algunas muchachas, *incluso víctimas inocentes de violación*, han sido masacradas por sus propios padres, hermanos, o primos en el nombre del "honor." Este acto es llamado "asesinato por honor." Estoy sorprendida que personas buenas, educadas y razonables, hombres y mujeres al igual, acepten esta práctica bárbara sin pregunta alguna.

He aprendido que mi honor como mujer nunca se definirá sólo por una "membrana delgada" en mi cuerpo. Mi honor es definido y ungido por mi relación con nuestro Padre Celestial quién ha ordenado mi vida y mi propósito. Nuestros cuerpos enteros, hombre y mujer se han creado sagrados por Dios. Somos los templos del Espíritu Santo de Dios que mora dentro de nosotros,[3] dándonos la vida a hombres y mujeres al igual somos llamados a vivir vidas castas dentro del matrimonio y fuera del matrimonio. Somos la creación preciosa y única de Dios. Nada que hagamos puede negarnos el honor de ser Sus hijos queridos. ¡Como Sus hijos en la tierra, nada que nosotros hagamos, ya sea puro o pecador, cambiará esta verdad! Siempre seremos Sus hijos y Él siempre será nuestro Padre Celestial y Creador que nos perdona y nos ama. Él nunca dejará de amarnos. Es contra de Su naturaleza. No puedo dejar de recordar las palabras de nuestro Señor Jesús a los escribas y fariseos que le habían traído a una mujer que habían encontrado practicando adulterio. Ellos querían probar a Jesús preguntándole que si debían seguir la ley y apedrearla a muerte. La respuesta sabia y honesta de Jesús no los dejó sin otra opción más que alejarse silenciosamente uno por uno, empezando por los ancianos. Él dijo: *"Él que esté entre ustedes libre de pecado que sea el primero en tirar la primera piedra."*[4] Después de esto, Jesús no condenó a la mujer sino que le pidió que no pecara más.[5]

Así como los prisioneros estaban atados por sus trabas que restringían su libertad, en la mayoría de los países del Medio Oriente parecen ligar a las personas, sobre todo a las niñas y mujeres jóvenes, con la vergüenza para reprimir su crecimiento, su libre determinación y su libre albedrío. Al final, esto es por el control. Creo que la vergüenza ha sido pasada por generaciones y ha sido usada por el diablo como una gran arma para separarnos del amor de

---

[3] 1 Corintios 6: 19-20

[4] Juan 8:7

[5] Juan 8:11

Dios. Si nuestros sistemas de creencia falsos nos dijeran que éramos intrínsecamente defectuosos y no amados, entonces sólo sería lógico creer que fuimos indignos del amor de Dios.

A pesar de estos aspectos negativos que he mencionado, hay muchos aspectos que valoro de verdad y disfruto de la cultura jordana, como la hospitalidad, la generosidad de los jordanos, los lazos familiares fuertes, las frecuentes reuniones familiares, la unidad de la familia extendida y el afectuoso sentimiento de comunidad.

Irónicamente, debido a la cercanía familiar y cultural, muchos individuos pierden su verdadera identidad y su verdadero llamado en la vida. No sé de todos los cambios en la sociedad jordana de hoy, sin embargo, cuando yo estaba creciendo ahí, no había tal cosa como la libertad individual, la opción de libertad para decidir por sí mismo lo qué uno quería ser o lo que uno quería volverse. La mayor parte del tiempo, la familia – inmediata y extendida - e incluso la sociedad dictaban cómo el individuo se desarrollaría, con quién y cuando este individuo debería casarse, cómo este individuo debería vestirse o debería comportarse en público y cómo este individuo debería pensar. La lista no para. El individuo en muchos casos no tenía nada que decir ya que todas las opciones se dictaban por la familia o por la cultura. Las familias estaban tan concentradas en su reputación social que una persona oía a menudo la expresión *"¿qué dirán las personas?"* Esto servía como una condenación de sentimiento de culpa con cualquier acto que un individuo se atrevía hacer y que no coincidía con las reglas de la sociedad. Por ejemplo, muchas familias presionaban a sus hijos para que se hicieran ingenieros o doctores. La sociedad favorablemente alababa estas profesiones. Los padres se sentían orgullosos de ser llamados "los padres de" un ingeniero o un doctor. Debido al alto número de dichas profesiones, el pequeño país estaba saturado con desempleados e ingenieros no realizados que terminaban cambiando profesiones o se hacían taxistas. Incluso los sistemas educativos en Jordania les exigían a los estudiantes escoger su campo de estudio y determinar el curso de su vida a los trece años de edad. Aun más, era una norma cultural casarse joven en Jordania. Las mujeres más viejas eran evadidas o se les tenían lástima por estar solteras a los veintitrés años de edad ya que el valor de una mujer en el Medio Oriente disminuía con la edad. Muchas personas comprometían su felicidad personal y libertad por adherirse a las expectativas culturales. Las apariencias eran sumamente importantes.

Increíblemente, este ejercicio de controlar la vida de los individuo normalmente se hacia en el nombre del "amor." Era "por amor" que una familia hacia esto por su hija o hijo. Si una persona tenía el valor para cuestionar estas normas culturales que dictaban su vida, esta persona era obligada a sentirse muy culpable, muy avergonzada y era severamente condenada por la familia por ser irrespetuosa a sus superiores. ¡No estaba dentro de las normas culturales cuestionar o desafiar el estado de las cosas y nombrando este estado de las cosas "amor" llevado esto a una creencia falsa de lo que el "amor" realmente es!

No dudé que estas familias intentaban "amar" a su hija o hijo. Ésta era la única manera que sabían como demostrar su amor y la única manera en que a ellos les habían enseñados a amar. Es aquí precisamente donde tomo una posición y desafío el significado de esta palabra increíble "amor." ¿Es este tipo de amor comprensivo y bien cuidado de la otra persona? ¿Crea un ambiente de confianza y crecimiento? ¿Es este un amor sin egoísmo o es un amor egoísta? ¿Este amor verdaderamente refleja a Dios que es la *esencia* y *fuente* de todo amor?

Tristemente, a veces para mí la cultura jordana la sentía como una navaja de doble filo. Por un lado me dio un sentido de familia y comunidad. Por otro lado me despojó de mi libertad, el derecho de ser yo misma, ser amada - la hija que Dios me creó ser. Me parecía que la identidad de un individuo tenía que estar conectada a menudo con la identidad de otra persona.

Por ejemplo, el quien era yo como persona en la sociedad estaba conectado al apellido paterno de mi familia, de que religión era, quién era mi padre y cual era su profesión. La identidad de mi padre también se conectaba a su apellido paterno, su profesión, su educación y el nombre de su primer hijo varón. La identidad de casi todos los padres y madres en Jordania cambiaba automáticamente en cuanto tenían su primer hijo varón. Sus nombres cambiaban de repente al título "el padre de" y "la madre de" seguido por el nombre de su hijo.

Tomemos a un padre llamado "Daniel" y una madre llamada "Laura." Ellos tenían un hijo primogénito a quien llamaban "Samuel." Después del nacimiento de Samuel, las personas empezaban a llamar a Daniel y Laura con sus nuevos nombres "el padre de Samuel" y "la madre de Samuel" (en el dialecto árabe jordano, sería "*Abu* Samuel" y "*Um* Samuel.") En caso de que estos padres sólo tuvieran niñas bebes y sin ningún varón, a los padres se les llamaría por sus nombres originales. No había ninguna práctica común para contemplar el daño emocional y potencial que esto infligía en los otros hermanos de la familia, el resto de los hermanos y hermanas. Claro, esta práctica insinuaba que el resto de los niños eran menos importantes que el primer varón. De alguna manera la mayoría de las personas en la sociedad aceptaba esta vieja tradición, se enorgullecían de ella y no la cuestionaban.

Cuando contemplé el escribir acerca de este asunto, no podía dejar de preguntarme de las posibles consecuencias que yo pudiera enfrentar en el futuro como resultado de "hablar" o "romper el silencio" y escoger a no someterme más a la negación o al rechazo cultural familiar. El escribir este libro vendrá con un precio. ¿Cómo reaccionaría mi familia y familiares con mis palabras? ¿Perdería a mis amigos en el Medio Oriente? ¿Sería excluida por la comunidad del Medio Oriente americana que me conoce? ¿Qué posibles consecuencias habrá?

De niña era tan natural que me sintiera asustada y sin voz así como era el jugar con muñecas. Ahora, como adulta, quiero vivir en libertad y sin miedos. Mi Señor Jesucristo enseñó que *"la verdad te hará libre."*[6] Yo quiero vivir en la verdad y disfrutar la libertad que es el resultado de esta verdad no importa que tan malas sean las consecuencias. La verdad puede ser al principio dolorosa, pero créelo o no, requiere mucho más esfuerzo el vivir en la negación y la decepción.

Mientras continúo compartiendo la jornada de mi vida, podrías experimentar un rango de emociones que dependerán de tu propio país, orígenes o cultura. Por favor nota que mi intención no es que tú te enojes o

---

[6] Juan 8:32

que odies a las personas de Jordania, el Medio Oriente, a los musulmanes o cualquier otro grupo de personas. Realmente, tengo muchos amigos que son musulmanes y árabes. Valoro su amistad muchísimo y los respeto inmensamente. Hemos compartido muchos momentos maravillosos llenos de risa, amor, grandes conversaciones, bailes y claro mucha comida deliciosa. De hecho una de mis mejores amigas, Rasmiya, es musulmana y le tengo mucho cariño. Dios ha usado su amistad durante muchos momentos cruciales de mi vida para hablarme con frecuencia a través de sus palabras o gestos. Nosotros hemos sido amigas por trece años y ella es como una hermana para mí. Nosotros hemos compartido muchos momentos de risa así como lágrimas y muchas conversaciones profundas y reflexiones de Dios.

Para que tú entiendas donde estoy hoy en la jornada de mi vida, tienes que saber donde he estado y como he progresado y crecido a lo largo del camino. Al ver las experiencias dolorosas de mi pasado, comprendí que esos momentos dolorosos fueron el catalizador de mi despertar espiritual. Estoy agradecida con cada detalle de mi pasado y no lo cambiaría en nada, aun cuando pudiera hacerlo. Nuestro Señor me está enseñando que los períodos dolorosos de nuestras vidas pueden volverse entradas a nuestra purificación y crecimiento espiritual, si se los entregamos a Él. Estos períodos dolorosos pueden comprometernos a buscar la verdad en la vida y encontrar a Dios.

Discutiré en los capítulos más adelante, a través de mi sanación interior, como nuestro Señor ha sanado mi corazón de la mayoría de estos recuerdos perjudiciales que me permiten ahora que abra mi corazón a ti sin sentir nada de vergüenza, resentimiento o enojo. Espero que a través de mi jornada, tu corazón encuentre también la sanación que necesite, sin tener en cuenta tu credo, religión o creencias. Sé que tú también tienes tu propia historia y jornada. Estoy segura que te puedes identificar con algunos de mis dolores aunque parezcan diferentes o hayan sido infligidos de una manera diferente. Entre más permito que el amor de Dios sane mi corazón herido, más puedo tener compasión por mí y por otros, sobre todo los que me causaron la mayor parte de mi dolor. El verdadero perdón viene de la gracia y amor infinito de Dios. Oro para que tu experiencia sea similar a la mía. Han pasado muchos años para que mi mente y corazón por fin puedan identificar y comprender lo que el Señor Jesús dijo mientras moría en la cruz: *"Padre perdónalos, que no saben lo que hacen.*[7]*"*

---

[7] Lucas 23:24

Capítulo Tres

El encuentro de mi nuevo hogar en América

"Porque yo sé muy bien lo que haré por ustedes; les quiero dar paz y no
desgracia y un porvenir lleno de esperanza. "

Jeremías 29:11

En Jordania, oía con frecuencia que mi padre hablaba acerca de inmigrar a otro país. Durante algún tiempo habló de Inglaterra, después de Alemania y finalmente de los Estados Unidos de América. No lo tomé en serio hasta el año de 1981 cuando finalmente planeó un vuelo a los Estados Unidos para visitar a su primo y explorar la opción de inmigrar. Mi padre quería una vida mejor para su familia y sus tres hijos. Él sabía que en el futuro nosotros viajaríamos al extranjero para seguir nuestra educación universitaria. Mis padres desde una edad muy temprana inculcaron en nosotros el valor de la educación superior. Mi padre quería que su familia se mantuviera unida, ya que la mayoría de los jóvenes adultos que salían a estudiar al extranjero nunca regresaban a su país. Él encontró a un buen abogado de inmigración que le ayudó a que obtuviera la tarjeta de residencia permanente legal (*"Green Card"*) a través de los cauces adecuados para él y toda su familia. Antes de que lo supiéramos, las puertas se nos abrieron y mi madre empezó a vender nuestras propiedades en Jordania y a empacar nuestras cosas personales en preparación para nuestra inminente inmigración.

El miércoles, 13 de julio de 1983, mi vida cambió dramáticamente para siempre. Fue un día que nunca olvidaré. Recuerdo claramente la oscuridad de afuera cuando nos levantamos antes del amanecer. Con lagrimas en los ojos, llevaba mis maletas por la calle dónde nuestros vecinos, también lloraban, nos esperaban para decirnos adiós por nuestra partida rumbo al aeropuerto. Estos vecinos eran como una familia para nosotros. Crecimos juntos, jugamos juntos, teníamos comidas juntos y compartimos muchos recuerdos maravillosos. Fue muy difícil para mí creer que nunca podría verlos de nuevo. La inmigración nunca es fácil porque trae consigo empezar de nuevo en un lugar extraño, con un nuevo idioma, una nueva cultura, nuevas comidas, nuevas escuelas, y nuevos ambientes. Con el tiempo, el inmigrante hace nuevos amigos, encuentra nuevos vecinos, e incluso una nueva familia extendida, pero la pérdida de lo que se dejo atrás se queda en el corazón.

Muchas preguntas pasaron por mi cabeza. ¿Podré adaptarme? ¿Podré avanzar y asimilar una nueva cultura? ¿Entenderán las personas mi acento? ¿Los entenderé si hablan demasiado rápido? ¿Podré hacer nuevos amigos? ¿Me aceptaran? ¿Encajaré?

Tenía trece años y sabía que estaba dejando mucho atrás. Tenía muchos parientes, primos, tías, tíos y amigos. A pesar del dolor y las heridas en mi corazón que la vida en Jordania me había causado me había acostumbrado a este lugar y no quería salir.

A veces es más fácil quedarse en un estado emocional conocido de dolor que arriesgarse a enfrentar el miedo de lo desconocido, no importa que tan liberador el resultado pudiera ser. Aun más, cuando nos quedamos completamente sumergidos en algo, no comprendemos que tan influyente es esto para nuestro corazón y alma hasta que finalmente lo dejamos. Por ejemplo, es difícil saber que estamos en un cuarto oscuro si nunca antes hemos experimentado la luz. Nos conformamos con la oscuridad, ya que es la única cosa que conocemos y a la vez aprendemos a ajustarnos a esa oscuridad. Una vez que hemos experimentamos la luz y la podemos comparar con la oscuridad que previamente aceptábamos, es difícil regresar a tolerar esa oscuridad.

Llegamos al Aeropuerto Internacional de San Francisco dónde fuimos recibidos por mi padre que se había cambiado a Sacramento, California, después haber recibido su *Green Card*, ya que le había gustado la vida callada de la ciudad y el clima era similar al de Jordania. Cuando manejamos de San Francisco a Sacramento, me quede fascinada por la belleza de los edificios en el centro de la ciudad de San Francisco, la naturaleza verde y lo agradable del camino y cómo todos manejaban de una manera ordenada en las anchas carreteras. Me quede impresionada de que nadie tocara el claxon del automóvil cuando manejaban. Como podrás ver, en Jordania, tocar el claxon mientras se maneja es tan natural como respirar. A pesar de la profunda tristeza que estaba sintiendo, empecé a animarme acerca de las posibilidades y aventuras en este nuevo país que rápidamente se convirtió en mi casa.

Lo que más encantaba de vivir en los Estados Unidos era que todo parecía desarrollarse tan fácilmente. No necesitaba sobornar a nadie para que hicieran su trabajo que tenían que hacer. Apenas tomaba un número, me ponía de pie en la fila y unos minutos más tarde alguien me atendía. Las personas realmente se ponían en la fila y no se amontonaban enfrente de una ventana o se metían delante de mí. Mis padres no necesitaban conocer a alguien o tener una "conexión" para obtener sus licencias para manejar. Había una estructura para conseguir las cosas. Las personas respetaban naturalmente el sistema y se adherían a él y esto producía un orden.

También noté rápidamente que los chóferes respetaban las señales de transito. La señal de "Alto" era eficaz y obedecida. Las personas totalmente se detenían y no simplemente se pasaban la señal del alto al mismo tiempo que tocaban su claxon como si la señal fuera simplemente una decoración callejera. Pienso que muchos inmigrantes en este país, o americanos que han vivido en el Medio Oriente o América Latina, pueden identificarse con mis observaciones y probablemente se sonríen al leer esto.

Cuando caminaba en la calle, noté que los hombres no se me quedaban mirando fijamente o hacían sonidos de gato o me decían piropos como los acostumbra oír en Jordania. Realmente me sentía respetada cuando caminaba. No me sentía como un objeto. A todos parecía solo importarles sus propios asuntos. Mi ajuste a esta vida fue fácil.

Mis padres me inscribieron a mí y a mis dos hermanos mayores en la escuela preparatoria. Cuando empecé en mi primer año estaba asombrada de como todos eran muy amigables en la escuela. Hice amigos rápidamente y me uní al equipo de tenis y baloncesto así como muchos clubes académicos y sociales. Las cosas eran muy diferentes pero afortunadamente me ajusté rápidamente. Pude asimilar fácilmente la nueva cultura y el nuevo idioma. Aunque hablaba inglés antes de llegar a Estados Unidos, me había enseñado el inglés británico. Aprendí muchas expresiones nuevas americanas y perdí la mayor parte de mi acento en un periodo de tiempo muy corto.

En tres meses, me sentía totalmente ajustada. Nadie me preguntaba por mi religión o mi sistema de creencias. Mis amigos me aceptaban por lo que yo era. Algunos de ellos tenían curiosidad en saber algo acerca de Jordania y otros nunca habían oído hablar de este país. Algunos amigos pensaban en los clásicos estereotipos de los árabes, basados en lo que habían visto en las películas Hollywoodenses, que las personas vivían en tiendas, montando camellos y las mujeres cubiertas por todas partes. Yo tenía a menudo que explicar que yo tomaba el autobús para ir a la escuela, que vivía en una casa regular y que vestía ropa occidental. Que sólo las mujeres musulmanas muy religiosas se cubrían sus cabezas o caras. Que nosotros teníamos cosas similares a las personas de aquí, automóviles, casas y televisiones.

Una cosa que me sorprendió de una manera muy poderosa fue el alto índice de divorcio en las familias de mis amigos. Cuando viví en Jordania, el divorcio no se oía y era socialmente inaceptable. No conocía a nadie que fuera divorciado. Cuando hablaba con mis nuevos amigos en la escuela, a menudo hacían referencia del novio de su mamá, o la novia de su papá o sus padrastros. Esto era completamente nuevo para mí y tarde un tiempo para entenderlo.

A pesar de mi rápido ajuste a mi nuevo país y casa, enfrenté algunos desafíos difíciles. Aunque hice muchos amigos, era muy difícil para ellos relacionarse conmigo y con la cultura conservadora de la cual yo había venido. Por ejemplo, ellos no podían entender por qué yo no podía estar fuera de mi casa a altas horas de la noche, porque no podía pasarme la noche en sus casas, o podía salir a fiestas con ellos. No tenía ningún sentido para ellos el porqué no me permitían tener novio o salir con alguien. Era muy natural para ellos en la escuela preparatoria hacer estas cosas. A veces me cansaba de explicar mi cultura. En Jordania, el salir con alguien como novia no era una opción, ni en la escuela secundaria ni en la universidad. Mis padres eran muy conservadores; yo tenía que obedecer sus valores y reglas, sin tener en cuenta mi edad. Lo peor fue el intentar explicar y justificar algunas cosas culturales con las que yo no estaba de acuerdo.

Otra cosa desafiante para mí, al igual que hoy, era la manera tan incorrecta en que las personas pronunciaban mi primer nombre: "Samia." Aunque no es un nombre muy familiar en América, el nombre es muy común en el Medio Oriente. El nombre "Samia" es una palabra árabe que significa "sublime" o "la exaltada."

No sé por qué, pero a muchas personas aquí, les es difícil pronunciarlo lo que me ha causado mucha angustia por veinticuatro años. Sé que podrías estar pensando que es un poco tonto el preocuparme de esto, pero si tomas en cuenta que mi nombre es la forma como todo mundo llama mi atención, y tengo que vivir con él 24 horas al día, entonces podrías entender mi dolor. Mi nombre es el símbolo de mi identidad. Pronunciarlo mal me hace sentir desconectada de la persona que me está llamando. De hecho, hay una fuerte posibilidad que en este momento al estar leyendo estos párrafos tu mente este pronunciando mi nombre de manera equivocada. Significaría mucho para mi corazón si puedes decirlo correctamente. ¿Me permites enseñarte cómo pronunciarlo? Hay dos sílabas: "Sam" y "ya." La pronunciación es similar a los nombres Sonya o Tanya, sólo reemplaza la primera sílaba con "Sam" y consigue "Sam-ya." Sé que probablemente hubiera debido cambiar la ortografía de mi nombre "Samya" hace veinticuatro años, pero estaba escrito "Samia" en todos mis documentos legales y por consiguiente sentí que simplemente necesitaba vivir con él. Si te estás preguntando por la pronunciación de mi apellido, ni te atrevas. El decir correctamente mi primer nombre me hace sumamente feliz y es más que suficiente por ahora.

Volviendo a mi historia, en 1983, mis padres abrieron un restaurante de comida del Medio Oriente en Sacramento. Yo les ayudaba después de la escuela, en los fines de semana y vacaciones de verano. Aunque habíamos dejado la cultura del Medio Oriente en Jordania, me sentía como si camináramos en "otra" en Sacramento. Muchos de nuestros clientes eran estudiantes del Medio Oriente en la universidad o miembros de la comunidad árabe-americana.

El deseo de mi corazón era el de sentirme "libre," sólo ser yo y tener mis propios pensamientos, creencias y convicciones. Quería descubrirme y saber quién era yo de verdad. Porque regresé a vivir dentro de un "sistema cultural" era difícil para mí ser genuina cuando tenía que ajustarme a las expectativas de conducta de otros. Era como si todos los que estaban a mí alrededor fueran mis jueces. De hecho, noté que mis propios padres se volvieron más estrictos conmigo que cuando estábamos en Jordania. De alguna manera, yo podía entender que ellos, como otros padres inmigrantes, querían asegurarse que yo no me volviera "desenfrenada" con todas las libertades que este país ofrecía.

Por una parte, sentía como si estuviera peor aquí en Estado Unidos que cuando estaba en Jordania, ya que mi libertad estaba más restringida. Por otro lado, el trabajar en este restaurante me permitía encontrarme con otros árabes-americanos con mente abierta que venía del Medio Oriente. Esto me hacía sentir bien, ya que podía sentirme entendida y podía conectarme con otros que compartían mis sentimientos e incluso algunas de mis heridas y preocupaciones. Hice amistades muy íntimas que hasta el momento continúan con algunos. Una amiga en particular, Wendy, ha sido como una hermana para mí durante más de veinticuatro años. De muchas maneras, ella ha sido un tesoro de Dios que no tiene precio ya que ella me ha acompañado a través de un largo tiempo de mi jornada, sobre todo en los periodos difíciles.

Mis padres rápidamente se unieron y activamente se involucraron en una Iglesia local católica Bizantina. Mi familia entera empezó a asistir a los servicios de Liturgia del domingo. Yo sentía un gran placer el poder practicar mi religión y fe sin ningún tipo de miedo. Por primera vez en mi vida, me sentía como si perteneciera al Cristianismo. Tomé clases para ser catequista de niños y les enseñe durante un año que fue maravilloso. Me sentía reconectada a mi fe, aunque principalmente era una experiencia intelectual y no íntima con Dios.

Conocía mi fe a nivel intelectual, pero todavía no había experimentado a Dios en mi corazón. Aunque recitaba mis oraciones diarias, sólo hacía mi discurso diario para Él, pero no conversaba con Él. No obstante, esta experiencia me enseñó mucho acerca de Dios. Me sirvió como una base para la profunda conexión que tuve con Él en los próximos años. Ahora sé que la jornada más larga que tuve que hacer fue la jornada de mi cabeza a mi corazón.

En 1987, cuando estaba a punto de graduarme del Escuela Preparatoria de Encina, pasó algo maravilloso en mi familia. Mi hermana Sophie nació. Claro, las noticias iníciales del embarazo de mi mamá me asustaron ya que yo tenía dieciséis años y era la más joven en la familia. Muchas personas pensaron que mis padres estaban locos en tener otro niño, sobre todo porque estaban al principio de sus años cuarenta y con tres hijos adultos. No obstante, el nacimiento de Sophie fue una de las mejores cosas que nos pasaron en la vida. Fue un regalo maravilloso de Dios.

Admiré tremendamente a mis padres por no caer como presa del campo médico y las presiones de la sociedad para tener un aborto. También los valoré por ser testigos del poder de su fe y confianza en Dios y Su voluntad en sus vidas y para todos los que los conocían. Ellos me enseñaron silenciosamente con su ejemplo. Ellos sabían muy bien que todos los niños eran regalos preciosos de Dios para sus padres y ese Dios cuidaría de ellos. Hay un dicho muy sabio en árabe que dice: *"Cada niño es de Dios y viene a este mundo trayendo sus propias bendiciones."* Este refrán es muy cierto para mí. Mis padres no tenían recursos económicos para tener otro niño. Estaban tratando de apoyar a mis dos hermanos mayores que ya estaban en la universidad y a mi, quién estaba a punto de empezar la universidad. Ellos permanecieron fieles al Señor quien les proveía con sus necesidades diarias. Mi hermana Sophie nació en nuestra familia y trajo muchas bendiciones.

Me siento muy agradecida con Dios por bendecirme con una devota, amada familia terrenal. Aparte de mi maravillosa hermana Sophie, he sido bendecida con dos hermanos mayores; ninguno de nosotros ha padecido de "rivalidad fraternal." Estoy muy agradecida por el amor incondicional y apoyo que siempre he recibido de mis hermanos; los amo con todo mi corazón.

Debido a la anticipación del nacimiento de mi hermana, en mi último año de escuela preparatoria decidí aplicar a la Universidad de California Davis que era una notable universidad local. Quería ir a una universidad que estuviera cerca de la casa de mis padres para poder manejar a casa los fines de semana y poder ver crecer a mi hermana. Nunca había tenido una hermana y no quería perderme la experiencia de verla crecer y ver como adquiría su carácter y personalidad.

Asistí a UC Davis de 1987 a 1992; me gradué con doble licenciatura en Relaciones Internacionales y francés. Estas dos licenciaturas no reflejaron el grado de conocimiento que adquirí a través de mi experiencia universitaria o en la vida a través de asombrosas personas que conocí de todas partes del mundo que me enseñaron tanto. Éstos fueron unos de los mejores días de mi vida.

Durante mi primer año, viví en el dormitorio universitario; compartí un apartamento de tres recamaras con cinco muchachas maravillosas. Una de ellas, Andrea, se volvió muy buena amiga mía. Fuimos compañeras de cuarto por los siguientes tres o cuatro años. Dios usó Andrea de una manera muy poderosa para cambiar el curso de mi vida.

Andrea y yo nos llevamos bien desde el principio. Ella era una persona muy entregada con un corazón verdaderamente maravilloso y compasivo. Su padre era de Argentina y su madre era americana. A consecuencia de esto, Andrea hablaba con fluidez en inglés y español. Me encantaba hablar con ella y disfrutaba su imparcialidad acerca de otras culturas. Nos gustaba discutir casi de todo con la excepción de una cosa, Dios. Siempre que hablábamos de Dios, a menudo acabamos con argumentos horribles. En esa época Andrea era agnóstica. Cuando veo hacia el pasado, pienso que las dos éramos espiritualmente inmaduras; pero no lo sabíamos. Cuando hablaba con ella de Dios yo defendía a Dios como a alguien a quien yo conocía intelectualmente pero de verdad no lo conocía íntimamente. Por otro lado, creo que su propio rechazo de Dios estaba basado en las dolorosas persecuciones religiosas que sus antepasados habían tenido que soportar durante la Segunda Guerra Mundial que los llevó a negar a Dios o rechazarlo completamente. (Yo no sabía esto en ese momento, pero aprendí esto después de varios años mas adelante y me hicieron entenderla mejor y tener más compasión con ella.) Así que las dos supimos que para mantener nuestra amistad, necesitábamos evitar discutir acerca de Dios.

Durante nuestro segundo año en universidad, Andrea me animó mucho para que yo aplicara para el Programa de Educación en el Extranjero. Éste era un programa de intercambio organizado por la Universidad de California en dónde los estudiantes que aplicaban y eran aceptados pasarían su tercer año estudiando en una universidad extranjera. Los créditos universitarios eran transferibles a la universidad local. Como Andrea hablaba con fluidez español, ella estaba aplicando para el programa en España. Andrea tenía un ardiente deseo de experimentar vivir fuera de los Estados Unidos. Me pidió que aplicara al programa en Francia ya que yo hablaba francés. Me sugirió que después de que las dos termináramos nuestros estudios en España y Francia, tomaríamos el tren y que viajaríamos un mes por Europa.

Al principio, pensé que Andrea había perdido la cabeza. Ella sabía lo conservadora que era mi familia. Yo no me podía imaginar que mi padre me permitiera ir a estudiar durante un año al extranjero. Con decirte que no me permitían, hasta esa fecha, tener novio aunque yo estaba en la universidad. Vivía a sólo veinte millas fuera de Sacramento lo cual estaba dentro del radar de mis padres. Cada vez que manejaba de un lado a otro de Sacramento a Davis, necesitaba llamar a mis padres para decirles que había llegado bien.

Andrea plantó la semilla en mi cabeza. Yo tenía un sentimiento muy profundo dentro de mi corazón que debería participar en este programa aunque sabía que tomaría un milagro para que mis padres digieran que sí. Empecé el largo proceso de la aplicación. Pensé que lo más probablemente sería que no me aceptaran en el programa ya que era un proceso muy riguroso de selección y entrevista. Me convencí que si aplicaba y no lograba ir a Francia, no tendría que lamentarme después y entendería que no era porque no lo había intentado o porque mi familia se había negado dejarme ir, sino porque el programa me había rechazado.

Ante la anticipación de ir a Francia a estudiar, apliqué para tomar mi examen de ciudadanía americana, ya que había sido una residente legal durante cinco años. Me asombró que rápida fue la respuesta de Inmigración y el Servicio de Naturalización. Normalmente el proceso se toma muchos meses o años; sin embargo, tuve respuesta en unas cuantas semanas y fui citada para tomar mi examen oral y entrevista. Tomé el examen y lo pasé. Varias semanas después me llamaron para la ceremonia de juramento para que pudiera recibir mi certificado de naturalización. Me convertí ciudadana de Estados Unidos oficialmente el 13 de diciembre de 1988. Este fue otro día crucial en mi vida que nunca olvidaré. Sentía un sentido de orgullo y alegría en medio de mis felices lágrimas. Todo parecía como un sueño. Afortunadamente, estaba totalmente despierta y mi vida era muy real.

Después de varios meses de cumplir con los requisitos de la aplicación, concluyeron con una entrevista de dos horas con varios profesores del Departamento de francés. ¡Recibí la carta de felicitación de que había sido aceptada! Andrea también fue aceptada y estaba eufórica. No sabía si debería estar saltando de alegría o debería llorar histéricamente. Ahora que había sido aceptada, no sabía como preguntarles a mis padres. Me sentía como si tuviera que escalar una montaña muy grande sin ningún tipo de equipo o preparación.

Fui a la iglesia, me arrodillé y le pedí a Dios ayuda. No sabía qué hacer. Tenía un sentimiento muy fuerte dentro de mi corazón de que había una razón importante para participar en este programa. No podría explicar este sentimiento; era algo que agobiaba mi comprensión. Así que le pregunté a Dios que si era Su voluntad divina para que yo fuera a estudiar a Francia, Él necesitaba darme una señal tal como ablandarle el corazón a mi padre y facilitar el proceso de aprobación. Si mi padre se resistía o rechazaba esto, entonces yo entendería que ésta no era la voluntad de Dios para mí y el asunto se cerraría eternamente. La fecha para entregar el depósito se aproximaba rápidamente así que decidí hablar con mis padres ese domingo durante el almuerzo después de la iglesia.

Todavía me acuerdo lo ansiosa y nerviosa que estaba. Tomé conmigo un archivo lleno de documentación como mi apoyo, listo para ser presentado a mis padres. Tenía mi argumento entero subrayado en mi mente acerca de los beneficios de este programa, en cómo ayudaría mi licenciaturas en francés y en Relaciones Internacionales, cómo en el futuro reforzaría mis oportunidades de ser admitida en la escuela de derecho, de cómo Andrea también iba, de cómo este programa era parte del programa de UC Davis y era supervisado rigurosamente y de cómo este programa no iba a costarme dinero adicional. La colegiatura que pagaría sería idéntica a lo que pagaba en California.

El domingo, cuando estaba sentada con mis padres en la mesa almorzando, mi corazón latía tan rápido que pensé que iba a explotar fuera de mi pecho. Les dije a mis padres que necesitaba decirles algo. Recuerdo claramente la mirada de mi padre, parecía que esperaba que quizás le diera malas noticias. Por supuesto que no estaba hablando de una manera directa al tratar de decirles esto. Les empecé hablar en general acerca del programa y que tan increíble y beneficioso era para cualquiera que participara. Antes de que yo pudiera completar mi declaración introductoria y profundizar más en mi presentación, mi padre me interrumpió de repente. Me preguntó que si este programa era beneficioso para mis licenciaturas universitarias. Le respondí apresuradamente que sí. Le dije que sería valioso para mis dos licenciaturas y podría acelerar el tiempo en que me tomaría completar ambas licenciaturas. Mi padre se quedó callado, hizo una pausa durante un segundo y me dijo las siguientes palabras inolvidables de una manera muy pacífica: *"Tú sabes lo que es bueno para ti Samia, si esto ayuda a tu educación y carrera, entonces no me importa si vas. Haz lo que es bueno para ti."*

¡Yo estaba completamente aturdida! No tenía la menor idea en cómo mantenerme y no caerme de mi silla. Ni siquiera había acabado la parte introductoria de mi argumento y ya tenía la bendición y aprobación de mi padre. Esto era demasiado bueno para ser verdad, casi surrealista. Éste no era el padre que pensé que conocía. De repente, recordé mi oración en la iglesia y la señal que había pedido. En ese momento, no tuve duda alguna en mi mente y mi corazón de que algo grande estaba esperándome durante el año que estaría en el extranjero. Mi corazón estaba alborozado y estaba muy agradecida con Dios.

Andrea y yo empezamos las preparaciones para estar en el extranjero durante un año. Nos sentamos y cuidadosamente planeamos el mes que íbamos a viajar juntas con solo nuestra mochila en la espalda. Decidimos que después de que el año escolar terminara, nos encontraríamos, en junio de 1990, en Francia y viajaríamos por tren a Italia, Grecia, Creta, Checoslovaquia, Alemania, Austria y finalmente regresaríamos a Francia antes de regresar a los Estados Unidos. Estábamos muy contentas y muy entusiasmadas. Después de todo, el viajar por Europa era uno de nuestras motivaciones para estudiar en el extranjero durante ese año. El plan quedó firme grabado en "piedra," o por lo menos eso era lo que pensábamos en ese momento. En agosto de 1989, Andrea voló a Madrid, España y yo volé a Lyon, Francia. Estábamos listas para empezar nuestro año académico en el extranjero.

Capítulo Cuatro

Mis estudios en Francia

"Cada uno decide dentro de sí su camino, pero Yavé asegura sus pasos."

Proverbios 16:9

Volé a Francia en un caluroso día de verano en agosto de 1989. El ver París desde la ventana del avión era un sueño hecho realidad. Cuando empecé a estudiar francés en Jordania a la edad de cuatro años, nunca imaginé que un día estaría hablándolo a diario. Siempre me encantó lo romántico del idioma francés y deseaba que algún día yo pudiera hablar con fluidez.

Me dieron la bienvenida, al igual que a veinticinco estudiantes de la Universidad de California, en el Aeropuerto Internacional Charles de Gaulle de París por el director del programa y su asistente. Nos saludaron alegremente y nos llevaron a nuestra residencia temporal hasta que completáramos una orientación de dos semanas. Todo estaba muy bien-planeado y organizado. Recorrimos París durante varios días y tomamos clases de cultura francesa. Después nos fuimos a Lyon, una ciudad en el centro de Francia en dónde viviría y estudiaría durante un año.

En Lyon, me hice de buenos amigos con otros estudiantes americanos de varias escuelas de la Universidad de California ("UC"). Ellos habían venido de UCLA, UC Berkeley, UC Riverside, UC San Diego, UC Irvine, y, claro, UC Davis. Todos estábamos pasando por la misma experiencia y disfrutando una cultura diferente, con un idioma y costumbres diferentes y sistema educativo que era diferente. Me ajusté rápidamente ya que no era mi primera vez que experimentaba cambios culturales.

De hecho, me volví amiga de otras cinco jóvenes del programa que hicieron de mi año en Francia algo extra especial. Sucedió que estas tres jóvenes también estudiaban a UC Davis, aunque nunca antes las había conocido. En verdad tuvimos un año inolvidable. Durante ese año viajamos juntas por varias partes de Francia y también a otros países como Suiza, Bélgica y Holanda. Juntas compartimos innumerables risas y lágrimas.

Viví en Lyon con una familia francesa muy buena y me hice de grandes amigos Franceses en la universidad. Tuve muchos desafíos, sobre todo en los primeros tres meses. Aunque empecé a estudiar francés a una edad muy joven, estaba asombrada cómo el francés sonaba diferente en Francia. Las personas parecían hablar sumamente rápido, usaban mucha jerga, y se comían la mitad de las sílabas en sus palabras. Me iba a casa todas las tardes con un dolor de cabeza muy fuerte. Tenía que concentrarme mucho durante el día sólo para entender la mitad de las frases o por lo menos el contexto de lo que estaban diciendo. Me alegraba que mis otros amigos americanos también estuvieran pasando por lo mismo. Afortunadamente, conforme los días pasaban, las cosas mejoraban rápidamente. Antes de que lo pensara, ya estaba soñando en francés. Fue cuando descubrí que me estaba acostumbrando a la vida en Francia.

Por otra aparte, el constante fumar de la gente en Francia era algo a lo que nunca me pude acostumbrar. No fumaba y nunca he sido fumadora. Parecía como que la mayoría de las personas en Francia estaban adictas a los cigarros. Fumaban cuando querían, en todas partes y en cualquier parte. Cuando llegaba a casa, mi pelo, mi ropa e incluso mis calcetines olían a humo. En Francia no había tal cosa como una "área de no fumar." Realmente extrañaba y apreciaba mucho las leyes de esto en los Estados Unidos.

Para mí, un asunto desafiante, diferente y emocional cuando viví en Francia fue el confrontar la pregunta que me hacían frecuentemente:

"¿De dónde eres?"

Mi respuesta habitual era:

"De los Estados Unidos. Soy americana."

Estaba muy orgullosa de mi respuesta, sobre todo porque me había vuelto ciudadana americana el año anterior a ese. Parecía que mi respuesta no era suficiente ya que era seguida a menudo por la siguiente pregunta:

*"¿De dónde eres **realmente**?"*

Las personas que me hacían esta pregunta podían ver al mirarme que yo tenía rasgos del Medio Oriente. Esto ocurría en ocasiones en que estábamos hablando en francés así que no podían notar mi ligero acento en inglés lo que les hubiera indicado que no era una ciudadana americana.

Estas series de preguntas constantes preocupaban a mi corazón. Cuando me hice ciudadana americana en 1988, estaba muy contenta. Como podrás ver, esta fue la primera vez en mi vida que sentí que pertenecía o que tenía un país que podía llamar "casa." Aquí me aceptaban simplemente por la manera que yo era sin tener en cuenta mi religión, la manera de pensar, el color de mi piel oliva e incluso mi acento. Pensé que nunca tendría que tratar de nuevo en intentar definirme o explicar quien era yo. Estas preguntas me obligaron mirarme, a fondo especialmente en mi etnicidad, y sobre todo pensar quién era yo. Durante algún tiempo me esforcé a definir mi identidad. En el futuro, comprendí, después de mucha contemplación, que no necesitaba restringirme a una definición estricta. La característica hermosa y única de la cultura norteamericana es que abraza con brazos generoso a todos los orígenes étnicos. Por eso se le ha llamado el "crisol de culturas" (*melting pot*). Comprendí que estaba bendecida de que en mi nuevo país me permitía retener las cosas que quería de mi cultura anterior y desechar las cosas que yo no quería.

Durante el año en Francia, fui muy activa. Además de asistir a la universidad dónde principalmente estudiaba ciencias políticas y literatura francesa, pude encontrar dos trabajos de medio tiempo dando clases de inglés. Uno de los trabajos era en una escuela de jardín de niños dónde trabajaba una hora diaria. De verdad que disfruté este trabajo ya que quería a los niños y pude encontrarme algunos niños muy preciosos que me ayudaron con mi francés mientras yo les enseñaba inglés. Otro trabajo que realicé junto con otra amiga americana, Sara, fue enseñar "inglés comercial" en el colegio de ingeniería. Lo bueno de este trabajo era que nos permitía que hiciéramos amigos con los estudiantes de nuestra edad. Ellos nos sacaban a la ciudad de Lyon y nos invitaban a sus cenas y reuniones.

A propósito, mi amiga Sara era judía. Cuando nos conocimos por primera vez en Francia, al principio estábamos inseguras de cómo comportarnos entre nosotras. El hecho de que ella era judía y yo era descendiente jordana era significante. Ninguna de nosotras había tenido alguna vez una amiga de un país o religión que fuera considerado históricamente un "enemigo." Sara había vivido en Israel durante un verano, lo cual la hizo más familiar con el conflicto. Como probablemente veras en las noticias o al leer los periódicos, árabes - particularmente palestinos - e israelitas han estado en un horrendo conflicto durante muchos años. De joven en Jordania, me enseñaron que los judíos eran los enemigos. Probablemente, en Israel les enseñaron a muchos judíos que los árabes eran los enemigos también. Desgraciadamente, este odio obsesionado está profundamente-arraigado. Esta construido en el miedo, la sospecha y la desconfianza total que ninguno de los lados se atreve a cuestionar por miedo a ser considerado débil o un traidor.

Increíblemente, Sara y yo hemos desarrollamos una amistad muy profunda que ha continuado hasta hoy. Las dos hemos aprendido mucho de nosotras. Nuestra amistad nos mostró de muchas maneras que éramos muy similares y que queríamos las mismas cosas de la vida. Las dos queríamos vivir en paz y armonía. Aprendimos a entender nuestros puntos de vista de una manera pacífica que creo un ambiente de crecimiento y aprendizaje. Compartimos muchas lágrimas ya que simpatizamos con nuestro dolor. Nos respetamos mucho y valoramos los recuerdos maravillosos, sobre todo las risas inolvidables que compartimos en Francia, y posteriormente en California.

Es muy trágico hoy en día ver cómo el odio endurece la mayoría de los corazones de las gentes y a menudo mata su conciencia. No deja ningún espacio para el diálogo o el entendimiento, el odio es ciego. Me entristece ver como constantemente las personas de diferentes culturas, religiones, países, etnia, o incluso diferente color de piel tienden a enfocarse en lo que nos divide y separa de otros, en lugar de encontrar algo común que nos una. Lo percibo como un forcejeo de orgullo o ego. Debido a un espíritu de pretensión de superioridad-moral y falta de humildad, cada lado continuamente intenta demostrar su exactitud y la falacia de otros. Por consiguiente, cualquier esfuerzo por alcanzar paz y armonía está engolfado con mentiras, interpretaciones malas y normalmente con propaganda alimentada por el odio e ignorancia. Las personas mueren o asesinan a otros por esta locura. El verdadero Dios quien es Amor está completamente ausente en todos estos roles aun cuando Su nombre se usa ilusoriamente. Identifico esto como el verdadero mal, sin tener en cuenta quién lo hace o bajo qué bandera lo hace. Divisiones causadas con pretensión de superioridad-moral y destrucción de vida nunca son de Dios. He vivido y he experimentado muchas culturas, países y religiones. La mayoría de los seres humanos en la tierra están buscando las mismas cosas en la vida. Nosotros queremos amar y que nos amen. Nosotros queremos vivir con dignidad, ser respetados, tener nuestras necesidades básicas en la vida, ser productivos y vivir en paz, sin miedo.

En general, estaba aprendiendo mucho acerca de Francia pero principalmente estaba aprendiendo acerca de mí. Maduré bastante conforme las semanas pasaban y me sentía más fuerte de mis valores y creencias que frecuentemente se ponían a prueba. Había muchas tentaciones y la verdad es que pude haber hecho lo que yo hubiera querido y nadie hubiera sabido. Estoy contenta de decir que pasé mis propias rigurosas normas y salí fortalecida por la experiencia.

En noviembre de 1989, una inesperada historia en las noticias llamó mi atención mientras veía la televisión. El reportero estaba hablando acerca del histórico derrumbamiento del Muro de Berlín que dividía a Alemania Oriental y Alemania Occidental. El reportero continuó hablando acerca de las señales que indicaban el principio del derrumbamiento de la Unión Soviética y el comunismo en general.

De repente, mi corazón empezó a palpitar muy rápido y mi mente empezó acelerarse. Inesperadamente un recuerdo se encendió en mi mente que me hizo regresar al año de 1985. La palabra "Medjugorje" se me vino a la mente en negrilla grande de colores fluorescentes. Probablemente te estés preguntando *"¿que es eso?"* Permíteme intentar explicarte; ten paciencia conmigo por favor mientras regreso brevemente al pasado. Espero no confundirte demasiado.

Mientras estaba en la escuela preparatoria en 1985, mis padres recibieron un casete de un hombre egipcio que había comido en su restaurante. Esto sucedió años antes de que se inventaran los CD, MP3s o DVDs. El hombre grabó su historia después de visitar un pequeño pueblo montañés llamado

"Medjugorje" (pronunciado como Med-jee-gor-ya)[8] qué se localizaba al sureste del país europeo comunista Yugoslavia. (En 1991, el país Yugoslavia se separó en varios países independientes. Medjugorje se localiza ahora en el país de Bosnia-Herzegovina.) Éste es un pueblo dónde la madre del Señor Jesucristo, normalmente conocida como la "Santísima Virgen María," ha estado apareciendo a diario desde el 24 de junio de1981 a seis niños croatas. Ella se identificó con los niños como la "Santísima Virgen María, Reina de la Paz." Ella ha continuado apareciéndose a diario a tres de los seis niños que son llamados "visionarios" ya que ellos pudieron verla físicamente cuando se les apareció. Ellos les hablan exactamente de la misma manera que cuando ellos le hablan a cualquier ser humano. Ella le ha comunicado muchos mensajes al mundo a través de ellos.

Solo para clarificar, a partir del 2007, estos visionarios ya no son niños. Son ahora adultos que están más o menos en sus treinta años. La Santísima Virgen María les dijo que con el permiso de Dios había sido enviada a la tierra, con la misión de promover la paz entre Dios y la humanidad, a través de su Hijo, Jesús. Les dijo que había venido a decirle al mundo que Dios existía. Dios es la plenitud de la vida y para disfrutar esta plenitud y paz, los humanos deben regresar a Dios.

El hombre egipcio que había traído el casete a mis padres tenía una hija que estaba muriéndose de cáncer. Él la llevó al pueblo de Medjugorje y ella fue sanada milagrosamente. Por consiguiente, este hombre hizo una promesa

---

[8] Para mayor información acerca Medjugorje, por favor visite el sitio oficial web de Medjugorje a www.medjugorje.hr o a otro sitio de web a www.medjugorje.org

a Dios, el grabar su historia y hacerla saber en acción de gracias de que su hija había sanado. No sé por qué, pero incluso a la edad de quince años, sentí un impulso muy fuerte en mi corazón de prestar atención a esto. Así que tomé el casete de mis padres y calladamente lo escuché en mi cuarto.

Cuando lo escuché cuidadosamente, me asombré de su historia. Tengo, y siempre he tenido un lugar especial en mi corazón para la Santísima Virgen María. Desde niña, consideré que era mi madre celestial; por consiguiente escuché el casete con gran interés. Este hombre dijo una cosa que se me quedó muy grabada. Dijo que la Santísima Virgen María había prometido a través de la oración del rosario, que Rusia se convertiría y el comunismo se derrumbaría. Era en el año de 1985 y esto me parecía demasiado incoherente. Si tienes suficiente edad para recordar, en ese tiempo estábamos en medio de la Guerra Fría y no había tal cosa como Rusia en ese momento. El país se llamaba la Unión Soviética.

Así que, durante mi año de estudio en Francia, 1989-1990, los eventos en el mundo empezaron a desenvolverse; el comunismo se estaba derrumbando de hecho esto llevo a la caída del Muro de Berlín y fue seguido por el derrumbamiento de la Unión Soviética. El mundo de comunismo, que tantos de nosotros temían, parecía estar acabándose. La palabra "Rusia" de repente apareció en los medios de comunicación. Todos estos eventos activaron el recuerdo del casete que había escuchado previamente.

Las noticias me impactaron de una manera muy profunda. Por alguna razón, de repente, tuve el ardiente deseo en mi corazón de ir a Medjugorje. No podía dejar de pensar en este lugar. De hecho, incluso, podrías decir que se volvió una obsesión para mí. No podía explicarlo ya que este sentimiento era muy ajeno para mí. Quería ir y "verificar el lugar" por mi misma. Estaba viviendo muy cerca para desperdiciar esta oportunidad. Me sentí obligada a escribir a Andrea en España y hacerle saber que había un pequeño cambio en los planes. Como ya había mencionado previamente, Andrea era agnóstica en aquel entonces y ella no quería oír nada relacionado con Dios o con la religión. Yo tenía miedo de que ella no aprobara una parada corta en Medjugorje.

Después de que visité a Andrea en España pude hacer un trato con ella. Le dije que si ella permitía un pequeño desvío durante nuestro viaje pre-planeado y venía conmigo a Medjugorje durante dos días, yo iría a cualquier parte que ella quisiera agregar al itinerario. Andrea quería ir a Hungría así que estuvimos de acuerdo en agregarlo a nuestro viaje y también hacer una parada corta en Medjugorje en nuestro viaje de tren de Italia a Grecia. Geográficamente, el tren tenía que pasar por el país de Yugoslavia para llegar a Grecia.

¡Nunca podría imaginarme que aguardaba después!

Capítulo Cinco

Semillas sembradas en mi corazón en Medjugorje

"¡Así amó Dios al mundo! Le dio al Hijo Único, para que quien cree en él no se pierda, sino que tenga vida eterna. Dios no envió al Hijo al mundo para condenar al mundo, sino para que se salve el mundo gracias a Él."

Juan 3: 16-18

En junio de 1990, completamos nuestro curso escolar en Europa. Viajé por tren, con Andrea y otra amiga, Betsy, a quien había conocido en mi programa de estudios en Francia y empezamos con avidez a explorar Europa. Después de que recorrimos las ciudades de Milán y Venecia en el norte de Italia, nos dirigimos a Yugoslavia. Tomamos el tren a una ciudad llamada Mostar. Tomamos un autobús público para después dar un paseo corto por Medjugorje. Las tres íbamos absolutamente sin ninguna expectativa. Teníamos curiosidad, pero no sabíamos mucho acerca de este lugar. Planeamos quedarnos allí una noche y partir al siguiente día para dirigirnos al sur de Grecia. Yo no tenía ninguna idea de por qué iba a Medjugorje. Sabia en mi corazón que algo más allá de mi comprensión estaba jalándome a este lugar. Tenía que ver este lugar y satisfacer este fuerte impulso dentro de mí.

Desde el momento en que bajé del autobús en Medjugorje, sentí un tremendo sentido de paz que nunca antes había experimentado. Andrea y Betsy compartieron estos sentimientos de paz y alegría que creció entre nosotras conforme pasó el tiempo. Era un pueblo pequeño, bullicioso con peregrinos de todo el mundo. Lo primero que notamos fue una iglesia grande blanca, llamada, la iglesia de San Jaime, con dos torres blancas en cada lado. Detrás de la iglesia, vimos una montaña coronada con una enorme cruz blanca de cemento. No teníamos idea por qué la cruz estaba allí y asumimos que la habían construido para conmemorar el lugar dónde la Virgen María apareció por primera vez en ese lugar. Más tarde investigamos que se llamaba la *Montaña Krizevac* o "Montaña de la Cruz."

No teníamos reservación y la mayoría de los lugares ya estaban reservados. Notamos que había muchas bancas largas fuera de la iglesia y decidimos pasar la noche ahí y dormir en las bancas, pensando que podríamos usar los baños de la iglesia para lavarnos a la mañana siguiente.

Cerca de las 6 de esa misma tarde, miles de personas se reunieron alrededor de la iglesia, para rezar el rosario. Ésta es una oración católica que medita en la vida de varios eventos de la vida de Jesús, tomada directamente del Nuevo Testamento de la Biblia. Estos eventos se llaman Misterios del Rosario y están divididos en cuatro partes principales. Los Misterios Gozosos que contemplan los primeros doce años de la vida de Jesús. Los Misterios Luminosos que contemplan Sus tres años de ministerio cuando cumplió Su misión en la tierra. Los Misterios Dolorosos que contemplan Su agonía, pasión, crucifixión y muerte. Finalmente los Misterios Gloriosos que contemplan Su resurrección y ascensión al cielo. Se reza con lo que se llama "las cuentas del rosario." A pesar de que fui educada católica, no sabía rezar esta oración. Recuerdo de niña ver a mi abuela orar el rosario en Jordania. Sólo sabía rezar las oraciones que se repiten durante la contemplación de los misterios, las oraciones como "el Padre Nuestro" y "el Ave María."

Lo que más me impresionó fue el ver cientos de hombres, mujeres, adolescentes y niños arrodillándose y orar dentro y fuera de de la iglesia. Podía oír muchos idiomas diferentes que recitaban juntos las oraciones. Se sentía una reverencia y tranquilidad en el aire. Después de que terminó el rosario a las 7 p.m., la Misa de la tarde empezó. Al ver hacia el altar, vi algo que nunca antes había visto. En vez de un sólo sacerdote, había cerca de 30 sacerdotes de todo el mundo, concelebrando la Misa juntos. Nunca había asistido a un servicio multilingüe tan grande, y tan armonizado. Oí leer el Evangelio en aproximadamente diez u once idiomas.

Después de que terminó la Misa, nos dijeron que era posible subir a la Montaña de la Cruz. Decidimos subir para ver si había algo allí. Empezamos a subir la montaña alrededor de las 8:30 p.m. Me sorprendió que no tuvieran algo similar a sillas de ski eléctricas que nos llevaran a la cima.

Cuando empezamos el abrupto camino, comprendimos que la subida a la cima sería una peregrinación espiritual o experiencia. La montaña estaba adornada con lo que se llama "Estaciones de la Cruz." Éstas son una serie de 14 esculturas de bronce que pintan las escenas principales de los sufrimientos de Jesucristo y su muerte. Cuando llegamos casi a la cima, el sol se estaba metiendo rápidamente y nos dimos cuenta que no teníamos una linterna eléctrica. Decidimos ascender cautelosamente hasta que alcanzamos la cima alrededor de las 10:00 p.m. La cruz era mucho más grande de lo que habíamos percibido desde abajo.

Nos acercamos a una mujer de edad mayor que nos preguntó en inglés por qué estábamos esa noche allí y no en la Colina de la Aparición. No entendimos de qué estaba hablando. Nos explicó que la Virgen María iba a hacer una aparición esa noche a las 11 p.m. a algunos de los visionarios en la Colina de la Aparición. Ésta era la misma colina dónde se les había aparecido a los seis niños por primera vez en 1981; se les había aparecido muchas veces en ese lugar. Le respondimos a esta señora que pensamos que esta montaña era el lugar de la aparición ya que había una cruz grande encima de esta.

Ella procedió a explicarnos que la cruz de quince-toneladas de concreto había sido construida en 1933 por los habitantes de este lugar en acción de gracias por el cese de las tormentas de granizo que perjudicaron la cosecha y para conmemorar el aniversario de los 1900 años de la muerte y resurrección de Jesús. Esto requirió mucho trabajo y dedicación del pueblo entero para construir la cruz. La gente del pueblo cargó con sus manos, todo el material que se usó en la construcción, hasta llegar a los 1770 pies de alto de la montaña. La construcción de la cruz nos dio una idea de por qué la Virgen María escogió esta región para la manifestación de su amor y preocupación por sus hijos en la tierra. La mujer sugirió que nos enseñaría el camino a la Colina de la Aparición. Nos dijo que si nos apresuráramos a bajar la montaña con ella, podríamos llegar a tiempo para la aparición.

Nos mirábamos las unas a las otras y empezamos a correr a toda velocidad bajando la montaña. Sabíamos que este no era un acontecimiento muy común y queríamos experimentarlo. Hasta este momento, no entiendo cómo pudimos correr y bajar esa montaña rocallosa sin linterna y sin ninguna herida. Nos tomó menos de una hora en bajar. Corrimos tratando de mantener el mismo paso de la señora. Estábamos asombradas por su fuerza a pesar de su edad. Cuando llegamos a la Colina de la Aparición, nos desilusionamos al ver a una muchedumbre de peregrinos con linternas eléctricas bajando la colina. Nos dimos cuenta que nos habíamos perdido la aparición. Estábamos muy desilusionadas, pero decidimos esperar a que todos los peregrinos bajaran para poder subir a la colina. Afortunadamente, esta colina era menos alta que la Montaña de la Cruz y así pudimos subir a la cima en diez minutos.

Vimos una cruz de tamaño normal que estaba puesta en el área dónde los visionarios habían visto a la Virgen María por primera vez. Betsy y Andrea decidieron echar una mirada alrededor mientras que yo me tomé unos minutos para arrodillarme y orar. Mientras oraba, oí que Andrea que trataba ansiosamente de llamar nuestra atención. Nos dijo que no podía creer lo lejos que habíamos corrido para llegar a la colina en la que estábamos. No podía entender lo que ella estaba diciendo ya que eran las 11:30 p.m. y la noche estaba muy oscura, ¿cómo podía ella decir que tan lejos habíamos atravesado? Yo no podía ver las montañas alrededor que habíamos visto durante el día. Ella apuntó, diciéndonos que miráramos a la gran cruz roja encima de la Montaña de la Cruz. Betsy y yo volteamos y vimos la cruz iluminada con un color rojo encendido. Ésa era la única cosa visible en la cadena de montañas alrededor de nosotros. No pensamos demasiado acerca de este panorama, pero hablamos de la distancia y la velocidad de nuestra jornada a la Colina de la

Aparición. Después de eso nos regresamos a las bancas fuera de la iglesia para dormir un poco.

A la mañana siguiente, nos levantamos temprano ya que había personas esperando para entrar a la iglesia para la primera Misa en croata. Simplemente para clarificar, diario a las 8 de la mañana todos los días del año, hay por lo menos cinco Misas en esa iglesia para los peregrinos que visitan este lugar de todas partes del mundo. Las Misas son en varios idiomas, incluyendo, pero no limitadas a, inglés, alemán, italiano, francés, croata y a veces español.

Sabíamos que había una Misa en inglés a las 10 de la mañana así que decidimos asistir al servicio ya que nuestro autobús no salía hasta el mediodía. Después de la Misa, nos sentamos en una banca afuera de la iglesia, nos comimos nuestro almuerzo y nos preparamos para irnos. Inesperadamente, una mujer se nos acercó y nos preguntó si se podía sentar con nosotros en la banca. Le dijimos que sí y se sentó junto a Andrea y enfrente de Betsy y de mi. Nos dijo que era de Australia y nos preguntó que si nosotros habíamos asistido a la aparición que había ocurrido la noche anterior en la Colina de la Aparición. Le explicamos lo que había pasado y cómo llegamos demasiado tarde a la aparición. Ella nos dijo que ella había estado allí. Le pedimos ansiosamente que nos dijera lo que había pasado y que si había podido ver a la Virgen María.

Esta mujer australiana nos explicó que ella no vio nada con sus ojos. Sólo los visionarios pudieron ver a la Virgen María cuando apareció. Nos dijo que todos los peregrinos estaban juntos en oración en espera de la aparición pero cuando la Virgen María finalmente apareció, todos se tranquilizaron y hubo un silencio profundo. La mujer australiana pudo ver a los visionarios viendo algo y hablando con alguien. La mujer pudo sentir una "presencia" aunque ella no pudo ver nada.

Ella agregó un detalle que llamó nuestra atención por completo. Nos dijo que después de que la aparición acabó, había pasado algo milagroso y que no muchos peregrinos lo habían notado. Cuando las personas estaban bajando de la colina, ella vio hacia la Montaña de la Cruz y vio la cruz encendida de color rojo. La mirábamos un poco confundidas y no entendimos por qué llamó a esto "milagroso." Nosotros habíamos visto esto también, pero asumimos que la cruz se iluminaba con electricidad durante la noche. La mujer nos explicó que no había ninguna electricidad alrededor de la cruz, dentro de la cruz, o en cualquier parte en la montaña. Era físicamente imposible para la cruz encenderse arriba o que se viera por la noche.

Mis dos amigas y yo nos miramos con escepticismo. Andrea parecía haber visto un fantasma. Después de todo, ella fue la primera que notó la cruz y nos la enseñó a Betsy y a mí. No podíamos creer lo que esta mujer nos estaba diciendo. Pensamos que estaba exagerando los acontecimientos o que no sabía de lo que estaba hablando. Tenía que haber electricidad en esa cruz. Sabíamos lo que nuestros ojos habían visto. De hecho, En este momento que escribo este párrafo, todavía puedo cerrar mis ojos y ver lo que yo vi esa noche, aunque esto haya ocurrido hace más de diecisiete años. Vi una cruz grande roja encendida. Incluso podía ver lo ancho, la altura y la profundidad de esta. Estaba totalmente iluminada.

Las tres no sabíamos qué hacer acerca de lo que habíamos oído. Se suponía que nuestro autobús salía a esa hora. Necesitamos tomar una decisión rápida. Yo miraba Andrea para ver lo que estaba pensando. Las dos sabíamos que nosotros no podíamos irnos así. Necesitamos investigar lo de la cruz, Ahora que era de día y había luz. Las tres decidimos posponer nuestra salida hasta el día siguiente. La mujer australiana procedió contándonos a cada una de nosotras cosas muy personales sobre nuestro pasado. No sabíamos cómo sabía cosas acerca de nuestras vidas. Nos dio entonces a cada una de nosotras el nombre de un santo. Nos dijo que deberíamos aprender acerca de la vida de ese santo ya que él nos proveería con lecciones poderosas en nuestras vidas. A mí, me dio el nombre de San Antonio. En ese momento, nunca había oído hablar de este santo. Pensé que se estaba refiriendo al santo conocido como San Antonio de Padua. Este santo es conocido por su intercesión para ayudar encontrar los objetos perdidos y obtener un milagro. Se pasó su vida entera aprendiendo estar más cerca de Dios, y en cómo amar a Dios más profundamente. Fue muy famoso por su enseñanza y evangelización ya que hablaba apasionadamente y enérgicamente.

Empezamos a subir la montaña al mediodía en una misión investigadora. Cuando llegamos finalmente a la gigantesca base de la cruz, procedimos a caminar alrededor de esta, buscando un enchufe eléctrico o alguna fuente de energía. Para nuestro completo asombro, no pudimos encontrar nada. La cruz era de puro cemento. Algo nos estaba pasando a las tres. No sabíamos quién era esta mujer australiana, pero su mensaje nos hizo cambiar el curso del resto de nuestro viaje. Hasta donde yo sé, ella fue instrumental en la misión de mi vida. Al pasar de los años, me he preguntado a menudo a mí misma ¿quién eran la mujer australiana y la señora de edad mayor que conocimos en la montaña? ¿En verdad eran humanas o eran ángeles enviados por Dios para entregar mensajes importantes? Nunca las volvimos a ver.

Cuando bajamos la montaña, nos encontramos unos hombres amigables británicos que nos dijeron que Medjugorje había cambiado sus vidas. Uno de ellos había estado viviendo allí durante varios meses. Él había estado previamente envuelto en prácticas de lo oculto y satánicas y no había tenido ningún interés en Dios. Él sólo había venido a Medjugorje debido a una promesa que había hecho a su madre que estaba muy enferma. En Medjugorje pudo experimentar el amor y misericordia de Dios por primera vez en su vida. Su corazón cambio y dedicó su vida a servir a Jesucristo.

Les dijimos lo que habíamos experimentado la noche anterior. Nos dijeron que la cruz normalmente no era visible de noche. Nos sugirieron que lo que nos había ocurrido era una señal para las tres, que no había sido un accidente que la mujer australiana se nos hubiera acercado una hora antes de nuestra salida, y que había una razón por la cual nos habíamos quedado en Medjugorje. Estos hombres agregaron que por cosas del destino estábamos ahí en la semana del noveno aniversario de las apariciones. Las apariciones empezaron el 24 de junio de 1981 cuando los visionarios habían visto a la Santísima Virgen María por primera vez en la colina. Ella no les habló aquel día ya que estaban asustados y corrieron. Al día siguiente, sintieron un impulso de volver y fue cuando ella les habló por primera vez. Por eso es que el aniversario se celebra cada año el 25 de junio.

Habíamos llegado a Medjugorje alrededor del 20 de junio de 1990. Muchos peregrinos habían volado precisamente allí durante esa semana para el aniversario. Nuestros nuevos amigos británicos nos dijeron que debíamos quedarnos la semana y ver lo que nuestro Señor Jesús tenía reservado para nosotras; nuestro viaje parecía ser planeado divinamente.

Estuvimos de acuerdo en extender nuestra estancia. Nuestros nuevos amigos nos ayudaron a encontrar alojamiento en una de las casas del pueblo - No tenían ni motel ni hoteles en el pueblo en aquel tiempo. Ninguno de nosotras podía negar que algo estaba pasando lo cual superaba nuestra comprensión intelectual. Esperamos ansiosamente la llegada de la noche para ver si la cruz se encendiera de nuevo después de la oscuridad. Nos sentamos afuera de la iglesia que estaba enfrente de la montaña. Cuando la noche se hizo más oscura, no pudimos ver la Montaña con la Cruz. La cruz no estaba visible. De hecho, no pudimos verla nunca más de nuevo por la noche. Las noches estaban muy despejadas durante el verano; sin embargo, las montañas estaban oscuras con la luna como su única fuente de luz.

Durante el curso de esa semana, hablamos con muchas personas y oímos muchas historias de conversión. Asistimos a Misa diariamente y participamos en los eventos que estaban pasando en la iglesia. Por primera vez en mi vida, no estaba viendo mi reloj durante la Misa. No estaba preocupada si la homilía del sacerdote era larga. Estaba sedienta de oír la palabra de Dios. Íbamos a servicios de oración por tres o cuatro horas todas las tardes y no me aburrían. De hecho, empecé ha sentir un sentimiento increíble de alegría que nunca antes había experimentado. Algo estaba pasando dentro de mi corazón que no podía entender mentalmente.

Recuerdo que una tarde, mientras estaba orando dentro de la iglesia durante la adoración de nuestro Señor Jesús a través de Su Presencia en el Santísimo Sacramento, experimenté un amor increíble que completamente me agobió. Era como si el amor de Dios me engolfara. Empecé a sollozar y lloré un par de horas. Al arrodillarme, dejé que mi cabeza tocara el suelo; lloré y lloré, formando un pequeño charco de agua alrededor de mí. Mi llanto no era causa de tristeza. Era una emoción ajena a mí. Sentía este intenso calor dentro de mi corazón y el resto de mi cuerpo, mientras me sentía sumamente amada como nunca antes había sentido. El amor de Dios estaba limpiándome y purificándome de adentro hacia afuera. Su inmenso amor se fundió en mi corazón. En ese momento, supe sin duda alguna que Dios existía y que era real. Aunque había nacido y crecido como cristiana, nunca había tenido una relación personal con Jesús. Esa noche, sentí a Jesús tan profundamente en mi corazón que sabía, por primera vez en mi vida, la magnitud de Su amor hacia mí. Supe que Él había muerto por *mí* personalmente, Así como Él hizo por todos los demás y por *ti*, sin tener en cuenta la religión o cultura. Esa tarde experimenté una muestra de lo que nos espera en el cielo. Había probado un pedazo de cielo estando en la tierra. Esta fue la primera vez en mi vida que no tuve miedo de morir.

Por primera vez desde que tenía ocho años, fui a confesarme. Permíteme explicar brevemente. A través de las sagradas escrituras y las tradiciones y enseñanzas de la Iglesia católica, los católicos creen que el Señor Jesús, a través de un sacerdote, oye nuestros pecados y nos perdona.[9] "El pecado" es nuestro fracaso o rechazo para vivir la vida que Dios quiere que vivamos; es

---

[9] Juan 20: 22-23

un acto de fracaso o rechazo de obedecer los mandos de Dios.[10] Aunque el sacerdote también es un pecador y simplemente un ser humano, el Señor lo usa como un instrumento para encauzar Su amor y misericordia. Realmente es una experiencia de humildad para mí ir y confesar mis pecados ante otro ser humano, sin tener en cuenta que tan pecador o santa la otra persona sea. El orgullo ha sido mi enemigo por años así que le doy la bienvenida a todas las experiencias que me ayuden a liberarme de él. ¡Claro, que todavía estoy trabajando en esto!

Había más de diez sacerdotes, de todo el mundo, escuchando confesiones en idiomas diferentes. Me uní a los peregrinos que esperaban pacientemente por horas en las largas filas para ir a la confesión. Esto era algo que nunca había experimentado. En los Estados Unidos, normalmente se llevaban a cabo las confesiones una hora antes de la Misa, una vez por semana. Ya que muy pocas personas confesaban sus pecados, un sacerdote normalmente era suficiente debido a la baja demanda.

Cuando por fin llegué al confesionario, me arrodillé cara a cara con el sacerdote el cual era un hombre irlandés de edad mayor. Me quedé allí durante casi una hora y lloré todo el tiempo que estuve en confesión. Ésta fue otra ocasión en la que sentía que el amor increíble de Jesús y su misericordia me agobiaban. La voz del sacerdote estaba llena de compasión y gentileza

---

[10] El Catecismo de la Iglesia Católica define el "pecado" como una "ofensa contra Dios así como una falta contra la razón, la verdad y la conciencia correcta. El pecado es un pensamiento deliberado, una palabra, un hecho, o una omisión contraria a la ley eterna de Dios." (1849, 1853, 1854).

cuando él me aconsejó. Él me miro y me dijo suavemente: "*¿No sabes cuánto te ama Jesús? Ve en paz y disfruta Su amor por ti.*"

Salí del confesionario como una persona nueva, más ligera, como si me hubiera quitado un peso de encima. Todo afuera tenía más brillo. Me sentía muy limpia en mi interior, rejuvenecida y muy agradecida de estar viva.

La siguiente tarde, yo estaba de pie con Andrea y Betsy afuera de la iglesia de San Jaime. Eran alrededor de las 5:30 p.m. El sol todavía estaba caliente y luminoso. De repente, oímos a algunas personas que gritan a nuestro lado, diciendo que miráramos al sol rápidamente. Me di la vuelta para ver lo que estaban mirando. Estaba completamente pasmada de la milagrosa vista de la cual estábamos dando testimonio. Sin ninguna dificultad, pude ver directamente al sol, sin anteojos de sol. El sol estaba rotando rápidamente sobre su propio eje. De repente, empezó a palpitar de derecha a izquierda y también hacia nosotros. El sol estaba bailando y proyectando o emanando muchos colores bonitos. En ese momento, muchas personas estaban de pie afuera de la iglesia, quizás alrededor de cincuenta o sesenta personas. Todos estábamos dando testimonio del mismo evento y las personas gritaban afuera lo que estaban viendo. Era una de las vistas más bonitas que había visto en mi vida. Tan pronto como me di cuenta de que una vez más estábamos dando testimonio a otro milagroso evento, me caí a la tierra a llorar y me sentí tan pequeña y humilde por el poder infinito de Dios. El enorme sol aparecía de repente como yoyó de juguete de un niño pequeño en las manos de Dios. No podía creer si mi fe estaba todavía débil que Dios me estaba mostrando otra señal para creer. Más tarde averiguamos que este fenómeno era frecuentemente llamado "el milagro del baile del sol." Miles de peregrinos han dado testimonio del baile del sol durante los últimos años, aunque no todo el mundo que ha ido a Medjugorje ha visto esto.

Durante la semana, aprendimos más sobre las apariciones de Medjugorje y pudimos estar presentes durante una aparición pública. La Colina de la Aparición se condensó con peregrinos. No pude ver a los visionarios cuando la aparición estaba pasando; sin embargo, sentía una presencia sobrenatural muy fuerte y paz durante esos momentos. Entendimos por qué la Santísima Virgen María se había estado apareciendo diariamente durante muchos años. En pocas palabras, ella se había estado apareciendo de acuerdo a las recomendaciones de Dios para volver a llamar a las personas del mundo hacia su hijo Jesucristo. Ella es llamada "La Santísima Virgen María, Reina de la Paz." Como la madre de Dios, ella personalmente ha experimentado Su inmenso amor de Él hacia todo el mundo, al verlo dar Su vida por todos los hijos de Dios. Ella les enseñó a los visionarios que para que los seres humanos tuvieran paz en el mundo, los seres humanos debían reconciliarse primero con Dios y debían tener paz individualmente en sus corazones y también en sus familias. Ella estaba llamando a la humanidad a la conversión y a cambiar su estilo de vida.

Una cosa importante a la que la Santísima Virgen María dio énfasis fue que el diablo, Satanás, es real y no un personaje imaginario. El triunfo más grande del diablo en el último siglo ha sido su habilidad de convencer el mundo que él no existe. La mayoría de las personas ha dejado de creer que él es real; por consiguiente, él ha podido lograr mucha destrucción y maldad en el mundo. La Santísima Virgen María le está recordando a todo el mundo que así como Dios es muy real, lo es también Su enemigo, el diablo. Aunque el

Señor Jesús triunfó sobre Satanás a través de Su muerte y resurrección, el reino de Satanás en este mundo no ha acabado todavía. Él esta más activo ahora en la vida que antes y está intentando destruir las almas de los hijos de Dios.

La Santísima Virgen María está llamándonos urgentemente a la oración, sobre todo la oración con el corazón. Ella nos insta a que oremos a Dios por amor y no por obligación. La oración es la forma cómo nos conectamos con Dios. Así como Él nos creó, nosotros necesitamos conectarnos a Él a través de la oración para tener paz interna y para que nos guíe en nuestras vidas. Ella está llamándonos a que oremos el rosario. Ya que el rosario es una sinopsis del Evangelio y una meditación en la vida Jesús, es una herramienta poderosa contra el diablo ya que él no puede tolerar esta oración. Ella está pidiendo que ayunemos pan y agua los miércoles y los viernes para fortalecer el alma y la fuerza de voluntad, leer la Santa Biblia todos los días, asistir frecuentemente a Misa, diariamente si es posible, y confesar nuestros pecados por lo menos una vez por mes para mantener nuestras almas limpian y receptivas a Dios.

Sólo para clarificar, esta no es la primera vez en la historia humana que la Santísima Virgen María se ha aparecido a personas quienes la pudieron ver con sus ojos humanos. Hay muchos sitios de apariciones muy conocidos que han sido aceptados por la Iglesia católica, como las apariciones de Fátima en Portugal, de Guadalupe en la Ciudad de México, de Lourdes en Francia, de Zeitun en Egipto y muchos lugares más. Como las apariciones de Medjugorje ha estado ocurriendo desde 1981, la Iglesia católica no ha dado una decisión diciendo que aprueba o niega estas apariciones. De acuerdo con el procedimiento de la Iglesia en estos casos, la autenticidad de estas apariciones no tiene una resolución final hasta después de que las apariciones se acaben. La iglesia tiene que investigar la legitimidad de estas apariciones y asegurar que los visionarios son verdaderos y no están viendo espíritus demoníacos. La Santísima Virgen María en Medjugorje les dijo a los visionarios que después de que las apariciones se hayan completado, Dios dejaría una gran señal visible, en la Colina de la Aparición para autenticar las apariciones. No sabemos la fecha exacta todavía de cuando esto ocurrirá; sin embargo, la señal será irrefutable y servirá como una prueba de sus apariciones. Será algo que nunca ha habido en la tierra.

Antes de que nuestra semana terminara, continuamos con nuestros planes originales y partimos a Grecia. Recuerdo el largo viaje del tren cuando nos dirigíamos al sur. Yo estaba muy contemplativa, y me sentía muy cambiada. Aunque había dado testimonio del milagro de la cruz roja encendida y el milagro del baile del sol, el milagro más importante y más grande que había experimentado había sido la conversión que había ocurrido en mi corazón. Los milagros no tienen valor si no transforman nuestros corazones. En Medjugorje, me sentía como si un velo se hubiera alzado de mis ojos, como si hubiera probado del mundo espiritual y el reino celestial. Por fin descubrí los ojos espirituales de mi corazón. Supe que mi vida nunca sería la misma.

Capítulo Seis

Cambios en mis planes de viaje

"Por lo tanto, busquen primero el Reino y la Justicia de Dios, y se les darán también todas esas cosas. No se preocupen por el día de mañana, pues el mañana se preocupará por sí mismo. A cada día le bastan sus problemas."

Mateo 6: 33-34

Tomamos el tren a Atenas y después nos dirigimos directamente a la Isla de Creta. Este lugar era bonito. Intenté disfrutar el paisaje encantador a mi a alrededor, sin embargo, algo en mi se había transformado, ya no tenía ningún deseo de viajar por Europa. A pesar de la belleza de Grecia, ya nada me satisfacía. Era como si hubiera probado un pedazo de cielo y estaba esforzándome por regresar a la tierra. Me quedaban aproximadamente tres semanas para terminar mi viaje en Europa y mi corazón anhelaba regresar a Medjugorje. Intenté desconectarme de este deseo pero fue imposible. Empecé a experimentar el mundo vacío y material a mí alrededor. Como podrás ver, a pesar de la simplicidad del pueblo de Medjugorje, me sentía completa allí. Era un estilo de vida muy simple, el pueblo estaba rodeado de granjas y personas modestas. Lo que era sorprendente de estos aldeanos era la fe que existía allí. En este pueblo vivían de verdad su fe y la mostraban a través del amor que emanaba de ellos.

No supe qué hacer. Aunque había soñado desde que era niña visitar Grecia, mi corazón se sentía ansioso allí. No sabía como decirle a Andrea y Betsy que ya no quería continuar mi gira por Europa. No tenía deseos de ver nada después de Medjugorje. Todo lo demás parecía muy superficial y vacío comparado con la espiritualidad profunda que había experimentado en Medjugorje. Sentía un fuerte impulso de regresar a Medjugorje el resto del tiempo que nos quedaba.

Por fin decidí darles la noticia. Aunque Andrea estaba desilusionada, no estaba sorprendida. Me dijo que entendía mi decisión. Ella estaba de acuerdo que algo divino estaba ocurriendo allí, sin embargo, no podría acompañarme. Necesitaba tiempo para interpretar los eventos que había experimentado en Medjugorje, ya que estos la habían desafiado en su sistema de creencia. Decidimos separarnos en Yugoslavia mientras viajábamos de regreso hacia el norte de ese país. Betsy decidió a última hora regresar a Medjugorje conmigo en lugar de continuar su viaje con Andrea. En caso de que te estés preguntando si Andrea es todavía agnóstica, recientemente me comunicó que ahora cree en Dios y que ha creído en Él durante mucho tiempo.[11]

Cuando llegamos de nuevo a Medjugorje, mi corazón se sentía de nuevo en casa. Estaba inmensamente contenta. Tenía un par de semanas para estar allí así que decidí intentar vivir de acuerdo a lo que María nos estaba pidiendo, una vida piadosa, ayuno, Misa diaria, confesión y lectura de la

---

[11] Ni Betsy ni Andrea jamás regresaron a Medjugorje desde 1990.

Biblia. A pesar de mi amor por la comida, el Señor me dio la gracia (la ayuda divina gratuita de Dios) de ayunar con pan y agua todo el tiempo que estuve allí. Esta vez mi viaje fue una verdadera peregrinación. Pasé innumerables horas en oración, como nunca antes lo había hecho.

Así como nuestro Señor me estaba revelando Su amor y misericordia, Él también me permitió tolerar un incidente difícil para exponerme al mal que hay en el mundo. El Señor también me mostró el poder de Su amor protector. Lo que ahora voy a compartir contigo es muy difícil de expresar ya que es muy delicado. En los últimos años, he recibido mucha sanación interior por las consecuencias de este incidente. Nunca le había dicho este incidente a mi familia y no estaba planeando incluirlo en este capítulo, pero después de mucha oración y resistencia de mi parte, el Señor me ha guiado a compartir la experiencia e incluirla en estas líneas.

Cuando Betsy y yo regresamos a Medjugorje, estábamos muy entusiasmadas de nuestra nueva relación con nuestro Señor. Por consiguiente, decidimos pasarnos dos noches enteras en oración en la Colina de la Aparición y después en la cima de la Montaña de la Cruz. Sin embargo, la segunda noche que pasamos en la Montaña de la Cruz era una noche intensamente fría, yo no tenía una chaqueta o una manta para mantenerme abrigada. A consecuencia de esto, me puse muy enferma esa noche. Increíblemente, un perro muy grande apareció de repente de la nada y se acurrucó a mi lado manteniéndome abrigada bloqueando los vientos fríos. A la siguiente mañana cuando descendimos de la montaña, no podía caminar. Nos encontramos con un hombre que nos habíamos encontrado previamente en nuestro primer viaje que era dueño de una de las pensiones cerca de la parada del autobuses. Aunque era un hombre joven de veinte o más años y nos pareció guapo y amistoso, había algo en él que en mi corazón no podía confiar. Él vio lo enferma que yo estaba y nos dijo que tenía algunos cuartos libres en su pensión. Estuvimos de acuerdo en quedarnos allí, ya que estaba muy débil por mi fiebre. Necesitaba recostarme ya que no había dormido en dos días.

Descansé bien esa noche, sin embargo, la siguiente mañana cuando desperté, me sentía todavía muy débil físicamente. Esa mañana Betsy decidió ir sola a Misa de inglés mientras que yo me quedé en cama a descansar. Aproximadamente diez minutos después de que se había ido, oí la llave entrar en la perilla de la puerta y dar vuelta; pensé que era Betsy se le había olvidado algo. Estaba completamente en estado de shock; el dueño de la pensión entró al cuarto con su propia llave. Él había visto a Betsy irse a Misa y sabía que yo estaba sola en el cuarto. Mientras él se acercaba rápidamente a la cama, mi corazón profundamente se quedo hundido dentro de mí y presentí lo peor. Le pregunté en inglés que quería o que estaba haciendo allí. Él no respondió y procedió a subirse a la cama dónde yo estaba acostada y debilitada. Al mirar sus ojos, pude ver el mal enfocado hacia mí. La cara del diablo surgió de lo que previamente había parecido como un hombre joven y amistoso. Mi mente estaba pensando muy rápido; no podía asimilar lo que estaba pasando. Yo tenía veinte años en ese tiempo; era virgen inocente; estaba acostada con fiebre en cama en el pueblo santo de Medjugorje durante una peregrinación espiritual. Aun en esta situación, el diablo estaba diligentemente acechándome a través de este hombre para destrozar mi encuentro con Dios y privarme de *mi inocencia* y pureza en el momento que menos lo esperaba. Además, como recuerdas, crecí en una cultura donde existe un gran avergonzamiento con la pérdida de virginidad ya que la violación era lo peor que cualquiera persona podía hacerme.

Mi mente se estaba imaginando lo peor al mismo tiempo que este hombre estaba arriba de mi en la cama inmovilizando mis brazos con sus piernas. En ese momento, me paralicé completamente y perdí mi habilidad para hablar fuerte o gritar. De hecho, sentía como si mi espíritu se hubiera desconectado de mí y dejado mi cuerpo. Aunque esto te parezca extraño e increíble, me vi flotando encima de la cama y mirando hacia abajo la escena de este hombre encima de mí empezando a abrir el cierre de sus pantalones para exponerse. Todos lo que yo podía ver eran lágrimas que corrían de mis inmóviles mejillas. De repente, en fe total, mi alma gritó muy fuerte a nuestro Padre Celestial con una voz interna inaudible:

"¡¡¡PADRE!!! ¡No puedes permitir que me pase esto a mí! Si mi padre terrenal estuviera aquí, probablemente mataría a este hombre. Tú eres mi Padre Celestial y estás en todas partes y eres todo poderoso. Tienes que hacer algo para detener esto AHORA aunque tengas que sacudir la tierra."

Tan pronto como mi corazón terminó de gritar estas palabras llenas de suplicas y sin ningún movimiento físico de mi parte, de repente vi a ese hombre moverse violentamente hacia atrás alejándose de mí y casi cayéndose de la cama. Él me vio completamente inmóvil pero una fuerza increíble e invisible, lo había empujado de la cama antes de que pudiera causarme más daño. Él parecía sumamente sobresaltado y asustado en ese momento que se tambaleó hacia atrás y salió rápido del cuarto. ¿Y yo? No me quedó duda alguna que nuestro Padre Celestial había oído mi oración rotunda y me había protegido instantáneamente con sus ángeles poderosos.

Después de que él se salió, débil, salté de la cama y empaqué todas mis cosas. Sabía que necesitaba dejar ese lugar en seguida. Empaqué el equipaje de Betsy y me fui del cuarto. Afortunadamente pude localizar a Betsy después de Misa y le informé lo que había ocurrido. Betsy y yo pudimos encontrar otro cuarto de pensión al lado de la iglesia. Intenté olvidar este horrible incidente y dejarlo en el pasado. Fue muy claro ver que el Señor me permitió saber que el diablo era real y que estaba trabajando activamente en todas partes, incluso en lugares santos. Es precisamente cuando las personas están intentando acercarse a Dios que el diablo siente la amenaza más grande. Él estaba trabajando a través de este hombre que parecía físicamente atractivo al mismo tiempo que estaba intentando tentarme, así como ocurre con muchas cosas materiales en el mundo que intentan incitarnos. Me sentí muy agradecida y bendecida de que el Señor me hubiera salvado de lo que pudiera haber sido una experiencia traumática para el resto de mi vida.

Aunque no fui violada ni lastimada físicamente, aun así, estaba emocionalmente marcada y herida por este incidente. Mis heridas crearon un agujero en mi corazón que el diablo llenó de vergüenza, culpa e incluso yo misma me culpaba; pero nuestro maravilloso Señor Jesús sana las heridas más profundas del corazón con Su amor infinito y misericordioso. Como leerás en los capítulos posteriores, por medio de la sanación interior que después experimenté, Jesús sanó, y continuamente está sanando, muchas heridas de mi corazón.

Al pasar de los días, me sentía como si estuviera de verdad en el cielo y no quisiera salir de este. Estaba ocurriendo un acontecimiento muy profundo en mi corazón. Sentía una tremenda llamada de Dios para hacer algo. Sentía como un incitar fuerte, un impulso interno para dar mi vida a Dios. No podía exactamente entender la naturaleza de la llamada de Dios. Recuerdo que un día simplemente lloré, ofrecí mi vida y mi voluntad a Dios. Aunque aun era joven había aspirado a hacerme una abogada para ayudar y servir a las personas; le dije a nuestro Señor que estaba deseosa de hacerme una monja si eso era lo que Él quería de mí; sin embargo, necesitaba darme una señal clara. Estaba deseosa hacer cualquier cosa que Él me pidiera. En ese momento, pensé que la única manera de servir a Dios era por medio de la vida religiosa. Por supuesto que ahora sé que podemos servir a Dios de muchas maneras diferentes; me tardé muchos años para aprender esto.

A propósito, recuerdo un día que llamé a mis padres en California y les dije que planeaba quedarme en Medjugorje y que no quería regresar a los Estados Unidos. Mi madre preocupada y con mucha razón, me dijo con su voz angustiada que primero necesitaba regresar y terminar mi educación universitaria y que después hablaríamos del asunto. Pienso que mis padres creían que yo me había vuelto loca.

Mi vida cambió debido a mi viaje a Medjugorje. Los visionarios decían que la Santísima Virgen María les había dicho que nadie pasaba por ese lugar solamente por accidente, o coincidencia. Todos los que íbamos allí era por una razón y por invitación. Esto fue verdad para mí. Yo fui invitada para abrirme a Dios en una forma en que nunca antes lo había hecho. Las semillas del amor de Dios se plantaron profundamente en mi corazón. En Medjugorje, aprendí mucho de Jesús y Su inmenso amor por mí y por ti. Aunque crecí católica e iba a Misa cada semana, nunca había entendido completamente o había apreciado la grandeza de lo que realmente pasaba allí. Un milagro ocurre cada vez que una Misa o un servicio Litúrgicos son celebrados. Durante la Misa, los católicos recibimos "la Eucaristía" qué también es conocida como "El Santísimo Sacramento." La palabra "Eucaristía" viene de la palabra griega "*eucharistia*" qué quiere decir "acción de gracias." Es un Sacramento que instituyó Jesús durante la Última Cena, como se ha escrito en los Evangelios de Mateo, Marcos y Lucas[12] A través de la sagrada escritura, las tradiciones y enseñanzas de la Iglesia católica, los católicos creen que el pan y vino que son consagrados por el sacerdote durante la Misa se convierte en el verdadero Cuerpo, Sangre, Alma y Divinidad del Señor Jesucristo. Este proceso se llama "la transustanciación," aunque la apariencia del pan y vino no se alteran. Jesús nos dijo a través de Su apóstol Juan: *"En verdad les digo que si no comen la carne del Hijo del Hombre y no beben su sangre, no tienen vida en ustedes. El que come mi carne y bebe mi sangre vive de vida eterna, y yo lo resucitaré el último día. Mi carne es verdadera comida y mi sangre es verdadera bebida."*[13]

La fe católica enseña que Jesús literalmente dijo estas palabras y que no estaba hablando simbólicamente, de tal manera que Él repite las mismas palabras varias veces en el Capítulo Seis del Evangelio de Juan. De hecho, Jesús era tan literal que muchos de Sus discípulos lo abandonaron y

---

[12] Mateo 26: 26-28, Marcos 14: 22-24, Lucas 22: 17-20

[13] Juan 6: 53-58; vea también 1Corintios 11:23-29

regresaron a su estilo de vida anterior ya que era muy difícil para ellos aceptar Sus enseñanzas.[14] Es precisamente por eso qué la Santísima Virgen María está llamando a las personas para que traten de ir a Misa diaria para poder recibir a su Hijo Jesús, a través de la Eucaristía. He oído a menudo que los Satánicos creían que Jesús estaba presente en el Santísimo Sacramento. En algunos lugares frecuentemente les pagan a las personas para que se roben las ostias consagradas de las iglesias católicas durante la comunión. Ellos profanan y violan la Ostia de la manera más atroz ya que creen que están torturando a Jesús.

La Santísima Virgen María también está llamando a las personas a pasar tiempo con Él a través de Su Presencia en el Santísimo Sacramento. Esto es a lo qué los católicos romanos se refieren como "la Adoración del Santísimo Sacramento." La Virgen enfatiza que para conocer a su Hijo, necesitamos pasar tiempo íntimo con Él, en la oración silenciosa, para que Él pueda hablar con nosotros y pueda transformar y sanar nuestros corazones.

Muchas personas mal interpretan a los católicos debido a su devoción y amor por María. Previamente he sido acusada de adorar a María porque oro por sus intercesiones. Nada puede estar más lejos de la verdad. Los católicos *sólo* rinden culto a Dios. María era humana y no un "dios" para ser adorada. Para mí, María *es* mi madre celestial, así como creo que es la madre de todos, sin tener en cuenta su religión, credo o creencias. Ella es quien inicialmente, a través de mi experiencia en Medjugorje, me llevó a Jesús y me enseñó acerca de Él. Como Su madre, ella lo conoció bien. Ella sólo me dirigió a Él, nunca

---

[14] Juan 6:60 y Juan 6:66

hacia ella, y me mostró la manera de amarlo y recibir Su amor. María fue una mujer increíblemente humilde y amorosa. Ella fue escogida por Dios de entre todas las mujeres a través de la historia para ser la madre de Su Hijo Jesús. A través de su obediencia y buena voluntad, Jesús fue concebido por medio del Espíritu Santo y nació para la humanidad. Jesús nos dio a todos a María como nuestra madre espiritual cuando estaba muriéndose en la cruz. Él le dijo a María que mirara a su hijo Juan, refiriéndose a su apóstol que estaba de pie al lado de ella. Jesús se volvió entonces a Juan y le dijo que mirara a su madre.[15] Ya que Juan fue el único apóstol presente en la crucifixión, Juan representa la iglesia, haciendo a María nuestra madre. Desde entonces, María ha sido fiel a lo largo de la historia, cuidando a todos sus hijos alrededor del mundo. De hecho, mi forma favorita y personal de referirme a ella es "mamá María." Esto me permite sentirme más íntimamente conectada con ella. A lo largo de mi vida, ella me ha demostrado, una y otra vez, que de verdad ella es mi madre espiritual.

Cuando reflexiono en el pasado, no hay duda que la razón principal por la cual fui a estudiar a Francia fue para poder ir a Medjugorje. Por supuesto que, nada de esto fue planeado por mí. Sólo Dios podía dirigir algo tan increíble como esto. Él sabía que mis padres nunca consentirían el hecho de que yo viajara a Europa o que fuera exclusivamente a Medjugorje. Incluso Dios tenía esto planeado desde que yo vivía en Jordania. Como lo mencioné en el segundo capítulo, mis padres me pusieron a mí y a mis hermanos en la mejor escuela francesa de todo el país. No creo que haya coincidencias o accidentes en la vida. Todo tiene su propósito a su debido tiempo. Hasta hoy,

---

[15] Juan 19: 26-27

nadie de mi familia ha ido alguna vez a Medjugorje. La invitación de Dios, a través de La Santísima Virgen María, fue sólo para mí. Él no me forzó, pero sólo incitó mi corazón. Yo acepté la invitación y mi vida ha cambiado para siempre.

Capítulo Siete

De regreso a los Estados Unidos

"Porque me parece que a nosotros, los apóstoles, Dios nos ha colocado en el último lugar, como condenados a muerte; somos un espectáculo divertido para el mundo, para los ángeles y para los hombres. Nosotros somos unos locos por Cristo, ustedes tienen la sabiduría cristiana. Nosotros somos débiles y ustedes fuertes. Ustedes son gente considerada y nosotros despreciados. Hasta el presente pasamos hambre, sed, frío; somos abofeteados, y nos mandan a otra parte. Nos cansamos trabajando con nuestras manos. Si nos insultan, bendecimos; nos persiguen y lo soportamos todo. Nos calumnian y confortamos a los demás. Ya no somos sino la basura del mundo y nos pueden tirar al basural. "

1 Corintios 4: 9-13

Después de un año de estar fuera de casa, regresé a los Estados Unidos al terminar el mes de julio de 1990. Estaba muy contenta de ver a mi familia y amigos de nuevo. Todavía estaba consumida por los eventos en Medjugorje y todo lo que había aprendido y experimentado allí. Quería relacionar a todo el mundo que se cruzaba por mi camino lo que estaba pasando en Medjugorje. Me sorprendió que, nadie quisiera oír o hablar al respecto. Pensé que había encontrado un tesoro increíble y quería compartirlo con todo mundo. Sin embargo, las personas me miraban como si me hubiera vuelto loca. La mayoría de las personas pensó que me había vuelto una fanática.

Intenté compartir mi historia con mis propios padres. Fue recibida con escepticismo y aprehensión. Mi madre insistió que yo no tenía la certeza que era la Santísima Virgen María la que se estaba apareciendo y sugirió que podría haber sido el diablo; ella no quería que yo fuera engañada. La entendí y estuve de acuerdo con las preocupaciones de mi madre ya que siempre debemos poner a prueba cualquier espíritu que se aparezca a las personas. Ha habido muchos casos a lo largo de la historia dónde el diablo se apareció como otra persona y ha desviado a las personas. Intenté explicarle a mi madre que si de veras fuera el diablo el que estuviera engañando a los visionarios en Medjugorje y apareciéndose disfrazado como María, entonces él era un tonto increíble así como los miles de peregrinos, incluyéndome a mí, estábamos convirtiendo nuestras vidas y entregándonos a Dios, en lugar de rechazarlo. Le recordé a mi madre una de las enseñanza de Jesús que dice cómo uno conoce a un árbol por sus frutas que produce. Él dijo: *"Lo mismo pasa con un árbol sano, da frutos buenos, mientras que el árbol malo produce frutos malos. Un árbol bueno no puede dar frutos malos, como tampoco un árbol malo puede producir frutos buenos. Todo árbol que no da buenos frutos se corta y se echa al fuego. Por lo tanto, a ustedes los reconocerán por sus obras.*"[16]

Respeto a mi madre y la resistencia de otras personas también ya que no todos tienen que estar de acuerdo con mi fe o creencias, inclusive mi familia o amigos. Los quiero y le pido al Señor que bendiga sus corazones. Después de todo, esto es parte de mi jornada de aprendizaje en la tierra, aprender a amar incondicionalmente, aprender a perdonar de verdad con mi corazón y aprender a crecer espiritualmente.

Los días pasaron, me sentía sumamente sola y llena de tristeza. Nadie estaba interesado en escuchar mi historia. Sentía como que quería aislarme de todo mundo. En ese momento, no conocía a nadie más que hubiera ido a Medjugorje, aparte de Andrea y Betsy, así que fui a la biblioteca católica y desesperadamente busqué libros acerca de Medjugorje. Necesitaba estar conectada espiritualmente con otras personas que sentían lo mismo que yo. Para mi placer, encontré muchos libros, no sólo escritos por católicos, pero de personas de diferentes denominaciones que tenían conversiones de vida en Medjugorje. Un libro particular se llamaba *"Medjugorje –El Mensaje"*[17] escrito por Wayne Weible, autor luterano, el cual me ayudó tremendamente. Mi alma encontró mucho consuelo en su libro; me sentía entendida y acompañada. Por lo menos *sabía* que yo no era la única que había tenido una experiencia espiritual rara.

---

[16] Mateo 7: 17-20

[17] Weible, Wayne. *Medjugorje - The Message.* Paraclete Press, 1989

Durante los siguientes doce años de mi desarrollo espiritual y crecimiento doloroso hacia la madurez, no pasó día en que yo no pensara en Medjugorje, sentía como si estuviera conectada a este lugar por un cordón umbilical invisible. Al pasar de los días, la realidad de vida me consumió; lentamente dejé de vivir los mensajes de Medjugorje. Tristemente, mi vida se hundió en "estar ocupada" con las cosas del mundo. Después de regresar con Andrea a California, pocas veces discutimos mi experiencia.

En septiembre de 1990, cuando regresé a UC Davis para continuar mi educación universitaria, noté que el Señor me estaba orientando a aprender español rápidamente. Durante los próximos dos años Andrea y yo compartimos un apartamento. Andrea tenía muchos amigos que venían de América Latina a estudiar sus estudios de postgrado. Me volví amiga de ellos ya que siempre almorzamos juntos. Frecuentemente me invitaban a ir a bailar con ellos dos tipos de baile que se llaman "Salsa" y "Merengue." Me fascinó cómo mis amigos bailaban entre sí este maravilloso ritmo caribeño así que decidí aprenderlo. De hecho, el bailar se volvió mi escape para todas las presiones relacionadas con la universidad y las luchas dentro de mí. No fumaba, bebía, ni consumía drogas además de que no podía tener novio, pero el bailar Salsa y Merengue se volvió mi afición y mi escape para las tensiones de la vida durante los siguientes nueve años.

Entre más tiempo pasaba con mis amigos latinos o hispanos, comprendí que era esencial que yo aprendiera español para que nuestra amistad sobreviviera. Ellos hablaban sólo español entre sí cuando yo estaba con ellos, así que esto se volvió frustrante para mí. Aunque traducían a menudo lo que estaban diciendo, yo sabía que sólo recibía lo esencial de la conversación.

Ellos se divertían mucho y yo quería participar en las conversaciones. No intentaban ser mal-educados o desconsiderados; sólo que simplemente se sentían más cómodas hablando en su lengua nativa.

Decidí que sería fácil para mí aprender español ya que era muy similar al francés, con la excepción de la pronunciación. En realidad el español era mucho más fácil de pronunciar que el francés. Así que, durante mi último año en Davis estudié español. No me daba miedo hablar o cometer errores, y me metí de lleno en la rica cultura latina. Fue muy fácil hacer esto ya que vivía en California. Empecé escuchar la radio en español, a ver la televisión en español, especialmente las telenovelas mexicanas, y claro, a practicar español con mis amigos. Después de poco tiempo, hablaba en el idioma con fluidez.

Estoy eternamente agradecida con mis amigos latinos por todas las formas en que me han bendecido y enriquecido en la jornada de mi vida. A través de ellos he aprendido mucho de sus lindas culturas y bellos países, cosas que los libros universitarios nunca pudieran haberme enseñado. Sin darse cuenta, mis amigos latinos me estaban preparando para una parte esencial de mi crecimiento espiritual que me llevó a dar mi testimonio en español a miles de personas en California y también en México.

Aparte de eso, una amiga en UC Davis pensaba que yo tenía el don de guiar y aconsejar a las personas. Con frecuencia ella veía cuántas de nuestras amigas confiaban en mí detalles muy íntimos y dolorosos de sus vidas. Ella me animó a que yo me hiciera una consejera. Le seguí su consejo y así fue como me hice voluntaria durante gran parte de mi tiempo libre para trabajar de consejera confidencial en un centro en la universidad llamado *La Casa*. Era un servicio de conserjería donde los estudiantes universitarios llamaban por teléfono y podían hablar con otro estudiante acerca de problemas personales y académicos. Yo al igual que otros estudiantes voluntarios recibimos un entrenamiento muy estructurado con la supervisión de terapeutas autorizados y psicólogos en Conserjería y Servicios Psicológicos de UC Davis. Tratábamos muchos problemas, desde algo tan simple como problemas con la amistad entre compañeros de cuarto hasta problemas de noviazgo, trastorno alimenticio, violación, todo tipo de adicciones, depresión, soledad, abuso físico, abuso sexual, incesto y suicidio.

Lo satisfactorio de este trabajo era que me permitía ayudar a muchos estudiantes en formas en que nunca hubiera podido imaginarme. Hasta cierto punto, mi educación conservadora me había asilado de muchas cosas horribles que pasan en este mundo. Claro, yo también tenía mi propia parte de heridas las cuales me causaron mucho sufrimiento como ya lo expliqué en mi segundo capítulo. El trabajar en *La Casa* me dio una perspectiva más amplia en asuntos relacionados con la vida real con lo que otros estudiantes estaban lidiando en el presente o el pasado, tales como violación física, abuso sexual o incesto. Muchos de estos problemas se trataban de heridas que resurgieron de la niñez. Como podrás ver, muchos estudiantes habían bloqueado su trauma de niñez ya que eran incapaces de tratar con el dolor o la vergüenza que sentían mientras eran todavía niños, o, mientras vivían en el mismo ambiente que les había causado el trauma. Una vez que vivían solos, algunos estudiantes tenían el valor de enfrentar su angustia y empezar el proceso de sanación. Estoy agradecida de haber sido parte del equipo de estudiantes voluntarios ya que esta experiencia fue invalorable para mí. Aprendí muchas cosas desconocidas para mí, a través de este trabajo, el Señor me estaba poniendo la base para mi propio trabajo de sanación y el trabajo de sanación de otros que ocurrió después.

Antes de dejar este capítulo, me siento obligada a mencionar la inesperada crisis emocional que pasé después de volver de Europa a finales de julio de 1990. Muchos de ustedes se acordaran de la terrible invasión y ocupación del pequeño país de Kuwait por Iraq su gigante país vecino el 2 de agosto de 1990, menos de una semana después de mi retorno. Por supuesto, como todo mundo, me sentía espantada por la invasión de Iraq y me daba mucho pesar por la gente de Kuwait. Después de mi experiencia en Medjugorje, también vi este evento con ojos espirituales y vi el mal que estaba manifestándose allí entre dos países vecinos de habla árabe. Oraba a diario por una resolución pacífica y rápida.

Como árabe-americana, la única conexión que tenía con estos eventos era la misma conexión que otros americanos tenían, con la excepción de que yo podía hablar el idioma árabe, el mismo lenguaje de Kuwait e Iraq. Al pasar de los meses, fue evidente que el país de los Estados Unidos se estaba preparando para rescatar a Kuwait, lo que más tarde se volvió como la conocida Guerra del Golfo Pérsico que tuvo lugar del 16 de enero de 1991 al 28 de febrero de 1991.

Para mi total asombro, este periodo se volvió uno de los periodos más dolorosos de mi vida. Aunque yo me considero una ciudadana americana orgullosa y no tenía ninguna conexión con Kuwait o Iraq, de repente los árabes-americanos se volvieron un objeto del odio de los anti árabe-americanos en los Estados Unidos. Como podrás recordar en las noticias, los crímenes de odio eran alarmantes. En ese momento, mis padres todavía tenían su pequeño restaurante. Vivía a diario con el temor de que alguien pudiera entrar en su restaurante a atacarlos y matarlos, cosa que estaba pasando a muchas personas que parecían del Medio Oriente por varias partes de los Estados Unidos.

Mi mente no podía comprender la lógica (o falta de lógica) de lo que estaba pasando. Los Estados Unidos fueron voluntariamente a liberar a Kuwait, un país de habla árabe, de Iraq, otro país de habla árabe. No obstante, que yo era una ciudadana americana, me volví un objeto del sentimiento anti-árabe-americano, incluso en UC Davis.

Por primera vez desde que había inmigrado a los Estados Unidos, pensé que mi mundo se estaba derrumbando ante mí. Empecé a sospechar que mi propio origen étnico podía haber sido maldecido. En Jordania, me sentía como una ciudadana de segunda clase ya que era considerada una "occidental" debido a mi religión cristiana. De repente en EE.UU., como resultado de la tensión en el Golfo Pérsico, me sentía como si fuera singularizada de nuevo porque yo tenía antepasados y origen étnico del "Medio Oriente," a pesar de mi ciudadanía americana.

Entré en una profunda depresión y desesperación. Valoré muchas cosas en los Estados Unidos, sobre todo el sentido de pertenecer; sin embargo, durante ese periodo, sentía como si no perteneciera en ninguna parte. Contemplé la posibilidad de dejar la universidad, ya que perdí todo mi entusiasmo por aprender en medio de la ignorancia, odio y locura que estaban rodeándome. Soporté una crisis de identidad muy difícil durante la Guerra del Golfo. Estaba muy agradecida con Dios de que la guerra acabó seis-semanas más tarde. Cuando finalmente Kuwait fue liberado, pasaba lo mismo conmigo también. Afortunadamente, permanecí en la universidad y terminé mis estudios.

Me gradué de UC Davis en junio de 1992. Todavía pensaba mucho acerca de Medjugorje pero empezaba lentamente a marchitarse en mi mente. Sabía en mi corazón que el camino de la vida religiosa no era para mí. Decidí tomar un descanso para decidir si todavía quería seguir una educación legal. Después de mi trabajo voluntario en *La Casa*, vi los premios maravillosos de ser consejera y empecé a considerar hacerme una trabajadora social. Estaba dividida entre las dos carreras y empecé a orar muy duro para que el Señor me guiara. ¿Aplicaré a la escuela de derecho o meteré mi solicitud para hacer mi maestría en Trabajo Social? Le pedí una señal clara al Señor.

Me mudé a la casa de mis padres después de la graduación y viví allí durante los siguientes dos años. Ser soltera y vivir sola no era una opción en la cultura del Medio Oriente. En esta cultura se espera que los niños, o adultos, vivan con sus padres hasta que se casen, sin tener en cuenta la edad. Como yo había estado viviendo sola durante los últimos cinco años, el mudarme a la casa de mis padres fue una experiencia desafiante y dolorosa. Los quiero muchísimo; sin embargo, parece muchos padres en la mayoría de las culturas nunca dejan de ver su hijos como niños, sin tener en cuenta su edad. Mis padres me recuerdan a menudo que yo entenderé esto cuando tenga mis propios hijos.

Después de mi graduación, intenté obtener empleo de consejera en centros y organizaciones sin fines de lucro que ayudaban a la juventud de alto riesgo, pero sin ninguna suerte. Firmé con una agencia de empleo temporal mientras buscaba trabajo. Para mi sorpresa, inmediatamente me encontraron una posición temporal como recepcionista que trabajaba con dos mediadores que resultaron ser abogados también. Aunque no pensaba en obtener esta posición relacionada con la ley, parecía que nuestro Padre Celestial tenía otros planes para mí. Cuando miro hacia el pasado, veo Sus huellas digitales grabadas en cada detalle de mi vida.

Trabajé allí durante tres meses y me ofrecieron una posición permanente de tiempo completo como recepcionista; sin embargo, yo sabía que después de cinco años de educación universitaria, cuatro idiomas y dos licenciaturas, estaba calificada para encontrar algo más desafiante y productivo. Así que rechacé la posición y una vez más estaba desempleada, afortunadamente sólo durante ese fin de semana.

Ese sábado, pasé por una tienda de café en Davis dónde una de mis amigas trabajaba. Ella me preguntó que había estado haciendo desde mi graduación. Le dije que había estado trabajando en una posición temporal que apenas se había terminado. Para mi sorpresa, mi amiga me dijo que uno de sus clientes tenía una posición muy avanzada con la Secretaría de Educación de California y parecía estar buscando emplear a alguien de tiempo completo como "analista." Ésta serían una posición contractual y no un empleo de servicio civil del gobierno del Estado (qué habría incluido todos los beneficios del Estado pero hubiera sido un proceso largo burocrático para contratarme). Esta mujer apenas se había ido de la tienda de café y le había dado su número privado de celular a mi amiga en caso de que mi amiga conociera a alguien que pudiera estar interesado. Tomé el número de teléfono y contacté a la mujer en seguida. Me entrevisté con ella el lunes y el martes estaba de nuevo empleada en una posición de contrato que duró dos años, hasta que me fui a la escuela de derecho en agosto de 1994. Como podrás ver, realmente el Señor cuida de nosotros, si se lo permitimos y confiamos nuestras vidas en sus manos. Cuando reflexiono en el pasado, esto incluso, ha sido verdad en mi vida aun cuando no lo aparentaba serlo para mí en ese momento.

De verdad que disfruté la posición, ya que aprendí mucho y me desafío intelectualmente. También me encontré con algunos colaboradores maravillosos que de veras sentían cariño por el sistema educativo en California, pero a la vez yo no tenía ningún beneficio y la paga era baja. En resumen, debido a algunos problemas legales relacionados con el trabajo que yo estaba haciendo, una vez más, fui expuesta, a abogados que trabajaban en esa Secretaría de Educación. Sentí una fuerte atracción del Señor para seguir mi deseo inicial de hacerme una abogada. No podía ser pura coincidencia que en ambos trabajos después de mi graduación, trabajara con asuntos de naturaleza legal.

En el otoño de 1993, empecé a tramitar mis solicitudes a las escuelas de derecho. Oré mucho durante ese tiempo y le pedí a Dios mostrarme Su plan y deseo para mi vida. Si su voluntad era que yo fuera a la escuela de derecho, entonces por lo menos necesitaba recibir una carta de aceptación; sin embargo, si no era su deseo, entonces yo necesitaba recibir cartas de rechazo de todas las escuelas, aun cuando eso hubiera matado mi ego.

Ser admitida a la escuela de derecho no era tan fácil como yo lo había esperado; era un proceso sumamente competitivo. Requería excelentes calificaciones de la universidad y contar con calificaciones altas en la Prueba de Admisión de la Escuela de Leyes (*LSAT*). Para mi deleite, me admitieron en tres escuelas del derecho privadas que estaban en el Área de la Bahía. Aunque preferiría ir a una universidad pública, como UC Davis Escuela de Leyes o UCLA, sólo recibí cartas de rechazo por parte de ellos. A pesar de las aceptaciones que recibí, el proceso de solicitud fue una experiencia humillante. Oré para recibir dirección y saber ¿a cual de estas escuelas de derecho debería asistir? El costo de todas era más o menos el mismo, que, para mí, era una cantidad de dinero sumamente enorme. Quise experimentar la vida en San Francisco, así que decidí estudiar en la Escuela de Leyes en la Universidad de San Francisco. Había oído comentarios de amigos que era una escuela excelente. Aunque no tenía dinero personal para financiar mi educación, me dijeron que era muy fácil obtener préstamos de estudiantes para la escuela profesional. Yo ya estaba cargando con algunos préstamos de mi educación de estudiante que estaba pagando, pero estos préstamos parecían insignificantes comparados con lo qué la escuela de derecho iba a costarme. Mis padres se sentían afligidos de que ellos no podían ayudarme económicamente. Ellos tenían un ingreso modesto y estaban haciendo sacrificios para educar a mi hermana más joven en una escuela primaria privada católica. Yo me sentía bendecida de que ellos pudieran hacer esto por mi hermana, ya que yo sabía que ella necesitaba su ayuda más que yo. Sabía que era una adulta y estaba preparada para enfrentar la vida por mi misma.

Estaba viendo que iba a deber alrededor de $100,000 para cuando terminara mi educación legal. ¡Varios años después, estaba perpleja de por qué nadie en ese momento me dio un golpe en la cabeza con un ladrillo para despertarme! Había caído en el mito en el que muchos "abogados ganaban mucho dinero así que los préstamos no eran un problema." Como lo demostró más adelante la experiencia de mi vida, esta frase no siempre es verdad, sobre todo en mi caso. Por favor no me mal interpretes; conozco muchos abogados que ganan sueldos muy lucrativos. Estoy muy contenta por ellos; estoy segura que estos sueldos se los han ganado; sin embargo, mi experiencia ha sido diferente. Una vez que yo estaba asistiendo a la escuela de derecho alguien me aconsejó que fuera paciente, ya que en algún momento vería la luz al final del túnel. Me encantaría ver a esta persona de nuevo y decirle *"la persona que estaba encargada de la electricidad que impulsaba la luz al final del túnel no había pagado la cuenta de la electricidad."* No vi ninguna luz y pasé por mucha oscuridad después de la escuela de derecho. En retrospectiva, puedo ver cómo todo lo que sufrí durante y después de la escuela de derecho produjo un tremendo crecimiento espiritual y emocional para mí. Me siento bendecida, a pesar de los prolongados sufrimientos y los numerosos años oscuros que pasé.

Varios meses antes de partir a la escuela de derecho, al salir de bailar Salsa con algunas amigas, conocí a un hombre muy amistoso y cómico. Su nombre era Tony y recientemente se había mudado de Los Ángeles. Él nació y creció en Nicaragua pero se hizo ciudadano de los Estados Unidos. Nos volvimos muy buenos amigos y empezamos a salir. Si pusiste mucha atención en los capítulos anteriores, debes estar diciéndote a ti-mismo *"pensé que ella había dicho que no le permitían salir con alguien."* Tienes razón. No me lo permitían. De hecho, esto puede ser una sorpresa para mi familia cuando lean este libro, pero Tony y yo empezamos a salir. *Lo siento Mamá y Papá por no decirles en ese entonces, aunque probablemente pienso que ustedes se lo imaginaban.*

Ahora aquí esta el dilema. Aunque yo tenía 24 años, no tenía permitido de tener novio. En Jordania, si un hombre y una mujer estaban interesados simplemente "visualmente," no podían salir. En cambio, un hombre, acompañado de su familia, iba ver a la familia de la mujer a pedir su mano, sin conocerla realmente. Cuando la mujer salía a servir el café y postre, los padres del hombre pedían su mano con este refrán: *"No beberemos su café a menos que tengamos una favorable respuesta a nuestra petición."* La mayor parte del tiempo, los padres de la mujer sabían por adelantado de la visita y el propósito de esta, por consiguiente una contestación favorable era esperada, de otra manera la visita no hubiera tenido lugar. El rechazo pasaba cuando la visita era una sorpresa y los padres de la mujer no aprobaban al hombre. En este caso, el hombre y su familia se negaban a beber el café o comer el postre que a la larga probablemente era lo más saludable. Poco después, la pareja se comprometía a casarse. De cierto modo, el compromiso era igual a la etapa de salir con alguien, con el compromiso firme de contraer matrimonio que por cierto es por esto que muchas mujeres en el Medio Oriente se quedan sin la opción más que salir con alguien a espaldas de sus familias.

Mis padres conocían y les gustaba Tony; nos acompañaba en las reuniones con mi familia durante varias cenas y en muchas ocasiones de fiesta por varios años; sin embargo, yo siempre lo presente como mi "amigo." Esto era verdad ya que él se volvió uno de mis mejores amigos, pero, él también era mucho más. Cuando empezamos a salir, nunca esperé que nuestra relación pudiera sobrevivir mis años en la escuela de derecho debido al factor de que había una larga distancia. Yo estaba a punto de irme a San Francisco y él estaba viviendo en Sacramento. Para nuestra sorpresa, la relación duró casi cinco años. Se suponía que acabaría con un final feliz, es decir en matrimonio, pero, nuestros planes no siempre son el plan de Dios y los finales no siempre son felices. De hecho, nuestro final acabó trágicamente.

Capítulo Ocho

La lucha y el dolor en la facultad de derecho

"Todo lo puedo en aquel que me fortalece."

Filipenses 4: 13

En agosto de 1994, Tony y yo conducíamos en su camioneta con mis cosas a mi pequeño estudio recién-alquilado en San Francisco; afortunadamente, pude encontrar un lugar cerca de mi universidad en el Distrito de Richmond. Estaba muy entusiasmada por el hecho de haberme mudado a San Francisco ya que me encantaba la Ciudad y pensaba que verdaderamente podría disfrutarla. Por si no lo sabes, muchas personas en California se refieren a San Francisco como "la Ciudad." Después de trabajar durante dos años, extrañaba el estilo de vida de estudiante. Me imaginando que mi vida iba a ser similar a la gran experiencia que había tendido en UC Davis. Ésta era la magnitud de mi ingenuidad pero la realidad era otra. De hecho, si alguien me hubiera podido mostrar, durante mi mudanza, lo que estaba a punto de pasar en mi experiencia en la escuela de derecho, así como los muchos años de dificultades económicas que seguirían, hubiera escapado de San Francisco corriendo tan rápido como mis piernas me lo permitieran.

Durante mi orientación en la escuela de derecho, tenía que firmar un papel en el que prometía que no trabajaría tiempo completo durante mi primer año en la escuela de derecho. Lo firmé, aunque sabía que económicamente, sería imposible para mí cumplir esto. Pensé que era una expectativa injusta dada mi situación económica y bajo esas circunstancias, no podía ligarme a esa promesa. A pesar de los préstamos que estaba recibiendo, necesitaba ganar dinero adicional para los pagos de mi automóvil, el seguro del automóvil, el seguro de salud y completar parte de mi renta. Mis préstamos pagaban por mi colegiatura y mis libros y parte de mi renta, pero, necesitaba fondos adicionales para sobrevivir el alto costo de vida en San Francisco. Así que contacté una agencia de empleo temporal para que me ayudara a encontrar trabajo de medio tiempo. Describí que podía trabajar en las mañanas y en las tardes. Me registré en el programa de la tarde ya que mis clases todos los días empezaban a las 3:30 p.m. y duraban hasta las 9:30 p.m.

Un día antes de mi entrevista con la agencia de empleo, como no estaba familiarizada con el área, decidí ir al centro de la ciudad de San Francisco para ver donde estaba su oficina ya que no quería perderme el día de la entrevista y llegar tarde. Tomé el autobús del centro de la ciudad y después de que encontré la dirección que estaba buscando, procedí a caminar hacia la calle California. Quería ver el edificio que había estado en las noticias en 1993 en el cual un hombre hizo un tiroteo, matando a varios abogados y gente inocente en una oficina de abogados.

Mientras caminaba, se me acercó un hombre vestido de traje, que quería saber mi origen cultural. Fue obvio para él por la expresión en mi cara y por su tipo de pregunta que me había hecho que yo estaba completamente desconcertada. Él continuó diciéndome que él pensaba que yo parecía exótica y simplemente quería saber mi origen étnico. Para hace corta esta historia, le terminé hablando por aproximadamente diez minutos. Él se enteró que yo era una estudiante de derecho y estaba en el centro de la ciudad buscando una agencia de empleo dónde me entrevistarían al día siguiente. Sin titubear, él sacó su tarjeta profesional y me pidió que lo llamara que él iba a hablar con su director de recursos humanos acerca de contratarme en la compañía dónde él trabajaba. Él me hablo de la flexibilidad de las horas, ya que trabajaban días muy largos y siete días por semana. Él me aseguró que se acomodarían a mi horario de la escuela y me darían beneficios de salud. Señaló para mostrarme calle abajo donde se localizaba la compañía. Le agradecí y me alejé muy sorprendida. No supe qué pensar. Era demasiado peculiar cómo había empezado nuestra conversación y lo que había tenido lugar. No sabía si podía confiar en ese hombre. Sabía que necesitaba orar mucho acerca de esto antes de contactarlo de nuevo.

Después de que oré, decidí llamarlo y pedí hablar directamente con el director de recursos humanos. Sabía que si hablaba con el director, sabría si este hombre era confiable o no. Cuando hice la llamada, me conforté al oír una voz femenina amistosa en la otra línea. Me entrevistaron la siguiente mañana para una posición de representación de servicio al cliente; inmediatamente me contrataron y esto se volvió mi ocupación durante los siguientes tres años mientras estaba en la escuela de derecho. Antes de que continúe, en caso de que te estés preguntando lo que pasó entre el hombre que me ayudó a hacer la entrevista y yo, la respuesta es *nada*. Él, por haberme reclutado, obtuvo un incremento de sueldo (una bonificación) por parte de la compañía. Tuvimos una relación profesional durante el tiempo que trabajé allí.

Durante los tres años de escuela de derecho, mi vida era completamente loca. Mis días y horas de trabajo variaron, dependiendo de mi horario en la escuela. Mi trabajo era flexible y me sentía muy bendecida por eso. Era muy cansado hacer malabarismos entre las exigencias de mis clases y mi trabajo.

Esto es lo que era para mí un día típico en la escuela de derecho:

Me despertaba a las 4:15 de la mañana; me bañaba; tomaba un poco de café y salía de prisa. Manejaba mi automóvil a la universidad y lo estacionaba en el estacionamiento. Después esperaba hasta las 5:30 de la mañana el autobús que me llevaría al centro de la ciudad de San Francisco. Llegaba al trabajo a las 5:50 de la mañana y abría las puertas de la compañía para comenzar negocios a las 6:00 para satisfacer las necesidades de nuestros clientes en la costa del Este. Trabajaba de 6:00 hasta las 2:00 de la tarde con un descanso de almuerzo de treinta-minuto. A las 2:00 de la tarde, caminaba un par de cuadras a la estación del autobús y tomaba el autobús que me llevaría a la universidad a las 2:45 p.m. Después procedía a ir a la iglesia que estaba por la calle de la escuela de derecho. Mi universidad era una universidad jesuítica católica y tenía una bonita iglesia en el campus. Todos los días, después del trabajo y antes de la clase, entraba a la iglesia y me arrodillaba a orar. Mi corta oración era:

"Mi amado Jesús, por favor dame la fortaleza para vivir este día. Sé que no hay nada que tú y yo no podamos hacer juntos. Por favor dame la gracia que necesito para lograr superar el resto del día."

Después de salir de la iglesia, procedía directamente a la universidad. Tomaba rápido una taza de café y continuaba a mis clases hasta las 9:30 de la noche, ya sea que me iba a la biblioteca hasta las 11 de la noche o me iba a casa a estudiar. Este ciclo loco se repetía todos los días durante tres años, incluso también en los veranos.

Dos relaciones importantes me mantuvieron viva y sensata durante este tiempo. La primera fue con mi Señor Jesús. Él me sostuvo, me fortaleció y estuvo conmigo en cada momento de mi día. Sólo Jesús sabía de cada lágrima que derramé durante las numerosas noches de total agotamiento cuando intentaba dormirme.

La segunda relación importante fue con Tony. Él me ayudó a estar enfocada en medio de mi caótico horario. Hablábamos diariamente por teléfono, durante cada descanso y entre clases. Salimos a menudo a bailar Salsa los fines de semana, para descargar toda la tensión. Cuando bailaba con él, dejaba ir todas mis preocupaciones y ansiedades. Él era un bailarín sumamente talentoso y él me ayudaba a olvidarme de todas mis preocupaciones, por lo menos temporalmente. Tony era muy sociable y cómico. Nos reímos mucho juntos. En conclusión, nuestra relación mantuvo mi vida equilibrada.

Ciertos días cuando me agobiaba por mi agitado horario, manejaba muy noche después de clase a uno de mis lugares favoritos en la Ciudad. Estaba adyacente a lo que era conocido como la histórica *Cliff House* al norte de *Ocean Beach* en la esquina noroeste de San Francisco. La *Cliff House* estaba al pie del precipicio que pasa por algunas de las piedras muy grandes en el océano. Llegaba a ese lugar consumida por la ansiedad y presión. Al oír el sonido majestuoso producido por las olas del océano cuando golpeaban las piedras me daba siempre un tremendo sentido de paz como que me hacía comprender la grandeza de la vida, y como que mis propios problemas no eran nada en comparación a esto.

A pesar de mi empleo de tiempo completo, pude trabajar en dos prácticas legales mientras estaba en la escuela de derecho. Durante ese tiempo, trabajé sábados y domingos para compensar los dos días que usaba durante la semana para el trabajo de interna. Hice mis prácticas de interna durante un semestre en la Clínica Civil de la escuela de derecho. Tratamos principalmente casos ilícitos y asuntos de propietario y arrendatario. Ésta fue una gran experiencia para mí. Me sentí afortunada de tratar con un caso que llegó hasta la corte. El juez nos forzó a una conferencia de pago que resolvió el problema. Fue un caso muy emocionante para mí, lleno de memorables e increíble torceduras.

Además, hice prácticas de interna por seis meses en la Oficina del fiscal de San Francisco. Trabajaba específicamente para el Proyecto de Violencia Familiar. Principalmente trabajamos con víctimas de violencia doméstica y en defensa de ellas. Esto fue una experiencia que me abrió los ojos. No tenía idea de que tan extendida y frecuentemente era la violencia doméstica. Fui entrenada para tratar con estos problemas y tenía mis propios clientes. Para mí sorpresa, tuvimos un par de víctimas que sólo hablaban árabe. Me asignaron a ellas y ayudé al fiscal con la traducción y entrevistas. Además, trabajé en estudios de homicidio dónde repasé todos los archivos de todos los asesinatos que involucraban a víctimas femeninas en San Francisco durante un año en particular. El estudio mostró que la mayoría de estos asesinatos claramente eran ejecutados por hombres que no eran extraños, pero que eran bien conocidos por las víctimas. Mi trabajo no era fácil y al mismo tiempo era emocional y agotador.

Cuando miro hacia el pasado, siento que la escuela de derecho fue como un entrenamiento espiritual y físico en un campamento de entrenamiento de reclutas. Fortaleció mi fe, paciencia y vitalidad a niveles nunca imaginados. A menudo me decía a mi misma que si podía sobrevivir mi experiencia en la escuela de derecho, podría sobrevivir cualquier cosa en la vida. Los cursos en la escuela no eran la causa de mis dificultades. Eran intelectualmente desafiantes los cuales me estimulaban maravillosamente; sin embrago mis dificultades eran la totalidad de las circunstancias de mi vida que hacían mi experiencia inolvidablemente dolorosa.

Yo sentía que el trabajar tiempo completo y el asistir a la escuela de derecho era como si yo estuviera en una misión para autodestruirme. Durante mi tercer año, me puse sumamente enferma. No comprendí que tan enferma estaba ya que había desarrollado una tolerancia alta hacia el dolor. Ardía con una fiebre muy alta por muchos días antes de terminar en la sala de emergencia con dos inyecciones intravenosas en mis brazos. Había agotado toda mi energía y padecía de una infección del riñón. Estaba muy agradecida con Tony y mi amiga Wendy que manejaron a San Francisco alrededor de las 3:00 A.M. para llevarme a casa. ¡El Señor siempre me envía ayuda!

No obstante, con la gracia de Dios, Jesús y yo juntos salimos adelante a través de todo esto. Nos graduamos en mayo del 1997. Era de hecho un día triunfante, pero no necesariamente gozoso. El Examen de Abogacía de

California era eminente y se estaba tejiendo furiosamente en el fondo, amenazando en robarme de cualquier expresión de felicidad o emoción.

En caso de que no sepas lo que cuesta el hacerse un abogado autorizado en California, déjame darte *mi* versión personal, fuerte, obstinada, y crítica del proceso basada en mi propia experiencia dolorosa. Debo agregar a esto, que a muchos abogados se les hizo más fácil la escuela de derecho, es probable que no estén de acuerdo conmigo. Respeto sus opiniones completamente ya que su experiencia no refleja la mía.

A pesar de que había pedido prestado alrededor de $100,000 en prestamos de estudiante, pasé por tres años a los que llamé "infierno viviente" y a pesar de ir a la escuela de derecho, recibir mi grado de Doctora de Leyes y graduarme de la escuela de derecho, todavía no podía practicar la ley o podría hacerme una abogada. Necesitaba pasar el Examen de Abogacía del Estado de California conocido normalmente por el Estado como el *"Bar Exam."* A propósito, no hay absolutamente nada relacionado con el alcohol en este bar a pesar de que el nombre pudiera sugerirlo. Como puedes ver, estoy en completo desacuerdo con el proceso de autorización para hacerse abogado. Lo apreciaría si los requisitos de autorización trajeran consigo seis meses de Programa de Practicas reales u horas de Aprendizaje que me darían el beneficio de entrenarme y prepararme para hacer mi trabajo como una abogada, en lugar de los seis meses que pase tomando el examen de abogacía y esperando los resultados.

Tuve que tomar una clase llamada el *"Bar Class"* dos días después de mi graduación. La clase duró seis semanas. Muchos me advirtieron en la escuela de derecho que para que tuviera una oportunidad de pasar el examen de abogacía, debería tomar el curso de estudio. De hecho, no podré olvidarme de las palabras memorables de mi profesor de la clase de abogacía durante el primer día de clase. Nos dijo:

"Necesitas olvidarte de todo lo que aprendiste en la escuela de derecho y poner mucha atención a lo que necesitas aprender para el examen y cómo lo aprendes. Si estudias para el examen de abogacía como estudiaste en la escuela de derecho, puedo casi garantizarlo que no lo pasarás. Nosotros te enseñaremos todo lo que necesitas aprender aquí para tener éxito y pasar este examen."

Yo estaba sumamente alarmada por sus comentarios. Pensé, ¿implicó él que mis tres años de escuela de derecho fueron una pérdida total de tiempo, sin mencionar todo mi dolor y agonía? ¿Hubiera sido más inteligente si simplemente me hubiera brincado la escuela de derecho, me hubiera ahorrado $100,000, me hubiera evitado todo el sufrimiento que pasé, y hubiera tomado simplemente el curso para tomar el examen de abogacía? Esto me parecía más lógico, ya que parecía que los comentarios de este hombre daban el mismo resultado menos los tres años de deudas y sufrimiento.

Claro, esto solamente era hacerme las ilusiones ya que esto nunca hubiera sido posible ya que el examen de abogacía del estado de California exige tener un titulo universitario, de una escuela de derecho acreditada, para poder ser elegible y tomar el examen de abogacía. A propósito, el examen de abogacía duró tres días consecutivos. Cada día consistía en seis horas de examen.

Después de mi graduación, decidí mudarme temporalmente a la casa de mis padres. No me podía imaginar preocupándome por el trabajo o las deudas mientras me preparaba para el examen. Así que saqué un préstamo de estudiante adicional para pagar por el curso de la barra y mis cuentas mensuales ya que iba a estudiar por los próximos dos meses.

Después de innumerables horas de estudiar, tomé mi examen a fines de julio de 1997. Eran las 8:00 de la mañana y yo cansadísima ya que la noche anterior no pude dormir. Mi nivel de ansiedad alcanzó una fase tan elevada que mi mente no pudo parar para permitirme dormir, algo que necesitaba mucho. No sé cómo sobreviví el primer día. Recuerdo orar mucho al Espíritu Santo para que me llenara y mantuviera despierta. Con la gracia de Dios, sobreviví los tres días. Después del agotador examen, tuve que esperar casi cuatro meses por los resultados.

A finales de noviembre de 1997, recuerdo que entré en línea para verificar los resultados del examen. Toda mi carrera como abogado dependía de estos resultados. Mi amiga Wendy vino a la casa para darme apoyo ya que mis padres estaban en un servicio de la iglesia aquella tarde. Ella sabía cuánto había sufrido en la escuela de derecho y en el examen de abogacía. Wendy sabía que yo o iba a llorar histéricamente o iba a celebrar con exuberancia esa noche. Yo sabía que ella había estado orando para la segunda parte. Wendy estaba de pie a mi lado mientras la computadora traía la información.

Me habían informado que si pasaba el examen, mi nombre aparecería de repente en la pantalla con un comentario con felicitaciones. Sino pasaba el examen, obtendría una declaración apologética sin la exhibición de mi nombre. Cuando la computadora procesó finalmente la información, por una fracción de segundo, sentí que mi corazón completamente se hundió en mi pecho cuando vi una declaración sin mi nombre. Recuerdo que dejé caer mi cabeza hacia abajo entre mis manos y grité "*¡no pasé!*" Fue uno de los momentos más horribles de mi vida. Nunca podré olvidar la voz de Wendy, que respondió rápidamente: "*¿Samia, por qué estas diciendo eso? Mira la pantalla de la computadora, tu nombre está en ella, tu nombre apenas apareció.*"

Recuerdo que vi la pantalla y vi mi nombre con una declaración de felicitación. Grité una vez más, pero esta vez era un grito diferente. No sabía que un ser humano fuera capaz de experimentar tales emociones extremas, en tan sólo unos segundos aparte. Rápidamente imprimí esa información que estaba en la pantalla como evidencia, en caso de que alguien en la Abogacía del Estado California cambiara de parecer más tarde. Nunca sabes con estas cosas.

Me sentía tan alegre y gozosa que salí volando de mi silla, corrí hacia fuera del cuarto y grité ruidosamente y resonantes las siguientes palabras:

¡Pasé! ¡Pasé! ¡Jesús pasaste! ¡Pasamos! ¡Gracias! ¡Gracias! ¡Gracias!

No sé si mi barrio entero me oyó esa noche, pero en ese momento estaba demasiada eufórica y sin cuidado alguno.

Estaba tan agradecida que Jesús y yo habíamos pasado el examen de abogacía en la primera prueba. (Siento que Jesús había tomado este examen muchas veces con otros antes y después de mí). Normalmente, el promedio de aprobación para el examen de California es de 50% o menos. Ya que es el más difícil de pasar en todo el país. Durante una fracción de segundo, realmente experimenté la desilusión y el disgusto de no pasar y me sentí mal por aquéllos que no pasan. Toda esta experiencia era devastadora psicológicamente y emocionalmente, si no hubiera pasado la primera vez, dudo que hubiera tenido la fuerza de vivir esta experiencia tan desalentadora de nuevo. Admiro a todo abogado que puede perseverar y tomar el examen más de una vez. ¡Si eres uno de ellos, que el Señor bendiga tu corazón por tu increíble fuerza y perseverancia! ¡Te admiro!

Capítulo Nueve

Las noches oscuras de mi alma

"Hermanos, considérense afortunados cuando les toca soportar toda clase de pruebas. Esta puesta a prueba que la fe desarrolla la capacidad de soportar, y la capacidad de soportar debe llegar a ser perfecta, si queremos ser perfectos, completos, sin que nos falte nada...Feliz el hombre que soporta pacientemente la prueba, porque, después de probado, recibirá la corona de vida que el Señor prometió a los que lo aman."
Santiago 1: 2-4, 12

Mientras esperaba los resultados de mi examen de abogacía, empecé a buscar trabajo en empleos jurídicos. Todavía no podía practicar leyes pero sabía que muchas empresas contrataban graduados que acababan de recibirse como internos mientras esperaban sus resultados del examen de abogacía. Como mi escuela de derecho estaba en San Francisco, yo estaba en completa desventaja cuando me mudé a Sacramento para estudiar para el examen de abogacía. Ya que usualmente, la oficina de carreras de la escuela de derecho ayudaba a sus estudiantes a localizar empresas locales y abogados que estaban contratando a personas que recién se habían graduado.

En Sacramento, había dos escuelas de leyes de las cuales yo sabía, la Escuela de Leyes de UC Davis y la Escuela de Leyes McGeorge. Yo ya estaba familiarizada con el campus de UC Davis así que fui a ver si podía encontrar ofertas de trabajo en la oficina de carrera de la escuela de derecho.

No estaba familiarizada con la oficina así que le pregunté inocentemente a una mujer que parecía que trabajaba allí si me podía ayudar. Ella estaba de mal humor y me preguntó si yo era estudiante allí. Le dije que yo no era una estudiante en la escuela de derecho de esta escuela, pero que yo era una ex-alumna de UC Davis. Ella me reprendió y me dijo no tenía permitido usar sus recursos ya que estos recursos eran estrictamente para los estudiantes de derecho ahí. Además dijo que era irrelevante que me hubiera graduado previamente de esa universidad ya que la escuela de derecho era una escuela profesional y era una entidad separada de la universidad. Yo estaba totalmente en estado de shock y no podía creer lo que oía. Me sentía tan impotente y frustrada por la falta de ayuda o cooperación de esta mujer.

Esperanzada, fui a la Escuela de Leyes McGeorge. No estaba familiarizada con su oficina de carrera pero esta vez ya sabía bien y no me atreví a pedir ayuda. Revisé su tablero de empleos. Encontré un anuncio de un sindicato local que tenía una vacante. Estaban solicitando a una persona recién graduada de la escuela de derecho para trabajar como "Representante de Audiencias" en su sindicato. Apunté la información rápidamente y los contacté. Me citaron para una entrevista al siguiente día.

Mi entrevista fue muy buena. Me ofrecieron la posición en el sindicato; sin embargo, la posición no era una posición de empleado y no ofrecía ningún beneficio en absoluto. No tenían una vacante para la posición de abogado y no estaban seguros si habría alguna vacante en un futuro cercano. Esta es la peor parte; el pago era sólo de $11.00 por hora. Después de un total de ocho años de educación universitaria tres de los cuales fueron en una universidad profesional, mi primer pago era de $11.00 por hora. *¿Estás en shock?* Yo sí lo estaba. Sé que es difícil creerlo. El Número "11" tendrá una importancia especial para mí el resto de mi vida.

No obstante, intenté mirar mi situación con ojos positivos. No había pasado el examen de abogacía así que todavía no podía buscar una posición de abogada en una firma de abogados. Por lo tanto, la experiencia que ganara en esta posición me beneficiaría tremendamente. Yo estaría lidiando principalmente asuntos laborales y asuntos de empleo; esperaba que esto me preparara para una carrera en ese campo de la ley. Así que, le di la bienvenida a esa oportunidad.

Estuve empleada en este lugar de agosto del 1997 a marzo del 1998. Fue una experiencia valiosa que me enseñó muchísimo. Lo que más disfruté fue el trabajar con todas las personas maravillosas que me encontré en este lugar. Todos fueron muy útiles y amistosos. Para mi gran deleite, me encontré a algunas personas recién graduadas de la Escuela de Leyes McGeorge que también trabajaban allí como Representantes de Audiencias. Ellos eran divertidos, relajados y prácticos. Todos bromeábamos sobre la importancia del número "11" en nuestras vidas y los horrores del examen de abogacía y de la escuela de derecho. Era tan terapéutico para todos nosotros descargar lo que habíamos experimentado, cada uno en nuestra propia manera.

Después de que recibí los resultados de mi examen de derecho, empecé a buscar posiciones de abogada. Solicité empleo a innumerables firmas de abogados locales pero todo fue en vano. Fue una experiencia frustrante y desmoralizadora. La mayoría de las empresas de leyes tenían requisitos rígidos para los solicitantes. Por ejemplo, muchos les exigían a los solicitantes que fueran los primeros en el 10% o 20% de su clase de graduación, o haber participado en actividades académicas extracurriculares como Revista de

Derecho o el Tribunal Ficticio de los estudiantes de derecho. Mi realidad era tan diferente a lo que estas empresas de leyes buscaban. Aunque me había graduado una de las primeras de mi clase en la preparatoria, me había graduado de UC Davis con altos honores en una de mis dos licenciaturas, mi experiencia en la facultad de derecho fue totalmente diferente. Claro que yo no estaba entre las primeras del 10% o 20% de mi clase en la escuela de derecho. Con suerte estaría entre las primeras del 50%. Para ser sincera, no tenía ninguna idea cual era mi rango de clase ya que esa era la menor de mis preocupaciones.

En mi mente, simplemente estaba intentando sobrevivir el horario insoportable que yo tenía. Mi meta en la escuela de derecho era pasar todas mis clases, graduarme, después pasar el examen de abogacía con éxito y poder respirar sin la ayuda de una máscara de oxígeno. Creo que logré todas mis metas con éxito. *¿Estás de acuerdo?*

Esperaba encontrar empleo en una empresa de leyes que viera más allá de las calificaciones y clasificaciones jerárquicas de la clase. Estaba esperando ser contratada por una empresa que buscara a abogados con mi bases sólidas y con conocimientos amplios, de carácter tenaz, con integridad y lealtad, habilidades de trabajo, increíble experiencia de mucho mundo, fluidez en cuatro idiomas, ética de trabajo, personalidad jovial, experiencia de pasantía legal e historia del empleo que demostraban una serie de habilidades y adaptabilidades que yo poseía. Yo había trabajado desde que tenía catorce años. Había sostenido todo tipo de trabajos mientras estaba en la escuela preparatoria, en UC Davis, en Francia y también en la escuela de leyes. No recuerdo el no haber trabajado desde que inmigré a los Estados Unidos. Siempre o trabajé tiempo parcial o tiempo completo, vacaciones de verano y días festivos. Yo no nací con comodidades. Tenía que trabajar mucho para todo. No estoy quejándome de esto. Me siento muy bendecida realmente de que el Señor me dio la gracia que yo necesito. Todo lo que he experimentado en el pasado me ha ayudado a formar mi carácter y a ser la persona quién soy hoy. Le agradezco eso a Dios eternamente. Claro, que no hay mal que por bien no venga; estaba cegada por mis frustraciones y de sentir lastima por mí misma.

El proceso de solicitud de trabajo duró varios meses pero todo fue en vano. Me llamaron de una sola firma de abogados para una entrevista. Aunque pensé que la entrevista había estado muy bien, recibí una carta de disculpa después de mucho tiempo. En la carta me dijeron que yo no tenía mucha experiencia. Claro no la tenía. Apenas había pasado el Examen de Abogacía. Era imposible para mí tener cualquier tipo de experiencia como una abogada.

Me sentía muy frustrada y presionada económicamente. Me había retrasado en el pago de mi préstamo de estudiante por seis meses desde de la graduación. Mientras tanto el balance de lo que debía que era por encima de $100,000 aumentaba diario con los intereses acumulados en el préstamo principal. Afortunadamente, estaba viviendo con mis padres y no tenía que preocuparme por la renta. No obstante, era muy difícil para mí regresar allí después de terminar la escuela de derecho. Ellos todavía me trataban como si yo fuera una niña y a veces me sentía como si me estuviera sofocando.

Para empeorar aun más mi situación, mi larga relación con Tony llegó a su fin. Me sentía sumamente herida, devastada y traicionada. Precisamente cuando pensé que finalmente mi vida iba a establecerse, de repente sentí como si no tuviera nada sólido donde pisar. Estaba devastada por el terminar de nuestra relación. Vi todos nuestros futuros sueños desaparecer ante mis ojos. Intenté orar pero con frecuencia era demasiado difícil hacerlo. Recuerdo que pensé que nunca iba a permitir que ningún hombre me hiriera de esta manera otra vez. Durante varios años inconscientemente, puse una barrera de protección alrededor de mi corazón para bloquear a otros hombres acercarse a mí. Al mismo tiempo, mi corazón estaba esperando silenciosamente que Tony y yo reconciliáramos nuestras diferencias, a pesar del dolor que yo estaba soportando.

Decidimos permanecer como "amigos." Y en retrospectiva, esto fue un gran error. No sabíamos lo que hacíamos en ese momento, ya que estábamos emocionalmente inmaduros a pesar de que ambos estábamos acercándonos a los treinta años. Ahora creo que las parejas pueden permanecer "sólo" como amigos después de una disolución si primero se han permitido un largo periodo de separación, para permitir que un proceso de sanación ocurra en sus corazones. La vida me ha enseñado que lo peor que podemos hacer después de una disolución es entrar inmediatamente en otra relación, o quedarse conectada con la anterior. Esto, normalmente indica que estamos evitando confrontar el dolor que mágicamente no desaparece porque nosotros nos negamos a reconocerlo. El dolor que es ignorado se inflama dentro de nuestros corazones, causándonos un daño más duro que la herida original, al mismo tiempo que prolongamos el periodo de sufrimiento. Eso es exactamente lo que Tony y yo hicimos. Debido a nuestros miedos de niñez de abandono y rechazo, debido a nuestras inseguridades y heridas, nos aferramos a nuestra amistad, sin permitirle al tiempo sanar nuestros corazones. La confianza ya estaba rota en nuestra relación. No iba a ser restaurada mágicamente por nuestra "amistad." Así que, el dolor y sufrimiento aguantaron varios años después del fin de nuestra relación.

En retrospectiva, aunque Tony y yo éramos buenas personas y pensábamos que nos amábamos, creo que nuestros corazones estaban inmaduros emocionalmente y espiritualmente. Fuimos incapaces de amarnos de verdad ya que éramos incapaces de amarnos a nosotros mismos. En pocas palabras, uno no puede dar a otros lo que uno no tiene. En la vida, nosotros buscamos a menudo el amor o aprobación de otros para permitirnos amarnos o para validar nuestra propia existencia que normalmente produce o una dependencia completa en otros o una noción torcida y enfermiza del "amor." Esto, normalmente es por lo cual muchas personas se quedan destrozadas o incluso se vuelven suicidas después de una disolución en una relación. En realidad, más corazones humanos están heridos incluso antes de empezar cualquier tipo de relación. Debido a daños en nuestros corazones existentes desde la infancia o niñez, proyectamos nuestro dolor y sentimientos perjudiciales involuntariamente en otros, independientemente del tipo de relación en cuestión - romántica, amistosa, familiar o de negocios.

Para ilustrar lo que estoy diciendo, aquí esta un ejemplo típico. Vamos a suponer que un día Tony y yo habíamos hecho planes para salir a cenar. Pasaba a menudo que uno de nosotros estaba cansado debido a nuestros horarios cargados de trabajo. Supongamos que Tony, a última hora, decide cancelar los planes de la cena. Debido a que anteriormente yo había tenido heridas de rechazos, yo podía ser "provocada" por su cancelación ya que yo asumía que él no quería estar conmigo, pero, en realidad, él estaba realmente cansado. Por supuesto, debido a mis previas heridas de rechazo, me perturbaba con Tony y me enojaba con él y a veces le colgaba el teléfono.

Esto provocaba que él, recordara a su padre o el enojo de su madre, y Tony reaccionaba ante mi enojo. Como resultado, teníamos una simple situación que involuntariamente se desarrollaba en un argumento mayor entre nosotros. Este tipo de escenario ocurre a menudo en relaciones cuando interpretamos mal una situación actual y por consiguiente proyectamos nuestro dolor y sentimientos perjudiciales hacia otros. Nuestros corazones necesitan el amor sanador de Dios para detener este ciclo. Aunque el amor puede llevar al dolor, el dolor normalmente lleva al crecimiento espiritual y emocional, si nosotros lo permitimos. Durante los siguiente años después de mi disolución con Tony, sufrí mucho, ya que, regresé a Dios para recibir Su amor sanador, estas experiencias me permitieron crecer tremendamente emocional y espiritualmente. Permitiéndole a Dios sanar la raíz del dolor en mi corazón, yo no sufrí todos esos años en vano. Ahora sé que sólo el amor de Dios puede llenar el vacío que sentimos en nuestros corazones. Sólo Su amor puede sanar nuestro dolor y puede restaurarnos. Sólo a través de Su amor nosotros de verdad podemos amar a otros desinteresadamente.

Para ayudarme a enfrentar y tratar mi dolor emocional, mis muy queridos amigos, Vernel y Marizol, me invitaron a asistir al grupo de oración de jóvenes latinos en su parroquia, la Iglesia de la Inmaculada Concepción bajo la autoridad de la Diócesis católica de Sacramento llamado PAHIES; esto quiere decir "Padre, Hijo y Espíritu Santo." Vernel y Marizol como pareja de casados coordinaban el grupo juntos. Yo nunca había estado envuelta en algo así. Ellos rezaban el rosario, cantaban alabanzas jubilosas, leían la Biblia, enseñaban lecciones bíblicas e incluso hacían oraciones de sanación interna con el grupo. Empecé a asistir a este grupo todos los lunes después de mi trabajo. Empecé a aprender más sobre la Biblia y mi fe. En resumen, Era muy terapéutico para mí ya que me permitía llorar y le permitía a nuestro Señor tocar suavemente mi corazón roto. Además de eso, yo estaba muy inspirada en cómo Vernel y Marizol vivían. Ellos tenían dos hijas muy jóvenes y siempre participaban como una familia. Vi mucha luz y amor en ellos. El Señor Jesús era el centro de su familia. Ellos vivían su fe cristiana de verdad, no sólo los domingos, pero todos los días lo mostraban. Vernel y Marizol han sido una tremenda bendición en mi vida. Ellos han sido usado como los instrumentos de Dios para conectarme con la comunidad de fe Latina, particularmente, la Renovación Carismática Católica Hispana ("RCC").[18] Aunque soy católica, previamente no sabía nada acerca de este movimiento espiritual. RCC se enfoca en la renovación total de la persona a través de una conversión con Jesucristo estando abierto a la acción del Espíritu Santo, el ser llenados de los regalos y carismas del Espíritu Santo, y evangelizando con poder así como creciendo todos los días en la santidad como ocurrió en el día de Pentecostés.[19] Varios años después, me envolví mucho con esta comunidad de fe Latina que abrió muchas avenidas en mi vida.

A pesar de mi dolor emocional de la disolución con Tony, seguí buscando empleo; me llamaron para una entrevista era una organización sin fines de lucro que representaba a niños con audiencias de dependencia. Aunque el pago era bajo, valoraba mucho el trabajo que ellos hacían. Los niños siempre han tenido un lugar muy especial en mi corazón. Fui a la entrevista y esperé lo mejor. No tuve noticias por parte de ellos por casi un

---

[18] Para mayor información de la Renovación Carismática Católica, visite http://iccrs.org.

[19] Hechos de los Apóstoles 2: 1-4.

mes. Me hablaron para fijar una segunda entrevista el martes de la siguiente semana. Durante ese fin de semana, una de mis amigas me invitó a salir a bailar Salsa. Yo no había salido a bailar en meses. Ella sabía que yo estaba deprimida debido a mi situación con Tony y quiso animarme. En el club del baile, me encontré con una amiga a quien no había visto durante muchos meses. Ella me preguntó cómo iba mi búsqueda del empleo. Le dije que todavía estaba trabajando para el sindicato pero estaba buscando una posición de abogada en una firma de abogados. También compartí con ella que estaba citada para una segunda entrevista para una posición de abogado durante lo siguiente semana que tenía esperanzas con este trabajo. Ella inmediatamente dijo que había una vacante para la posición de director de recursos humanos en la corporación dónde ella trabajaba. Mi amiga me dijo que aunque no era una posición de abogada, mi pasado en el sindicato ayudaría tremendamente; lidiaban cosas de empleo y problemas laborales. Mi amiga era la vicepresidenta de la corporación; ella me prometió hablar con el presidente de la corporación el lunes acerca de mí, cuando se enteró que yo tenía otra entrevista para el martes.

Para mi sorpresa, mi amiga me contactó el lunes y me hizo cita para una entrevista con el presidente el martes por la mañana. Yo ahora tenía un dilema en mi corazón. Aunque la posición me parecía atractiva, no era una posición de abogada. Después de pasar el examen de abogacía, estaba esperando encontrar empleo en una firma de abogados o una corporación como una abogada, especialmente después de todo lo que yo había pasado para pasarlo. Con excepción de la entrevista que había tenido el martes, no había tenido respuesta de ninguna firma de abogados. Por un lado, me sentía desesperada por ganar un sueldo regular con beneficios. La carga económica que tenía me estaba sofocando. Los pagos de mi préstamo de estudiante comenzaban al mes siguiente. No tenía ninguna garantía que me ofreciera la posición de abogada en la entrevista con la organización sin fines lucrativos. Yo sabía que no era la única que iba a ser entrevistada por segunda vez.

Como lo hacía normalmente, decidí poner mi dilema en las manos de Dios. Fui a la iglesia el lunes en la tarde y oré mucho para tener una señal de Dios. Le pedí que el martes Él fuera claro conmigo en mostrarme que posición había planeado para mí. Yo estaba buscando Su consejo y Su voluntad. Yo sabía que mi propio ego se sentiría bien con una posición de abogada. Había cierto prestigio que producía el decirles a las personas cuando me preguntaban acerca de mi empleo. Afortunadamente, mi ego ha madurado significativamente en los últimos diez años.

El martes por la mañana, tuve la entrevista con el presidente de la corporación. Todo salió muy bien. Para mi sorpresa, él inmediatamente me ofreció la posición. Tomando en cuenta que yo todavía no había tenido mi otra entrevista con la organización legal sin fines lucrativos. Así que fui a mi otra entrevista completamente relajada sabiendo que yo ya tenía empleo. Aunque la entrevista fue difícil ya que requería que hiciera una presentación legal, la hice muy bien ya que estaba segura de mí misma después de haber aceptado la oferta de la otra corporación. A propósito, diez días después me hicieron una oferta del otro trabajo. Desafortunadamente, yo ya había empezado mi empleo con la corporación y sentí que no era apropiado renunciar. Rechacé la oferta ya que había llegado demasiado tarde.

Comencé mi nuevo empleo a la siguiente semana como directora de recursos humanos. Me reportaba directamente al presidente de la corporación. Él era mi supervisor inmediato. Aunque era para mí una nueva posición, el

Señor me guió a través de todo. Estaba muy agradecida por la ayuda que recibí de la secretaria ejecutiva de mi supervisor. Ella fue como un ángel para mí y un regalo de Dios. Ella había trabajado temporalmente en esa posición después de que el director anterior había renunciado. Ella me familiarizó con el nuevo ambiente y sobre todo con el software que yo necesitaba usar. Yo trabajé de seis a siete días por semana, aproximadamente trece horas por día durante los primeros cinco meses.

En dos meses, limpié completamente el departamento, me empareje con todos los archivos pendientes, llevé a cabo entrenamientos dirigidos a los otros gerentes acerca de empleo y problemas labores y me gané el afecto de la mayoría de mis compañeros de trabajo. Me gustaba trabajar con el personal tan diverso. En muchas maneras sentía como si trabajara para una familia. Le di completamente mi corazón y lealtad a la corporación como si yo estuviera operando mi propio negocio. No sólo lidiaba con asuntos de recursos humanos, pero también estaba encargada completamente de la nómina para aproximadamente 250 empleados, esto era en si otro trabajo de tiempo completo. Completaba mis tareas alegremente, sin quejarme y sin tener en cuenta las horas que me tomara hacerlo. La corporación se volvió mi segunda casa.

Después de cinco meses de empleo, mi supervisor me llamó a su oficina. Él me informó que estaba sumamente impresionado por mi rendimiento, quería promoverme a otra posición que había estado vacante en estos momentos. Me dijo que el vicepresidente que se ocupaba de las materias contractuales gubernamentales había renunciado. Me ofreció la posición ya que él sentía que esta área en naturaleza era más legal y en más en alineación con mi educación. Las responsabilidades de esta posición incluyeron, entre muchas cosas, asegurarse que la corporación permanecía dócil con todas las nuevas leyes y regulaciones relacionadas con nuestro negocio además de manejar todos los contratos gubernamentales.

Me sentía muy contenta por esta oferta e inmediatamente la acepté. Mi supervisor me informó que buscaría un reemplazo para mi posición actual. Entretanto me pidió que continuara realizando mis deberes temporalmente como directora de recursos humanos al mismo tiempo asumiendo las obligaciones de la nueva posición. Él no mencionó un aumento en mi salario en la nueva posición, pero asumí que conseguiría un aumento de salario que reflejara las responsabilidades que habían aumentado, ya que yo estaba encargada de la nómina. Desgraciadamente, fui expuesta al sueldo de la persona que yo estaba reemplazando, que era más del doble y un medio de lo que yo estaba ganando. Esta persona también tenía un asistente ejecutivo cuyo sueldo no era mucho menos que el mío. En mi ingenuidad, asumí que tendría un gran aumento en mi sueldo, no necesariamente lo que esta persona estaba ganando, pero por lo menos setenta y cinco por ciento de esto, ya que la persona que yo estaba reemplazando no era un abogado, aunque él tenía muy buen conocimiento de la ley. Él había sido empleado de la corporación por menos de un año cuando él renunció.

Asumí inmediatamente mis nuevas tareas, con menos de tres horas de entrenamiento para esta nueva posición por la persona que lo dejó vacante. Él me dio suficiente información para empezar con mi aprendizaje intenso de enseñarme a mí misma. Lo que hizo esta nueva posición más desafiante, es que estaba intentando aprender las nuevas responsabilidades, sin el apoyo de mis predecesores y asistente ejecutivo que fue despedido de su posición poco después de que asumí el trabajo, al mismo tiempo que cumplía con los requisitos exigidos por el departamento de recursos humanos, incluyendo la nómina. Mi supervisor me había prometido que ésta sería una situación temporal. Continué sirviendo en ambas posiciones por más de diez meses consecutivos. Sin exageración, trabajé periódicamente, de lunes a domingo, de 7:00 de la mañana a 11:00 de la noche o medianoche. Si no fuera por el campamento de entrenamiento de recluta con mis experiencias en mi escuela de derecho, yo nunca hubiera sobrevivido como directora de estos departamentos tan diferentes.

Durante varios meses, no tuve ningún aumento de sueldo o cualquier tipo de bonos mientras realizaba estas tareas. Mi hermano mayor, quién es también un abogado, tuvo una charla seria y larga conmigo; esta charla surgió del cariño y preocupación que él tiene por mí. Él es sumamente inteligente y muy conocedor de negocios. Él no podía entender por qué mi supervisor no había discutido conmigo mi compensación todavía. Mi hermano me dijo que si yo calculaba mi sueldo de cada hora basado en las horas que yo estaba trabajando, yo estaría ganando menos de $8.00 por hora. Ya que mis posiciones eran consideradas "exentas" del sueldo y leyes de hora, no me estaban pagando tiempo extra, sin tener en cuenta cuántas horas yo trabajaba. Mi hermano insistió que yo necesitaba hablar con mi supervisor. Él no quería que nadie se aprovechara de mi trabajo, lealtad y dedicación.

A pesar de que mi hermano tenía razón en lo que decía y yo estaba de acuerdo con él, yo me sentía incomoda al discutir asuntos de dinero, tales como mi compensación, con mi supervisor. En general, yo siempre evitaba este asunto de dinero con las personas. Dos cosas que yo completamente odiaba y me sentía sumamente intranquila en la vida eran el estar pidiendo dinero o deber dinero. Normalmente no les permitía a mis amigos invitarme o pagar por mí. En cambio yo siempre me adelantaba para pagar por ellos; esto era insensato ya que mi situación financiera no me daba la libertad de hacer esto. Como resultado, yo terminaba, involuntariamente, hiriéndome a mí y a mis amigos. Yo sabía en mi corazón que lo que yo estaba haciendo no era un comportamiento útil o humilde. Era un problema de mi corazón que necesitaba mucha sanación. En ese momento, yo no sabía la causa de la raíz de mi conducta. Asumía que era el resultado de mi orgullo o de no querer deber un favor a nadie. Al igual creí falsamente que si alguien me daba algo gratis, ellos podían pensar que ellos tenían control sobre mí. Con mi préstamo de estudiante, empecé a percibir la situación de una manera diferente. Aunque debía una gran cantidad de dinero, yo sabía que estaba pagando más de mi justa porción de interés en el préstamo, a una institución desconocida o un prestamista.

Afortunadamente, varios años después, recibí una gran sanación de nuestro Señor acerca de esto. Él me mostró con la oración la causa de la raíz de mi conducta. Este era el resultado de la baja estima y un sistema de creencia falsas. No me amaba lo suficiente para saber lo que valía. No creía de verdad que yo valiera la pena, a pesar de todos mis títulos. Por consiguiente, me sentía indigna de las personas que gastaban dinero en mí. Las mentiras que yo creí acerca de mí se volvieron mi realidad. Estoy muy agradecida con nuestro Señor ya que hoy estoy en un lugar completamente diferente en mi vida. Incluso ahora mis amigos ven el cambio.

Regresando a mi situación de trabajo, a pesar de mi extrema inquietud, finalmente me armé de suficiente valor para hacer una cita con mi supervisor y discutir mi compensación monetaria. Le expliqué mi situación y todas las horas que estaba trabajando. Me informé acerca de cual sería el aumento de mi compensación por la posición que yo había estado realizando durante los dos meses anteriores. Él me dijo que él no lo había pensando. Le di la cantidad del sueldo que yo creía que merecía ganar, basado en las responsabilidades de la posición y los requisitos. Para mi total sorpresa, él se sobresaltó por la cantidad que yo le había mencionado.

El sueldo que yo estaba pidiendo aun era considerablemente más bajo que el de la persona que yo reemplacé estaba ganando. De hecho, yo había reemplazado a dos personas y le había estado ahorrando a la compañía una cantidad importante de dinero a pesar de que me pagaran el salario que yo estaba pidiendo. Mi supervisor respondió que necesitaba pensar acerca de la cantidad que yo pedía y después me daría su respuesta.

Al día siguiente, él me llamó a su oficina. Me informó que él estaba en desacuerdo con la cantidad que yo estaba pidiendo. Me ofreció una cantidad muy baja comparada a la mía. Esta nueva cantidad era 50% del sueldo de la persona que yo había reemplazado. En resumen, yo aún estaba realizando deberes de director de recursos humanos, yo no había sido reemplazada en ese departamento por nueve meses. Yo no había sido compensada con dinero adicional por todo el trabajo que yo había hecho allí.

Yo estaba deshecha por su contestación. No sé cómo pude contener mis lágrimas ardientes de desilusión y extrema humillación. Después de todas las duras horas que había trabajado y la lealtad que había mostrado a la corporación, me sentía como si mi supervisor me hubiera destrozado completamente la moral. Me sentía como si no tuviera otra opción pero aceptar su contra-oferta. Por otra parte, mi única opción era renunciar. Por ahora esta opción parecía imposible con todas las cuentas mensuales que tenía, sobre todo el préstamo de estudiante una suma muy alta la cual yo estaba pagando. Estaba contando con este aumento para poder irme de la casa de mis padres. Todas mis cosas estaban en el almacenamiento y yo vivía en una alcoba muy pequeña en la casa de mis padres. Yo apenas podía entrar al cuarto ya que había guardado algunas cajas llenas de libros esenciales y documentos por todo el piso. ¡La situación temporal en el trabajo ya había superado los dieciséis meses y terminó siendo un total de cuatro años! Mi sueldo no era suficiente para pagar mis cuentas mensuales y poder alquilar un apartamento, o incluso una alcoba con otra persona. A pesar de mi espíritu derrotado, continué mis deberes y responsabilidades, realizándolos con excelencia, ganando el respeto y consideración de todos nuestros socios de negocios y abogados reguladores con quienes trataba.

Es importante mencionar que la cultura del Medio Oriente de la cual yo provenía había contribuido grandemente a la aceptación de mi situación de trabajo. La experiencias de mi niñez y la baja autoestima, todas las mentiras culturales que creí, colaboraban confirmando falsamente que yo "merecía" mi desesperada situación.

Permanecí estancada en este estado durante cuatro años. A pesar de que superficialmente mi carrera parecía para otros como una carrera prestigiosa, exitosa, dentro de mi, yo me sentía como un fracaso total. Todos los días era una batalla para mí. Sentía como si yo estuviera nadando boca arriba sólo para sobrevivir. Nunca vi ninguna recompensa durante todos mis años de duro trabajo. En cuanto mi cheque venía, el dinero salía para pagar mis préstamos y otras deudas, como mi pago del automóvil, seguro del automóvil y cuentas de tarjeta de crédito a las cuales yo había incurrido en la escuela de derecho para complementar mis préstamos. Mis sueños en la vida como el casarme, tener una familia y comprar una casa, se evaporaron completamente. Las palabras dichas por una amiga de mi madre, después de mi graduación de la escuela de derecho, constantemente hacían eco en mis oídos como un recordatorio de mi destino:

"Samia, ¿¡quién se casara contigo con todos tus prestamos de estudiante!? Eso es una carga muy grande para cualquiera."

Cuando fui a la escuela de derecho, mi motivación o mi sueño era poder ayudar a la gente. Yo quería ser una voz para el mudo. El haber crecido en un país sin ningún derecho en dónde vivía con miedo de hablar, estaba fascinada ante la idea de ser una abogada en un país donde había incomparables derechos constitucionales. Después de hacerme una abogada, la realidad de mi vida transformó mis aspiraciones en sueños inalcanzables. Mi nueva meta en la vida se volvió tener un balance de cero "0." Solo quería vivir libre de deudas. Mis sueños no eran los típicos sueños americanos de tener una familia con dos niños, poseer una casa y manejar un vehículo de utilidad. Vivía en la esclavitud de mis préstamos. Económicamente, estaba peor después de un total de ocho años de educación universitaria que cuando me gradué de la escuela preparatoria. Sentía que el haber ido a la escuela de derecho había destruido mi vida. Con todas las luchas que rodearon mi educación en la escuela de derecho y carrera, yo no podía más que concluir que la profesión legal no estaba hecha para personas como yo, quiénes vienen de fondos humildes. Estaba hecha para personas adineradas que se podían permitir el lujo de esto y podían financiarlo. De algún modo, Me debí haber escapado accidentalmente del sistema.

A finales de diciembre del 2000, toqué fondo en todos los sentidos posibles. Mi mundo se estaba derrumbando. Yo estaba en oscuridad total. No veía ningún rayo de luz que me diera la más pequeña esperanza. Entré en una depresión profunda y estaba cayendo en desesperación absoluta. Sentía como si yo hubiera fracasado en todos los sentidos. Tenía treinta y un años, aún estaba viviendo con mis padres. Me había hundido en un profundo agujero financiero y no podía encontrar la manera de salir de él. Fracasé en mi decisión acerca de mi educación. Sentía que yo era muy mal retribuida por mi supervisor de trabajo. Yo no podía ver una manera de irme o de ganar mi independencia. Había fracasado en mi relación con Tony. Sentía que había sido traicionada por una amiga. No podía entender por qué Dios permitía que esto me pasara a mí. Pensé que Él me amaba. Pensaba que Él me había guiado completamente a través del proceso. Oré mucho antes de ir a la escuela de derecho para determinar si esto era su voluntad y deseo. Pensé que Él me había mostrado claramente que esa escuela de derecho era el camino para mí. ¿Había entendido simplemente mal Sus señales? ¿Se regocijó Él en todos mis sufrimientos?

En completa desesperación, decidí confrontar a Dios acerca de mi desolador estado. Fui a la Catedral católica del Santísimo Sacramento en el centro de la ciudad de Sacramento. Sabía que siempre estaba abierta durante el día. Era mi lugar favorito de oración. Me arrodillé, me sentía herida, enfadada, traicionada y desesperada. Silenciosamente le clamé acerca de todo mis sentimientos. Le dije que yo había confiado en Él. Yo apenas podía sobrevivir a diario. Yo sonreía a las personas a mí alrededor pero mi corazón estaba sangrando y profusamente roto. Le recordé acerca de Medjugorje y cómo yo había sentido una fuerte llamada de Él para hacer algo especial con mi vida. Yo sabía que lo que había experimentado en Medjugorje era muy real. Quería que Él me mostrara donde me había desviado del camino correcto. Le pregunté que por qué Él había plantado ese deseo tan fuerte en mi corazón por Medjugorje sin darme los recursos económicos para regresar de nuevo allí.

Recuerdo que lloré apasionada y amargamente durante mucho tiempo. Le pregunté por qué me había abandonado cuando más lo necesitaba. Finalmente, Le dije a nuestro Señor que yo ya no podía soportar más mi vida. No veía ningún futuro para mí. No veía ninguna esperanza. Le dije que apreciaba la vida que me había dado pero yo estaba lista para irme. Le dije que no creía en el suicidio porque yo sabía que lo ofendería, pero, Él podía escoger el método que el prefiriera para llevarme a mi casa celestial. ¡Le pedí que me llevara a casa!

Al irse callando mi sollozar, inesperadamente oí una voz clara, que le hablaba suavemente a mi corazón desde adentro:

"Por fin me estás entregando tu vida entera a mí. Por fin estás dejando ir la necesidad de estar en control. Déjalo ir y permíteme a mí. Sé paciente."

Inmediatamente, un sentido completo de paz me consumió. Me di cuenta de una luz tenue que brillaba a través de mi oscuridad, un rayo de esperanza que penetraba en mi alma. En ese momento supe sin duda alguna que el Señor Jesús le estaba hablando a mi corazón. Él nunca me había abandonado. Simplemente me estaba pidiendo que dejara ir mi control y que fuera paciente.

Capítulo Diez

Mi sendero hacia la sanación interior

"Vengan a mí los que van cansados, llevando pesadas cargas, y yo los aliviaré. Carguen con mi yugo y aprendan de mí, que soy paciente y humilde de corazón, y sus almas encontrarán descanso. Pues mi yugo es suave y mi carga liviana."

Mateo 11:28-30

Llevaba una vida tan agitada que mi paciencia era limitada. La paciencia ha sido una de mis virtudes más débiles. Mi tiempo era valioso; no sabía como esperar para que las cosas se realizaran. Era una persona que necesitaba estar en control de mi vida, mis tareas y mi tiempo. Tenía que ser una persona muy bien organizada y meticulosa para sobrevivir la vida loca a la que me había acostumbrado.

Sorprendentemente, no tuve que esperar demasiado para que las palabras de nuestro Señor, *"sé paciente"* dieran frutos en mi vida. Durante la primera semana del 2001, recibí una carta de un prestamista que prometía cortar mis pagos del préstamo de estudiante a la mitad si consolidaba mis préstamos federales a un interés fijo. Mis préstamos se refinanciarían por treinta años, en lugar de diez años. Aunque la deuda casi se triplicaría al final de ese período, en ese momento no me importó. Simplemente estaba intentando sobrevivir. Como no estaba anticipando un aumento monetario, esto parecía ser mi única oportunidad para obtener un descanso financiero. Necesitaba salirme de mi casa. Amaba a mis padres, pero en ese punto de mi vida, creía que sería más beneficioso para nuestra relación si me iba. Necesitaba mi propio espacio e independencia.

Sometí mi solicitud de consolidación de préstamo. En un par de meses, la transacción se completó. Mis pagos del préstamo se redujeron a la mitad, lo que me permitió que alquilara mi propio apartamento. Claro, inicialmente, mis padres no estaban contentos con estas noticias. Como recuerdas, no era costumbre para una mujer soltera del Medio Oriente vivir sola en la misma ciudad donde vivían sus padres. Les dije a mis padres que no me interesaba lo que otras personas de nuestra cultura dijeran, al final de cuentas ellos no estaban pagando mis deudas ni estaban aliviando mi insoportable dolor. Por primera vez en mi vida, me sentía liberada de la estructura juiciosa de la sociedad.

En marzo del 2001, alquilé mi primer apartamento en Sacramento. Esto se convirtió en mi "propio lugar." Yo anhelaba tener algo que pudiera llamar mío. Aunque fuera simplemente rentado, era mío, con mis propios muebles, baño, platos e incluso invitados. Era un sentimiento de liberación. Estaba intelectualmente consciente de lo mucho que había logrado a través de mis ocho años de educación universitaria. No era algo tangible que pudiera tocar o pudiera percibir. Ciertamente, no había recibido ningún trofeo financiero de mis estudios, sobre todo con mi bajo sueldo y mis préstamos ardiendo en segundo plano.

Tan pronto como me mudé a mi nuevo lugar, mi actitud y conducta empezaron un ascendente balance. Mi personalidad extrovertida y alegre volvió a resurgir. A través de mi querida amiga Rasmiya, me había reconectado socialmente con muchos de mis amigos árabe-americanos.

Durante mi relación con Tony, me socialicé principalmente con los amigos de Tony que eran latinos. Me adapté tanto a su cultura que la sentía muy natural. Al mismo tiempo empecé a asistir a la Misa y a conferencias espirituales católicas en español. Irónicamente, después de separarme de Tony, me sentía rara alrededor de personas del Medio Oriente, quizás era debido a mis propios miedos de la estructura cultural. Afortunadamente, mi amiga Rasmiya me ayudó mucho en mi transición. De cierto modo, mis heridas profundas de niñez arraigadas en mí se activaban a menudo cuando estaba en mi cultura del Medio Oriente.

En retrospectiva, creo que mi inmersión total en la cultura latina de Tony se debió parcialmente a mis esfuerzos de evadir mi propia cultura. Estaba tratando de evadir las heridas de mi niñez.

Para mi deleite y sorpresa, me estaba divirtiendo maravillosamente con mis nuevos amigos del Medio Oriente. Me sentía libre alrededor de ellos. Me impresionó su imparcialidad. Hablamos de cosas alegres del pasado muchos recuerdos de nuestra niñez, películas viejas, canciones, chistes y comida cultural. Formamos una maravillosa compañía de baile folklórico para bailar el *"dabke."* Fuimos invitados a realizar eventos culturales en diferentes partes de Sacramento y San Francisco.

A través de mis nuevas amistades, me encontré a un amigo nuevo Libanés que en particular impactó mi vida. Era un genio y poseía una profunda espiritualidad. Aunque el había sido creado como musulmán de niño, nuestra conexión espiritual fue más profunda que las etiquetas de nuestras religiones. Él era uno de los instrumentos especiales de Dios para ayudarme profundamente a volver hacia mi corazón y mirar dentro de mí. Él me desafió intelectualmente y espiritualmente de una manera como nunca antes nadie lo había hecho. Cándidamente señaló y me dijo que yo no me valoraba o me amaba. Él me dijo que yo nunca había dejado a Tony, a pesar de mi separación de él. ¡Como resultado de esto yo había cerrado mi corazón completamente, al mismo tiempo que estaba impidiendo que cualquier persona me amara, incluso Dios! Me aconsejó que buscara ayuda profesional para sanar esta herida en mi corazón que me impedía avanzar a dónde Dios quería llevarme en la jornada de mi vida.

Aturdida por lo que me había dicho mi amigo, compartí con una amiga la discusión que él y yo tuvimos. Ella me conocía desde hacía muchos años y yo confiaba en su opinión. Me dijo que estaba de acuerdo con él en que yo nunca había recibido sanación interior acerca de mi separación de Tony. Mi amiga agregó que yo no les había dado oportunidad a otros, ya que no había dejado ir a Tony completamente de mi corazón. Me sugirió que me uniera a su grupo de terapia con bases Cristianas. Este grupo se reunía cada mes y era llevado a cabo por la doctora Serafina Anfuso. La doctora Serafina era la Directora de los Ministerios de Joshua, un grupo profesional de psicoterapeutas dedicado a ayudar a las personas en sus jornada de sanación interior, a encontrarse a si mismas y a su Creador. Su ministerio internacional duró más de treinta y cinco años. Además, ella ofrecía retiros, talleres, terapia individual y de grupo en inglés y en español. Ella había escrito libros, hecho videos, audio y programas de televisión. La doctora Serafina desarrolló también la *Terapia de Restauración*[20] guiada e inspirada por el Señor Jesús. Como devota católica, ella a menudo decía que el Señor le había ensañado qué hacer. Ella estaba

---

[20] Anfuso, Serafina. *Restoration Therapy – From Deception towards Wholeness.* Joshua Ministries, 2001.

muy bien preparada en lo que concierne con la Biblia y su terapia estaba basada en el Cristianismo.

Mi amiga alababa las técnicas de la doctora Serafina, sobre todo el aspecto educativo de su terapia. En aquel tiempo, los grupos de la doctora Serafina estaban llenos y no estaban aceptando personas nuevas. Mi amiga me aseguró que le pediría que me diera una oportunidad para unirme al grupo.

Me resistí inicialmente y rechacé esto, creyendo falsamente que no tenía ningún problema en mi vida que necesitara terapia. Como muchos, fui creada en una cultura con connotaciones adjuntas negativas a la terapia o consejería. A menudo cuando estaba creciendo oía que *"la terapia era para las personas locas."* Después de mi experiencia de seis años de terapia de grupo e individual, puedo decir ahora que es precisamente lo contrario de eso. Estaría loca si no estuviera en terapia. Estaba rechazando por completo todos los problemas que tenía como resultado de mis heridas de niñez. Ahora creo que es imposible vivir en este mundo sin que nos afecte negativamente de una manera u otra. El haber sido lastimado emocionalmente es el subproducto natural de estar vivo en un mundo poblado por una humanidad pecadora e imperfecta. Es una certeza, que nuestro corazón será herido emocionalmente durante nuestra trayectoria en esta vida. Se requiere un valor tremendo el enfrentar nuestro pasado, sobre todo los recuerdos de niñez que nos esforzamos difícilmente por olvidar o bloquear.

Para mi sorpresa, la doctora Serafina aceptó que yo asistiera a un grupo en julio del 2001, para ver si yo encajaba con los otros. En cuanto conocí a la doctora Serafina y le oí hablar, algo en mi corazón me dijo que ella iba a ser muy importante en mi vida. La escuché y me impresioné por su sabiduría y autoridad. Ella me enseñó que su terapia se llamaba *"Terapia de*

Restauración." Para estar en el grupo, yo tenía que seguir "*la Regla de JAB.*" Esto significaba que yo no podía juzgar a otros en el grupo, darles consejos, o culparles de algo. El propósito de esta regla era crear un ambiente seguro para todos los involucrados.

Ella pasó a explicar de qué se trataba la *Terapia de Restauración*. En pocas palabras, esta terapia está basada en las siguientes creencias:

- Emociones que no han sido resueltas de nuestra niñez y creencias negativas controlan nuestras vidas, la forma en que nos vemos a nosotros mismos, a otros y a Dios.

- Las heridas y traumas de la niñez - que a veces empiezan demasiado temprano desde que estamos en el vientre de nuestra madre - crean en nosotros rabia, vergüenza y dolor.

- La sanación viene cuando nosotros enfrentamos la verdad acerca del origen de nuestras familias, los perdonamos y nos perdonamos a nosotros mismos.

- La restauración es el proceso de empezar a creer en nosotros como seres humanos dignos, competentes, cariñosos y productivos.

La doctora Serafina discutió muchos temas que me fascinaron. Habló sobre la importancia del vínculo afectivo con la madre y el padre, y de los resultados de vergüenza y conductas adictivas que se producen por la falta de este vínculo afectivo. Habló de la esclavitud espiritual que pasa a través de la decepción y el rechazo debido a las mentiras que nos formamos al principio de nuestras vidas. Estas mentiras giran alrededor de nuestra identidad: quiénes somos, por qué estamos aquí en la tierra y lo que merecemos en la vida. Habló de las heridas culturales, del maestro que nos hirió y de cómo todo esto nos afectó. Habló sobre las creencias falsas, maldiciones, juramentos y sus efectos en nuestras vidas. La doctora Serafina discutió ampliamente el concepto del "ego falso" al cuál llamó "el traje espacial." Explicó que nosotros, como niños, creamos "el traje espacial" como escudo de protección para sobrevivir en el mundo hostil que nos rodea. Nuestros trajes espaciales nos sirven para cubrir toda la vergüenza que llevamos dentro de nosotros, que resultó de las heridas de nuestra niñez y que fueron causadas por nuestras familias, escuelas, iglesias y barrios.

Lo que de verdad me impresionó de la doctora Serafina fue su sinceridad sobre su vida y su propia jornada de sanación. Usó historias de su niñez y adolescencia para ilustrar cómo nuestros corazones fueron heridos en la vida. Me impresionó su conexión íntima con nuestro Señor Jesús y la manera en que ella seguía Su instrucción durante la sesión. A menudo nos dijo lo que el Señor le estaba diciendo o le estaba expresando y lo que tenía que hacer. Esta fue la primera vez que yo encontré a alguien que afirmaba conversar con el Señor. Dentro de mi ignorancia, no sabía que esto fuera posible. En ese entonces, yo le había hablado a Dios en la oración pero nunca había esperado que él me contestara. Asumí ingenuamente que la oración era una conversación donde solamente hablábamos, y Dios sólo nos escuchaba.

Una cantidad impresionante de oraciones ocurría durante las sesiones de grupo para ayudar el proceso de sanación interior. De hecho, varios meses después de que entré en el grupo, la doctora Serafina trajo un sacerdote católico al grupo, el Padre Thomas, de los Ministerios de Joshua. El Padre Thomas contribuyó de una manera muy significativa a las sesiones de grupo celebrando Misa allí. Escuchó en privado las confesiones de los miembros de grupo y administró los sacramentos a otros cuando era necesario. Él se volvió poco a poco una persona muy importante en mi vida.

Inmediatamente me identifiqué con muchos de los temas que la doctora Serafina explicó. Al momento de hablar y orar en el grupo, yo no podía más que dar gracias a Dios por haberme llevado a ella. Mi corazón estaba eufórico sentía que había llegado a "casa."

La doctora Serafina y el resto del grupo se sintieron cómodos conmigo y me invitaron a unirme a sus reuniones mensuales. Me informaron que estaban planeando su retiro anual en Puerto Vallarta, México, a fines de septiembre del 2001. La doctora Serafina mencionó que el costo era bastante barato ya que era una tarifa de grupo. Ella me preguntó que si quería acompañarlos. Algo en mi corazón grito "SÍ." Aunque no tenía el dinero extra para ir en ese momento, sabía en mi corazón que tenía que ir. Acepté la invitación y decidí cargar el viaje en mi tarjeta del crédito.

En agosto del 2001, la doctora Serafina me preguntó que si estaba interesada en ser entrenada como ministra de oración laica, llamado *"Ministerio de Oración de Theophostic."* La doctora Serafina había asistido a las conferencias de este ministerio y se había quedado impresionada por su enfoque en la oración y el hecho que no requería una licencia de terapeuta para administrarlo. Cualquier persona con disposición cristiana y entrenamiento podía hacerlo ya que era un ministerio de oración centrado en sanar a través de Jesucristo. La palabra *"Theo"* es la palabra griega para "Dios" y *"Phostic"* significa "la luz." El sitio web[21] del Ministerio lo define como lo siguiente: *"Es un ministerio de oración que está centrado en Cristo y depende de Dios para obtener su dirección y resultado. En pocas palabras simplemente, anima a una persona a descubrir y exponer lo que cree que es*

---

[21] www.theophostic.com

falsedad; animándola a que tenga un encuentro con Jesucristo a través de la oración, y así permitiéndole al Señor que le revele Su verdad al corazón herido de la persona y a su mente. No se trata de dar consejos o diagnosticar problemas o compartir opiniones o visiones. Se trata de permitirle a una persona tener un encuentro personal con el Señor Jesús en medio del dolor emocional de la persona."

Yo estaba interesada en aprender más sobre este ministerio de oración. Por consiguiente, en menos de un mes de unirme al grupo de la doctora Serafina, leí el manual, vi los videos de entrenamiento y atendí las conferencias de entrenamiento. A fines del 2001, ya estaba certificada como una ministra de oración laica. Se me requirió que recibiera muchas horas de oración de este ministerio antes de ser certificada. Primero tenía que estar en mi propia jornada de sanación la cual fue maravillosa para mí.

A fines de septiembre del 2001, asistí al retiro en Puerto Vallarta, México. Al principio, alrededor de sesenta personas firmaron para asistir a este retiro, pero, como resultado de los horrendos eventos del 11 de septiembre del 2001, la mayoría de las personas canceló con excepción de cuatro - yo y otras tres personas. Lourdes[22] era una de las tres restantes del grupo. El viaje estuvo lleno de sanaciones increíbles para todos nosotros. Una cosa en particular que la doctora Serafina dijo durante el retiro que se me quedó grabada en la mente fue cuando ella estaba hablando con otra persona, se volteo inesperadamente hacia mí, me miró directa a los ojos y me dijo estas memorables palabras: *"Samia tú eres escogida; tú estás aquí para obtener tus herramientas."*

---

[22] Lourdes me dio permiso de usar su nombre ya que los nombres de los miembros del grupo normalmente se mantienen confidenciales para proteger su privacidad.

Me aturdí por sus palabras. Le pregunté por qué me había dicho esas palabras. Su única respuesta fue: *"El Señor me acaba de revelar eso a mí."*

Mis ojos se humedecieron. Aunque yo no entendía lo que sus palabras significaban claramente o que implicaban, me hizo regresar once años atrás, a mi experiencia en Medjugorje. Recordé la fuerte llamada que sentía en mi corazón. Al mismo tiempo que mi vida se desenvolvía, fue claro que mi llamada no era convertirme en monja o unirme a una orden religiosa. Había algo más que el Señor me estaba llamando a hacer como persona laica. En ese momento, el Señor me estaba hablando una vez más a través de la doctora Serafina. Él quería que yo reconociera el papel de la doctora Serafina en la misión de mi vida. Lo que era obvio para mí era que el Señor me estaba pidiendo que yo primero empezara mi proceso de sanación interior. Al mismo tiempo, el Señor, a través de la doctora, estaba enseñándome los principios de sanación interior; Él también me estaba dando mis herramientas de laica, a través del ministerio de oración, para poder ayudar a otros en su jornada de sanación interior.

Al estar en Puerto Vallarta, recibí mi primera sesión de terapia privada por parte de Alysa. Alysa era la Directora Asociada de los Ministerios de Joshua, ella era amiga íntima de la doctora Serafina. Ella es una psicoterapeuta autorizada en la práctica privada. Ella guía *la Terapia de Restauración* de grupos y dirige la oración laica en el *Ministerio de Oración de Theophostic*. En conclusión, ella es co-autora de un libro con la doctora Serafina. Debido a la inesperada e incurable enfermedad de la doctora Serafina, le pidió a Alysa que tomara sus grupos de terapia en el año 2004.

Para la enorme tristeza de centenares de personas cuyas vidas habían sido inmensa y positivamente afectadas por el ministerio de la doctora

Serafina, ella falleció el 19 de enero del 2006. Estoy muy agradecida por su vida y por todas las lecciones que me enseñó.

Alysa también ha sido un regalo increíble de Dios para mí. Probablemente ella es una de las personas más sanas emocionalmente que conozco en la tierra. Aunque es terapeuta, ella continúa el camino de su propia jornada de sanación. Como resultado, ella es un vaso limpio para el uso del Señor. Creo que el Señor le habla claramente. Yo confío en su discernimiento ya que no me ha fallado.

Simplemente para ilustrarte que tan limitado estamos en nuestros falsos sistemas de creencias y mentiras que creemos acerca de nosotros, siento la necesidad de compartir contigo algunas de las sanaciones que recibí durante mi sesión privada con Alysa en Puerto Vallarta. Aunque la sesión duró sólo dos horas, las sanaciones que recibí de Nuestro Señor Jesús durarán toda la vida. Su verdad en recuerdos específicos de mi vida me liberó de mis mentiras.

En el ministerio de oración de sanación interior, típicamente después de la oración de apertura, la sesión empezaba identificando las emociones presentes de la persona. Los sentimientos son sumamente importantes ya que exponen nuestras creencias sobre nosotros y otros. Tuve una gran variedad de sentimientos durante la sesión. Mi separación de Tony activó muchas de mis inseguridades (las creencias falsas) acerca de mí. Me sentía avergonzada, fea, tonta y no amada. Mi primer pensamiento atormentador después de romper con Tony fue *"debe haber algo malo en mí, quizás yo no soy bastante bonita o quizás no lo merezco a él."* En la sesión, me sentía tan avergonzada de mí y especialmente de mi apariencia. Alysa me pidió que simplemente abrazara el sentimiento y le permitiera al Señor Jesús llevarme a la raíz del problema, era la primera vez que me sentía así. Increíblemente, en unos segundos, el Señor me mostró dos incidentes específicos de mi niñez, uno después del otro.

En el primer incidente, yo tenía aproximadamente cinco o seis años. Me vi con mi madre visitando a unos parientes distantes. Recordé claramente que una de las hijas mayores de estos parientes dijo las siguientes palabras enfrente de mí: *"Los muchachos son tan guapos, pero la muchacha* (refiriéndose a mí) *tiene piel oscura."* Me acuerdo cuando escuché estas palabras, inmediatamente interioricé su declaración de la peor manera posible. Yo era fea. El color de mi piel era inferior. Para ser bonita, yo necesitaba tener piel más clara. Como resultado de esto, frecuentemente le formulaba a mi madre preguntas como: *¿Se me pondrá la piel más clara si me froto con yogur simple? ¿Será más clara mi piel si evito la exposición al sol? ¿Cambiará el color de mi piel a más claro porque tú me mencionaste una vez que yo era muy clara de piel cuando nací y mi color cambió la segunda semana después de haber nacido?* Al oír esto, mi madre comprendió que yo tenía un problema con el color de mi piel que fue originado por el comentario de mi pariente. Mi madre me dijo que ignorara a la mujer y su comentario y que no pensara acerca de eso, al mismo tiempo primero me aseguró que yo era bonita y segundo, que la belleza no se ligaba al color de piel de uno. El daño ya estaba hecho y los esfuerzos de mi madre no pudieron librarme de las mentiras y la mala interpretación las cuales yo había creído como resultado de lo que había dicho esta mujer.

Alysa invitó a Jesús a que entrara en mi doloroso recuerdo. Aunque yo no oía una voz audible del Señor, le habló a mi corazón y me dijo que el color de mi piel era bonito. Él lo había diseñado. La mujer que me dijo esas palabras tenía sus propios problemas con el color de su piel. Desde ese momento, me sentí en paz con ese recuerdo; sin embargo, el Señor mostró que todavía había otro incidente importante relacionado con mis sentimientos.

Otro recuerdo que se me había olvidado por completo apareció rápidamente en mi mente. Yo estaba en segundo grado en Jordania. Lo más probable es que yo haya bloqueado esa experiencia para sobrevivir el dolor insoportable. Recuerdo que estaba sentada en mi clase de arte, con apenas siete años de edad. Era un día de verano muy caliente. Había despertado esa mañana con la piel enronchada debido a la severa reacción de las picaduras de zancudos. Mi piel era muy sensible y atraía a los implacables insectos. Avergonzada de ir a la escuela esa mañana con mi uniforme de verano, llevé mi suéter para cubrir las visibles ronchas. Mi maestra notó mi suéter y detuvo su clase y se me acercó delante de todos los estudiantes en la clase. Me preguntó que porqué traía un suéter puesto. Los ojos de todos los muchachos y muchachas en el aula se fijaron en mí. Le dije a mi maestra que sólo quería llevar el suéter. Ella, al notar uno de los salpullidos que yo tenía en mis manos, me preguntó que eran. Yo me sentía avergonzada y me quedé paralizada ya que no supe que responder. Ella procedió a arremangarme las mangas de mi suéter para ver mis brazos. Me dijo en voz alta que yo tenía ronchas en mis brazos, como si yo no supiera eso. Ella continuó inspeccionando mi cuello y mi espalda para ver si las ronchas se habían extendido allí también. De repente, todos los estudiantes dejaron sus asientos y se me acercaron para ver mis ronchas. Reaccionaron al instante con fuertes ruidos y frases que indican severa hostilidad. Inmediatamente se distanciaron de mí como si yo fuera un monstruo contagioso. Yo me devasté por la reacción de todo el mundo, sobre todo de los muchachos. Nunca había sentido tal humillación en mi vida. Yo deseaba que inmediatamente se abriera un agujero y me tragara. Me sentía sumamente avergonzada ya que pensé que yo era fea y poca atractiva.

Cuando re-conté la historia a Alysa, yo estaba llorando fervientemente al volver a vivir ese momento doloroso. Alysa invitó a Jesús a este recuerdo para que yo pudiera recibir Su verdad acerca de las mentiras que yo había internalizado en mi. Jesús una vez más me hablo a mi corazón. Me mostró que yo sólo había tenido una reacción en la piel. A pesar de la reacción de mis compañeros de clase no había nada feo acerca de mí. Que sólo eran niños y no sabían lo que hacían. Él me mostró también que mi maestra no había reaccionado de la mejor manera conmigo. Que no era mi culpa. Al instante, sentí paz en mi corazón y en ese recuerdo. Paré de llorar y de pronto sentí una luz alrededor de mí. Ahora, me encanta el color de mi piel y la manera en la que el Señor ha diseñado cuidadosamente todo en mí.

Al continuar mi sesión, luché con el sentimiento de estupidez. Pensé que no podía entender las cosas tan fácilmente como todos los demás que estaban a mí alrededor. Aunque tenía tres títulos universitarios, incluso un Doctorado en Derecho, hablaba con fluidez cuatro idiomas, aún así creía que no era inteligente. Sabía que esta creencia no tenía ningún sentido lógico. Todos a mí alrededor constantemente me alababan por mi inteligencia. No importaba lo que los demás me dijeran o lo que yo me siguiera repitiendo a mí misma, en mis adentros, yo no creía que yo era inteligente. La verdad de otras personas, o mi propia repetición de la verdad, no me liberaría de mis mentiras. El repetir las afirmaciones positivas de otros no funcionaba para mí. Sabía que esta práctica podría funcionar para otras personas, pero no para mí; la repetición de afirmaciones simplemente enmascaraban mis mentiras. Pensé que necesitaba trabajar extra duro por falta de inteligencia. Mis mentiras determinaron mi realidad.

Alysa me pidió que abrazara mis sentimientos y que le permitiera al Señor Jesús llevarme a la raíz de mis mentiras. En unos segundos, me vi sentada en mi clase de ciencia de segundo grado. El maestro estaba hablando sobre los diferentes beneficios y cualidades del oxígeno, dijo que el oxígeno era "buen" elemento de combustión en el aire. Después de su presentación hizo preguntas acerca del tema. Vi todas las manos de mis compañeros de clase alzadas para responder. Yo fui la única que no levanté mi mano ya que todavía estaba reflexionando la espantosa información que nos había preguntado el maestro. En ese momento, creí que era tonta. Era la única que no tenía la respuesta. Creí que era la más lenta en la clase.

Cuando regresé a casa después de la escuela, mi madre me empezó a ayudar a mí y a mis hermanos con nuestras tareas. Cuando mi mamá me estaba ayudando, le pregunté si era verdad que el oxígeno era un "buen" elemento de combustión. Ella contestó positivamente, a lo qué respondí con un tono temeroso: "*¿Pero por qué?*" Mi madre no podría comprender mi reacción y pregunta e intentó explicarme de una manera científica. Que no había nada malo acerca de esto, hoy en día lo sé, pero en aquel entonces, su explicación no tuvo ningún sentido para mí. Después de los largos y diligentes esfuerzos por parte de mi madre de ayudarme a entender el material, seguí repitiendo ansiosamente la misma pregunta: "*¿Pero por qué?*" Finalmente mi madre se frustró con mi incapacidad de entender que el oxígeno era un "buen" elemento de combustión. Sin saber que hacer, enfáticamente dijo: "*Sólo acéptalo como un hecho y no tienes que saber por qué.*" Empecé a llorar, mi madre no sabía que hacer ya que no podía comprender la profundidad de mi pensamiento. Ella me dijo: *"Dime, ¿por qué estás llorando? No te entiendo."* Contesté: *"El oxígeno es un "buen" elemento de combustión, así que cada vez que hay un pequeño fuego en alguna parte, este fuego va a crecer más y más grande."* Aun así, mi madre no pudo ver lo que había más allá de mis palabras, y dijo: *"¡Sí! Eso puede pasar."* Me confundí más con su afirmación. En mi mente, la progresión de un incendio a una etapa desastrosa era inevitable con la presencia de oxígeno ya que el oxígeno estaba en todas partes en el aire. Respondí: *"Las casas se quemarán y las personas se morirán."* Aunque mi madre sabía lo que yo estaba pensando y por qué estaba llorando, ella era incapaz de razonar cómo lo hacía mi mente yo estaba considerando las consecuencias de la calidad del combustible de oxígeno en lugar del proceso científico de este. Mi madre se convenció que ya no podía ayudarme y procedió a ayudar a mis hermanos con su tarea. Además, después de este incidente, mi madre estaba determinada que era incapaz de ayudarme con mi tarea y no quiso perturbarme más. Así, que ella decidió que debería de dejar de ayudar a mis hermanos y a mí con nuestra tarea. Nos dijo que deberíamos ser más responsables y deberíamos confiar en nosotros, excepto cuando su ayuda fuera muy necesaria. Me convencí que yo debía ser una tonta. Así que, tomé la decisión de enseñarme a estudiar más duro y aunque para mi fue un proceso doloroso, empecé a sobresalir en todas mis clases.

Alysa y yo invitamos al Señor Jesús en mis dos experiencias para recibir Su verdad. Él me mostró porque todos los estudiantes habían levantado sus manos durante la clase; esto no quería decir que todos sabían la respuesta correcta. La mayoría de ellos tenía la respuesta incorrecta y sentían la presión de levantar sus manos para imitar al resto del grupo. Eso no significaba que fueran más inteligentes que yo. Yo, simplemente fui honesta al no levantar mi mano. Él me mostró que el me había dado una manera *diferente* de ver las cosas. Por esto yo no había podido entender a mi madre o la explicación de mi maestro. Ser diferente no significaba ser menos. Él me creó así. El me mostró que al empezar a estudiar yo sola, pude sobresalir en mi clase. No hubiera podido lograrlo si yo no hubiera sido inteligente. Al instante, me sentí en paz y feliz. Di la bienvenida a mi nueva manera de pensar. Por primera vez en mi vida, realmente creí que era inteligente.

Ese día, empecé una relación más profunda y más íntima con mi Señor Jesús. Él me estaba sanando en medio de mi dolor emocional, incidente tras incidente. Desde entonces he tenido muchas sesiones, probablemente cientos de horas, durante los últimos seis años. He entrado en recuerdos innumerables de mi temprana niñez. Jesús siempre llegó con Su verdad liberadora, dispersando las mentiras y renovando mi mente. Como mis mentiras y mis interpretaciones de mi pasado se estaban anulando, mi realidad en el presente empezó a cambiar. Entre más empecé a desechar vergüenzas, más empecé amarme. Día con día, daba un paso más cerca a ser la persona que Dios había creado, Su hija auténtica y amada.

Mientras estoy sanando, estoy aprendiendo verdaderamente a perdonar con todo mi corazón. De hecho, me he vuelto más compasiva con otros, sobre todo con los que me han herido. De ninguna manera estoy justificando su conducta, pero el Señor me ha mostrado que las personas nos hieren porque también ellos han sido dañados de una manera similar. Ellos funcionan en este mundo a través de sus propios sistemas de creencia falsas y corazones heridos. Claro que ellos tienen la opción para sanar en lugar de continuar con su conducta perjudicial.

Cuando nos aferramos al enojo o nos negamos a perdonar a otros en nuestros corazones, nosotros terminamos hiriéndonos. Nos mantenemos aferrados en represión. Es como si bebiéramos el veneno que habíamos pensado dar al que nos hirió. Como resultado de esto, bloqueamos la fluidez del amor de Dios en nuestros corazones. La luz y oscuridad no pueden coexistir. Si nosotros permitimos que la Luz de Dios entre en nuestra oscuridad, la oscuridad se disipará; sin embargo, la Luz no puede entrar si bloqueamos la entrada de nuestro corazón con nuestro odio, enojo o la falta de perdón. Estoy convencida que nosotros nos aferramos a estos debido a nuestras creencias falsas. Quizás nuestro enojo haya sido justificado cuando éramos niños porque a través de nuestro enojo pudimos sobrevivir el trauma, pero, como adultos, el propósito de tu enojo ya no sirve. Tiene un efecto inverso en nuestra vida. El enojo, la falta de perdón y el odio en nuestros corazones se vuelven cancerosos en nuestras almas, afectando la condición de nuestros cuerpos físicos poco a poco. Creo que muchas de las enfermedades físicas hoy día son directamente el resultado del enojo, el odio y el rencor que las personas guardan en sus corazones.

Además, he ayudado a centenares de personas durante los últimos seis años; he pasado innumerables horas en oración con ellos. Mi ministerio incluye a hombres, mujeres, niños, adolescentes, adultos jóvenes, y personas de la tercera edad, de todos los estados sociales de la vida, de religiones diferentes y de varios niveles económicos. *Si la persona tiene el corazón abierto y tiene la voluntad, a Jesús nunca se le olvida presentarse.* Él sana a las personas con Su Verdad y Amor. Él nunca ha discriminado a nadie. Él ama a todo el mundo, sin tener en cuenta la religión de la persona o el credo. Yo he dado testimonio de como Él ha cambiado mi vida y las vidas de centenares de personas. Realmente Él está vivo hoy como Él lo estuvo hace 2000 años. Trabaja en una capacidad diferente a la que trabajó en aquel entonces. Su poder es tan potente como siempre. He aprendido a través de mi propia jornada de sanación, y también a través de mi ministerio con otros que entre más sanos estén nuestros corazones, más podemos experimentar el inmenso amor de Dios por nosotros.

En el Capítulo Quince, compartiré contigo a fondo lo que he aprendido acerca de la fuente de todas estas mentiras. También explicaré cómo estas mentiras nos mantienen en la esclavitud si no recurrimos a Dios para recibir Su verdad liberadora y sanadora.

Capítulo Once

El despertar de mi alma

"Los que en Él confían recuperan fuerzas, y les crecen alas como de águilas.
Correrán sin fatigarse y andarán sin cansarse."

Isaías 40:31

E l año 2001 fue monumental en mi vida. De hecho, el Señor me resucitó del total desamparo en el que me había hundido al final del año 2000. Él no sólo me lanzó en mi jornada de sanación interior, sino que Él también reactivó la inactiva "llamada" en mi corazón que había sentido en Medjugorje once años atrás. Los recuerdos permanecían fijos en el fondo de mi mente. Durante años, me pregunté a menudo por qué había tenido esa inolvidable experiencia a la edad de veinte años. ¿Cuál era la importancia de esa ardiente "llamada" que sentí de Dios cuando estaba allí? ¿Por qué Él estaba haciéndome esperar tanto para encontrar las respuestas?

Cuando veo mi pasado, entiendo la sabiduría de los años de espera. Cuando fui a Medjugorje en 1990, era muy ingenua y carecía de experiencia en la vida. Aunque era conocida como una muchacha con "conocimiento de libros," estaba lejos de ser una persona "con experiencia de la calle" ya que había sido muy protegida la mayor parte de mi vida. Cuando regresé a los Estados Unidos en 1990, muchos eventos tuvieron lugar en mi vida que llegaron a formar mi carácter. Me estaba preparando para la misión de mi vida de una manera imprevisible para mí. Nunca se había perdido tiempo en mi vida. A través de las apariciones de la Santísima Virgen María en Medjugorje, el Señor Jesús plantó la semilla en mi corazón. La semilla fue regada y nutrida a través de doce años de experiencia en la vida. Durante estos años, a pesar de los buenos tiempos que pasé, también pasé por muchos tiempos muy difíciles. Mi carácter y alma estaban madurando a través del duro trabajo y avanzados niveles de educación. El Señor me expuso a muchas culturas diferentes. Adquirí fluidez en español, un idioma que no había planeado previamente estudiar. Todas estas habilidades están sirviendo a su propósito hoy en día.

Cuando llegó el tiempo oportuno para regresar a Medjugorje, la invitación de La Santísima Virgen María fue clara y fuerte. El "llamado" que sentí dentro de mi corazón en 1990 estaba reviviendo; lo sentía muy fuertemente. De repente, personas aparecían en mi vida que sabían de mi primera visita a Medjugorje. Sin ninguna sugerencia de mi parte, querían oír acerca de todas mis experiencias ahí.

En una noche de septiembre del 2001, yo no podía dormir; estaba pensando obsesivamente sobre Medjugorje. Me levanté a las 2:30 de la mañana. Fui a mi computadora y empecé a buscar en el internet. Quería ponerme al día de lo que había estado pasando en Medjugorje desde la última vez que había visitado este lugar. Me alegré de encontrar el sitio web en el internet del Grupo de Oración Internacional ("IIPG").[23] De inmediato me uní a este grupo. El propósito de este grupo de oración, que entonces tenía alrededor de 1500 miembros por todo el mundo, era proporcionar apoyo mutuo vivir y seguir los mensajes de Medjugorje guiados por nuestra

---

[23] http://www.iipg-queenofpeace.org

Santísima Madre María a través del visionario Ivan Dragicevic. Increíblemente, después de que me uní al grupo, empezaron una serie de eventos que me prepararon para regresar a Medjugorje por primera vez desde mi primer viaje. Seguí una peregrinación organizada con el Grupo de Oración IIPG en junio del 2002. Asimismo, regresé a Medjugorje con otros grupos en 2003, 2004 y 2005.

La misma semana que me uní al IIPG, recibí un correo electrónico del grupo de oración de que habría una conferencia acerca de Medjugorje en la ciudad dónde yo vivía, ese fin de semana. Se había invitado a hablar a uno de los visionarios, Marija Pavlovic-Lunetti. Esto definitivamente no podía ser una coincidencia más. Asistí a la conferencia y por una semana, sentí como si hubiera regresado a Medjugorje. Mi corazón estaba en éxtasis.

¡Un mes después de la conferencia, cuatro personas diferentes, de diferentes nacionalidades y religiones, me regalaron artículos religiosos todos atribuidos a La Santísima Virgen María! Esto previamente nunca me había pasado. La Santísima virgen María me estaba hablando claramente. Yo estaba agobiada de verdad y me sentí muy honrada por su amor maternal hacia mí. Es más, ella me estaba dando un mensaje muy claro, que ella era la madre de todo el mundo, sin tener en cuenta la nacionalidad, credo o religión.

Medjugorje se puso totalmente vivo en mi vida. El grupo de oración me proporcionó mis vitaminas espirituales diarias para permitirme vivir los mensajes de la Santísima Virgen María. Aunque recibía los correos electrónicos acerca de la peregrinación anual del grupo de oración, sabía que no podía permitirme el lujo de ir debido al tremendo préstamo de estudiante que tenía. Me puse de rodillas y oré y le pedí a nuestro Señor que me ayudara y me mostrara si Su madre me estaba invitando a regresar. Si ella lo estaba haciendo, le pedí al Señor que me proporcionara los recursos económicos para hacerlo.

Durante el curso de estas incidencias, pasaron dos eventos muy notables que afectaron mi vida, primero emocionalmente y después espiritualmente. El primero fue el resultado de los atroces eventos que ocurrieron el 11 de septiembre de 2001. Cuando me enteré de las noticias, estaba horrorizada. No podía creer lo que estaba viendo en la televisión. Era la primera vez que veía tanto mal revelarse ante los ojos del mundo. Al estar orando por las víctimas de las dos torres, también tenía miedo en pensar que los monstruosos perpetradores pudieran ser terroristas del Medio Oriente. Como la mayoría de los árabes americanos que viven en los Estados Unidos, estaba orando fervorosamente que no fueran de mi etnicidad. Para mi gran devastación, lo eran. Estos actos demoníacos me afectaron adversamente como ciudadana americana y también como una árabe-americana, debido a la repercusión negativa que los siguió. Yo no podía comprender cómo alguien podía contener tanto odio, tanto mal. Lo peor de esto era que, los hechos habían sido llevados a cabo en el nombre de Dios. Me espanté al ver el diablo, Satanás, usando la voluntad libre de personas para causar la destrucción masiva de tantas vidas en el nombre de Dios. ¿Cómo puede el corazón humano endurecerse así por las mentiras descaradas y blasfemas del diablo?

Por consiguiente, a través de la sugerencia de mi amiga Lourdes, decidimos luchar, no a través de las armas terrenales, pero a través de las armas espirituales. Recordamos las palabras de San Pablo en su carta a los Efesios cuando dijo: *"Lleven con ustedes todas las armas de Dios para que puedan resistir las maniobras del diablo. Pues no nos estamos enfrentando a fuerzas humanas, sino a los poderes y autoridades que dirigen este mundo y sus fuerzas oscuras, los espíritus y fuerzas malas del mundo de arriba.*"[24]

Me reunía tres veces por semana con mis amigas Lourdes, Wendy y otra amiga en la catedral católica en Sacramento - la Catedral del Santísimo Sacramento - para orar al mediodía. Primero asistíamos a Misa diaria. Después nos pasábamos treinta minutos orando contra las fuerzas demoníacas en el mundo y suplicábamos por la misericordia de Dios y la paz. Orábamos una oración llamada *"la Coronilla de la Divina Misericordia"*[25] pidiéndole a nuestro Señor que cubriera el mundo con Su misericordia y amor. Continuamos estas piadosas reuniones durante ocho meses consecutivos hasta que las cuatro viajamos juntas a Medjugorje. Estas reuniones piadosas produjeron tremendos frutos visibles en nuestras vidas. Las cuatro nos fortalecimos espiritualmente; Crecimos en nuestra intimidad con Dios. El 8 de diciembre de 2001, consagré mi vida completamente para servir a nuestro Señor Jesús a través de nuestra Santísima Madre María, siguiendo un periodo de treinta y tres días de ejercicios espirituales de acuerdo a las enseñanzas de San Louis de Montfort.[26]

El segundo evento desolador que ocurrió en mi vida tuvo lugar el 24 de febrero del 2002. Yo estaba asistiendo ese fin de semana a un retiro de sanación interior con Serafina. Me había estado sintiendo sumamente rara durante el fin de semana. Sentía una separación en mi espíritu que nunca

---

[24] Efesios 6: 11-12

[25] Diario de Santa María Faustina Kowalska, *Divine Mercy in My Soul*. Marian Press 2005. Para obtener mayor información de la Coronilla de la Divina Misericordia, por favor visite: http://www.ewtn.com/spanish/prayers/Misericordia/Coronilla.htm

[26] Louis de Montfort and Frederick Faber. *True Devotion to Mary*. Tan Books and Publishers, Nov. 1985.

había experimentado. Algo dentro de mí se sentía "muerto." Recuerdo que Serafina me preguntó cómo me sentía durante el retiro. Le contesté que no tenía sentimientos. Fue raro para mí decir tal cosa. Normalmente yo estaba conectada emocionalmente conmigo misma.

Al final del retiro, escuché los mensajes de mi teléfono móvil. En cuanto oí mi primer mensaje, me derrumbé en el suelo gritando fuertemente "¡¡¡NO!!!" Mi amiga Lourdes que también estaba en el retiro, corrió hacia mí. Le dije que pensaba que había entendido mal el mensaje. No podía ser verdad. Era un mensaje en español de la hermana de Tony que vivía en Utah. Dejó un mensaje largo que me pedía que urgentemente regresara su llamada. Su mensaje acabó con una voz llorosa con estas palabras devastadoras: *"Tony tuvo un accidente automovilístico alrededor del mediodía hoy y murió."* Un chofer embriagado se había desviado al lado de la autopista donde iba Tony, lo mató al instante en un choque de frente.

Instantáneamente, sentí que mi corazón dejó de latir, como si hubiera saltado varios latidos en ese momento. Grité y lloré histéricamente. Perdí todo el sentido de la realidad. Esto no podía ser verdad. Él se había ido de vacaciones por tres-semanas a su país natal, Nicaragua, a visitar a su anciano y agonizante padre. Se suponía que él regresaría a los Estados Unidos el martes de la misma semana en que murió. ¿Cómo podía ser posible que su vida tan prometedora haya sido quitada de una manera tan súbita y trágica? Él era tan joven, lleno de vida, saludable, fuerte, guapo y cómico. No tuve la oportunidad ni de siquiera decirle adiós.

En ese momento, todos en el retiro de fin de semana, incluso Serafina y el Padre Thomas, se reunieron a mí alrededor cuando escucharon las dolorosas noticias. Inmediatamente ellos empezaron a orar por el espíritu de

Tony, por su familia y particularmente por mí. Yo me sentía agobiada por el amor de Dios hacia mí. No podía haber estado en un mejor lugar para recibir tan devastadoras noticias. Las personas indicadas estaban alrededor de mí; estas personas sabían que hacer en esa situación. Yo estaba saturada con sus oraciones, de amor y apoyo. Como mencioné en el capítulo anterior, aunque Tony y yo nos habíamos separado, seguíamos siendo amigos. Mi corazón nunca lo había dejado totalmente.

Durante los meses que siguieron la muerte de Tony, entendí la misericordia incondicional de Dios y amor por mí. Siempre me pregunté por qué las cosas no habían funcionado entre nosotros. En agosto del 2001, Tony y yo salimos a cenar el día de su cumpleaños. Después de una larga charla me pidió que me casara con él. Para la desilusión de Tony, lo rechacé. Los dos lloramos juntos. Yo no podía explicarle por qué lo estaba rechazando. Algo dentro de mi corazón me bloqueó para aceptarlo. Oré para que Dios me diera una explicación. Nunca recibí una respuesta clara de Dios hasta la muerte de Tony. El Señor sabía el segundo preciso en que la vida de Tony iba a terminar en la tierra. El Señor le estaba ahorrando a mi corazón el dolor adicional que yo hubiera sufrido si yo hubiera aceptado renovar mi relación con él. Las causas por las cuales nos separamos al principio resultaron ser como el dicho que dice: no hay mal que por bien no venga.

Para aliviar este amargo proceso, pasaba horas diariamente con nuestro Señor en oración silenciosa. Entretanto, la llamada para regresar a Medjugorje todavía estaba activa. Mi señal final de Medjugorje fue en marzo del 2002. Yo estaba orando después de Misa en la catedral y de repente un hombre al cual nunca le había hablado, caminó hacia mí mientras yo rezaba de rodillas. Él interrumpió mi oración. Dijo que él tenía que decirme algo. Me dijo que hacia dos años que él había trabajado como guardia de seguridad en la Conferencia Norteña de Medjugorje en Sacramento, California. Uno de los visionarios de Medjugorje que había sido invitado a la conferencia le había dado varias medallas benditas de Medjugorje. Me dijo que él había regalado la mayoría de las medallas salvo una. La había guardado durante un año sin saber que hacer con ella. Él le pidió a la Santísima Virgen María que le mostrara a quién pertenecía esta medalla. Cuando él empezó a darme la medalla, las lágrimas brotaron de mis ojos. Me sentía tan indigna, pequeña de verdad y humilde. La Santísima Virgen María estaba hablándome a través de muchas personas con señales claras.

A finales de abril, me desperté de repente en medio de la noche, Medjugojre consumía mi mente. No podía dormir. Sentía un deseo tan ardiente de volver a visitar ese lugar. Prendí mi computadora y empecé a escribir a los líderes de Grupo de Oración para preguntarles si había un cuarto de sobra en la peregrinación anual del Grupo de Oración en junio. Para mi sorpresa, me respondieron positivamente. Inmediatamente, decidí comprar el viaje con mi tarjeta de crédito. Mi reservación fue confirmada en un par de días. Terminé regresando a Medjugorje acompañada por las mismas tres amigas con quienes yo había estado encontrándome en la catedral para orar por los eventos del 11 de septiembre del 2001. Wendy y Lourdes nunca antes habían estado allí pero me habían oído hablar a menudo sobre Medjugorje y habían decidido ir conmigo.

Cuando nuestro autobús de peregrinación finalmente llegó al pueblo de Medjugorje el 3 de junio del 2002, Me sentía un poco como una niña que llegaba por primera vez a Disneylandia. Cuando nuestro autobús pasó por la calle principal, enfrente de la iglesia de San James, las lágrimas rodaron por mis mejillas. Yo regresaba a mi santuario espiritual. Mi viejo sueño de doce-años finalmente se volvía una realidad. Muchas cosas parecían diferentes, nuevas tiendas, nuevos restaurantes, nuevas pensiones e incluso unos moteles. No obstante, el sentimiento celestial de paz y amor que abraza el pequeño pueblo de Medjugorje permanecía de una manera casi tangible.

Este viaje era totalmente diferente a mi primer viaje, pero igualmente valioso. No di testimonio de ningún milagro; no estaba buscando ninguno. Regresaba a Medjugorje con un propósito diferente. Estaba esperando obtener claridad al "llamado" que había sentido durante los doce años anteriores. Asumí falsamente que la Santísima Virgen María simplemente iba a darme respuestas claras como lo había hecho con las señales que yo había recibido en los meses anteriores. Yo estaba equivocada. Sin embargo, ella quería enseñarme algunas lecciones valiosas. Aprendí que el propósito de Medjugorje no giraba alrededor de un "sentimiento" de paz. No era meramente un escape del mundo real en el que yo vivía. Medjugorje era una escuela para enseñarme sobre el amor de Dios por nosotros. También me enseñó las maneras de permanecer conectada a ese amor. La Santísima Virgen María estaba llamándome a vivir diariamente los mensajes de Medjugorje, no sólo allí, pero también en California. Ella no quería que yo hablara solamente de Medjugorje. Ella estaba pidiéndome vivirlo, siguiendo el ejemplo de la gente nativa de ahí.

Durante muchos años, los nativos de Medjugorje habían estado viviendo sus mensajes sin reservas. Yo estaba asombrada de cuánto los nativos de este lugar daban a los peregrinos que estaban allí. Experimenté personalmente esto a través de muchos incidentes separados. Muchos de ellos dieron mucho a cambio de ninguna expectativa. El amor de Dios radiaba a través de ellos, a través de sus acciones y sus gestos. El amor de Dios era contagioso, fácilmente extendiéndose entre todos los peregrinos. Es más, había un sentido de unidad, entre todo el mundo, a pesar de las diversas nacionalidades, idiomas y orígenes étnicos. Yo sentía honestamente un amor puro de todo el mundo a mi alrededor, como si nosotros fuéramos una familia muy grande. No había barrera en el idioma. El idioma internacional de Dios era hablado allí; este era el idioma del amor. Por primera vez, vi como nosotros los humanos nos despojados de nuestras máscaras que nos dividen en la tierra que llevamos para enmascarar nuestra verdadera identidad mientras estamos en la tierra. Vi realmente quienes éramos: los hijos preciosos de Dios.

Mi experiencia en Medjugorje me reafirmó que la llave para mantener este sentimiento de amor era totalmente abrir mi corazón a Dios. Yo necesitaba "dejar ir" y dejar a Dios entrar y rendir mi voluntad a Él. Los mensajes de la Santísima Virgen María al mundo, a través de los visionarios, eran muy básicos, pero difíciles de aplicar en nuestro mundo secular. A través de sus mensajes, fue claro ver que yo estaba hecha de ambos cuerpo físico y alma. Yo necesitaba cuidar mi alma exactamente como cuidaba de mi cuerpo. Ella estaba pidiéndome que orara con mi corazón cada día. Ella quería conectar mi alma para siempre al corazón de Dios. ¿Cómo podría yo conocer a Dios íntimamente si no le hablaba diariamente, durante mi día? Yo necesitaba familiarizarme con Su voz y Su instrucción. Ella me estaba pidiendo conocer a Dios más íntimamente leyendo Su carta de amor para nosotros, la Santa Biblia. Ella me invitó a hacer un compromiso, asistir a Misa diaria para recibir a su Hijo Jesús en la Eucaristía. La Eucaristía es mi comida espiritual que nutre mi alma eterna. Es simplemente como el comer a diario para nutrir mi cuerpo y sobrevivir físicamente, yo necesitaba recibir la Eucaristía diariamente para nutrir y fortalecer mi alma.

Además, ella me estaba pidiendo intentar ayunar a pan y agua todos los miércoles y viernes. El ayunar no es un castigo; nos libera de nuestras ataduras terrenales domando las necesidades de nuestra carne. ¿Te estás preguntando de casualidad que es lo que quiero decir con *domando nuestra carne*? Nuestras almas vinieron a la tierra para tener una experiencia *humana* a través de nuestros cuerpos físicos - la carne. Nuestro espíritu debe dominar la carne; de otra manera, perdemos nuestra paz espiritual y equilibrio. El ayunar tiene inmensos premios espirituales; disciplina el cuerpo y fortalece el alma. Incluso, Jesús ayunó durante cuarenta días para fortalecer Su alma antes de que Él comenzara Su ministerio de tres-años. La Santísima Virgen María repite a los visionarios a menudo que incluso podemos detener las guerras si oramos y ayunamos.

Finalmente, ella me estaba pidiendo confesar mis pecados frecuentemente, por lo menos una vez al mes. Así como tomaba duchas para tener mi cuerpo físico limpio y saludable para evitar enfermedades ella también me estaba pidiendo que mantuviera mi alma limpia y saludable, para oír claramente la voz de Dios dentro de mi corazón y evitar las enfermedades espirituales que frecuentemente nos llevaban a las enfermedades físicas.

Comprendí que estos elementos eran mis ingredientes para lograr obtener la felicidad "divina" en este mundo. Mientras que la felicidad terrenal es a menudo efímera, vacía o poco profunda porque depende en la emoción inicial de obtener cosas terrenales, la felicidad divina no se marchita. Entendí que el vivir los mensajes que la Santísima Virgen María me estaba llamando a vivir, yo no estaba sacrificando nada, aunque nuestro mundo secular lo percibía como tal. Realmente era lo contrario. ¡Ella estaba dándome las llaves al cielo viviente mientras estaba en la tierra todavía! Esto confirmó las palabras de nuestro Señor Jesús cuando nos dijo "*...mientras que yo he venido para que tengan vida y la tengan en plenitud.*"[27]

Qué regalo tan tremendo que por fin pude comprender, no meramente con mi mente, pero en particular con mi corazón. Entendí lo que Jesús quiso decir cuando él dijo: "*...Y sepan que el Reino de Dios está en medio de ustedes.*"[28] La llave para la paz interior y la satisfacción nunca estuvo fuera de mí. Dejé de intentar averiguar cual era mi llamado. Tenía la plena certeza en mi corazón en que nuestro Señor me guiaría en el momento apropiado, cuando yo estuviera lista. Mi tarea era trabajar en la conversión diaria de mi corazón. El Señor Jesús *siempre* debe ser el centro de mi vida.

---

[27] Juan 10:10

[28] Lucas17: 21

Capítulo Doce

El llamado de mi vida

"Llegó a Nazaret, donde se había criado, y el sábado fue a la sinagoga, como era su costumbre. Se puso de pie para hacer la lectura, y le pasaron el libro del profeta Isaías. Jesús desenrolló el libro y encontró el pasaje donde estaba escrito:

"El Espíritu del Señor está sobre mí. El me ha ungido para llevar buenas nuevas a los pobres, para anunciar la libertad a los cautivos, y a los ciegos que pronto van a ver, para despedir libres a los oprimidos y proclamar el año de gracia del Señor." Jesús entonces enrolló el libro, lo devolvió al ayudante y se sentó, mientras todos los presentes tenían los ojos fijos en él. Y empezó a decirles: 'Hoy les llegan noticias de cómo se cumplen estas palabras proféticas.'"

Lucas 4:16-22

Regresé a California decidida a cambiar mi vida. Resuelta a vivir diario los mensajes de Medjugorje. Sabía que nuestro Señor me daría la gracia cuando me adentrara más en mi jornada, en mi camino espiritual. Mi primer paso fue orar tan normal como era el respirar. Necesitaba involucrar al Señor en cada aspecto de mi vida, no importaba que tan insignificante pareciera. Deseaba que el Señor se hiciera mi buen amigo, con Él que consultara para todo.

Mi primer paso fue el hacer la Misa una parte esencial de mi día. Sabía que todas las iglesias católicas tenían Misas diarias por las mañanas, a mediodía o por las tardes. Conseguí el horario de todas las parroquias de la diócesis local. Comprendí que podía asistir a Misa casi todas las horas del día. No tenía absolutamente ninguna excusa de perdérmela. Pude localizar La Iglesia de Santa María que estaba cerca de mi trabajo. Empecé por participar en las Misas diarias antes de comenzar mi trabajo. Sentía tan maravilloso empezar mi día en oración y unirme a Jesús a través de recibir la Eucaristía. Él me llenó de paz interna.

Todas las mañanas empecé a ver las mismas caras familiares en la iglesia. Como siempre, el Señor estaba enseñándome a través de las personas que Él traía a mi vida. Una persona en particular me enseñó una lección increíble; su nombre era Bob. Bob en aquel entonces tenía más de setenta y siete años. Él normalmente se sentaba en el frente de la iglesia mientras que yo me sentaba en la parte de atrás. Yo tenía que pasar por su asiento diariamente después de recibir la Eucaristía. Sin faltar, yo le daba una sonrisa grande a Bob cuando pasaba por donde se encontraba. Esta práctica diaria continuó durante un par de meses. Un día, después de Misa, Bob caminó para presentarse conmigo, entonces me dijo algo muy simple que tuvo un impacto muy poderoso en mi vida. Me compartió que él acababa de quedarse viudo, que el estaba pasando por mucho dolor debido a la gran pérdida de Antonietta su esposa de muchos años. Me dijo que todas las mañanas él esperaba ver mi sonrisa alegre. Mi sonrisa le daba la fuerza para soportar el resto de su día. Me sentí sumamente conmovida por sus palabras. Le agradecí con un abrazo grande. Después de que él salió, me senté en la banca de la iglesia conmovida hasta las lágrimas por sus palabras. Algo tan insignificante como mi sonrisa era una fuente de fuerza para una persona afligida. Bob y yo nos hicimos muy buenos amigos después de esta experiencia.[29]

El Señor me habló muy poderosamente a través de Bob. Él siempre nos está hablando, si le ponemos atención. A veces Dios le habla directamente a nuestros corazones; a menudo Él nos habla a través de otras personas que entran en nuestras vidas; muchas veces Él nos habla a través de la naturaleza o el mundo físico que nos rodea. A través de mi experiencia con Bob, aprendí que cada acto puro de amor produce efectos preciosos en este mundo. Desgraciadamente, nosotros no siempre vemos los frutos de una simple sonrisa que pudiéramos dar, una palabra amable que pudiéramos decir, o un acto aleatorio de amabilidad que pudiéramos realizar. Frecuentemente en la vida, un simple acto aleatorio de amor da vida a alguien necesitado.

Un par de semanas después que regresé de Medjugorje, fui invitada a PAHIES – el grupo de oración juvenil y de adultos jóvenes en el que yo estaba envuelta - para dar mi testimonio. La invitación se extendió a la comunidad en la Iglesia de La Inmaculada Concepción durante la Misa del domingo en español. Al principio estaba bastante nerviosa; era la primera vez que alguien me pedía que compartiera mi testimonio públicamente sobre Medjugorje.

Cuando el día llegó, oré y le pedí al Espíritu Santo que me guiara y me llenara de sabiduría. Cuando compartí mi historia con las cuarenta personas que asistieron, sentía un amor completo y paz. La hora pasó rápidamente. Muchas personas se me acercaron después de la charla para hacer preguntas o

---

[29] Desde que se escribió este libro, Bob *se graduó* a la vida eterna el 12 de agosto, del 2008 a la edad de 83 años. Su familia y amigos lo extrañan muchísimo pero ahora el se ha reunido con su hermosa esposa Antonietta en el cielo.

para darme sus comentarios. Una joven, en particular, tenía alrededor de diecisiete años, me llamó la atención. Yo sentía que el Espíritu Santo me pedía que le prestara atención especial a ella. Cuando ella se me acercó, me pidió el sitio de Internet para obtener más información acerca de Medjugorje. Cuando estaba apuntándole la dirección, le pregunté cómo se sentía. A pesar de su belleza física exterior y su sonrisa, yo podía darme cuenta de su destrozado corazón y alma. Ella titubeo al contestar. Me dijo que yo tenía muchas personas que estaban esperando para hablar conmigo y su historia era demasiado larga. El Espíritu Santo me inspiró a llevarla a un lado y hablar con ella una vez más. El Señor estaba muy interesado en el corazón de esta joven. Seguí el llamado que el Señor me hacía en este momento y hablé con ella afuera del cuarto donde fue la reunión. Al empezar a hablar, ella empezó a sollozar. Ella no sabía por dónde empezar su historia. Me dijo que había estado sumamente deprimida. Esa tarde, ella había contemplando suicidarse. Había intentado suicidarse anteriormente pero había fallado. Esa noche su determinación era grande. Algo dentro de ella la instó a venir y escuchar mi testimonio antes de dañarse. Me dijo que cuando escuchó mi testimonio, empezó a sentir de repente un tremendo amor de Dios por ella a través de mis palabras. Sin saber por qué, ella sentía la necesidad de acercarse a mí después de mi charla.

Yo estaba sumamente preocupada por esta joven. Le agradecí su valor de abrir su corazón a mí. Empecé a orar por ella, al mismo tiempo pidiéndole al Señor que sanara y restaurara su corazón roto. Hablamos y oramos durante una hora. Al final de nuestra conversación, esta joven parecía y se sentía completamente diferente. Su cara estaba encendida con luz. El Señor la amó y la sanó al progresar de la noche. Ella se fue sintiéndose feliz y en paz. Me sentí muy humilde de cómo el Señor me usó esa noche. A pesar de mi humanidad rota y pecadora, Él me usó como Su vaso para transmitir Su amor que da vida y es sanador a una mujer joven, suicida. Él nunca deja de asombrarme. Me fui a casa aquella noche amándolo aún más.

Un mes después de mi charla en el grupo de oración PAHIES, iba manejando a la ciudad de Marysville para asistir a la Conferencia Norteña Hispana de California de Juventud Carismática. Mi amiga Wendy, después de su regreso de Medjugorje, se convirtió en una organizadora muy activa en la Renovación Hispana Carismática Católica. Esa mañana, ella me llamó a mi teléfono celular para pedirme urgentemente que reemplazara a un predicador que había cancelado. Yo estaba a sólo unos minutos de la conferencia. Inmediatamente me agité al momento en que Wendy me estaba hablando. Los miedos me consumieron al instante. Le dije a Wendy que yo no era una predicadora profesional. Yo no estaba capacitada para hablar enfrente de un grupo tan grande de jóvenes sin ningún tipo de preparación. Rechacé la invitación y acabé la conversación muy disgustada con ella. Después de que colgué el teléfono, me sentía terrible. Oí al Señor que me decía a mi corazón que Wendy era Su instrumento extendiendo la invitación a mí. Estaba equivocada al comportarme de una manera temerosa, y no amorosa con ella. Él me recordó cómo le había dado mi vida y me aseguró que Él me daría las palabras para hablar a la juventud. Necesitaba confiar en Él y no en mí. Volví a llamar a Wendy inmediatamente para disculparme. Le dije que supliría al orador que había cancelado.

Me pasé la mañana en oración enfrente de Jesús, en el Santísimo Sacramento. A mediodía, di mi testimonio en español a más de 500 jóvenes. A través de mis palabras, el Señor baño a la juventud con Su inmenso amor sanador y misericordioso. Después de mi charla, muchos de ellos se me acercaron para hablar privadamente de su dolor personal y heridas de niñez. Nuestro Señor estaba alcanzando sus corazones a través de mí. Me sentía tan bendecida de ser usada como Su instrumento humilde. Recibí mucho amor de Él cuando compartí Su amor con otros. Es verdad, entre más compartimos Su amor, más amor Él devuelve a nuestros corazones.

Como resultado de la conferencia a los jóvenes, fui invitada en noviembre de nuevo a hablar en una Conferencia Hispana Carismática para Adultos. Había aproximadamente unas mil personas presentes. El Señor alcanzó los corazones de los adultos de la misma manera que Él alcanzó los de la juventud. Su amor era incondicional y desbordante para todos los que estaban dispuestos a abrir sus corazones.

Mientras que estaba recibiendo invitaciones para dar mi testimonio de diferentes grupos de oración durante el año, el Señor también plantó en mi corazón un deseo fuerte de profundizar mi conocimiento en mi fe. Empecé a leer la Biblia regularmente. También leí muchos libros acerca de las vidas de los santos, el Catecismo de la Iglesia católica y los Sacramentos. Viajé muchos fines de semana a conferencias educativas. Estaba creciendo espiritualmente de una manera más allá de mis expectativas. Mi vida se centró completamente en el Señor Jesús. Empecé un grupo de oración en mi apartamento los miércoles por las tardes. Era rara la vez que faltaba ir a la Misa diaria. Frecuentemente iba a confesarme, por lo menos dos veces al mes, a veces semanalmente. Trataba de ayunar los miércoles, viernes, y también siempre que era invitada a hablar. Quería asegurarme de que yo estaba haciendo lo mejor para seguir siendo un vaso limpio para el uso del Señor.

El Señor me estaba enseñando a través de todas las circunstancias de mi vida diaria, sobre todo cuando menos me lo esperaba. Una tarde, yo tenía que volar a Chicago a una conferencia. Estaba totalmente agotada y esperaba dormir en el vuelo. Cuando llegué a mi asiento en el avión, noté a una madre joven que se sentó a mi lado con un niño muy pequeño en sus brazos. El niño parecía de seis meses. Aunque a mi me encantaban los niños, mi primera reacción fue negativa. Yo temía tener un vuelo de tres-horas sentada al lado de un niño chillón. Yo quería descansar. Para mi sorpresa, en cuanto el avión despegó, el niño se durmió en los brazos de su madre. Durante las siguientes tres horas, el avión se movió mucho ya que las turbulencias de aire eran continuas. Estaba asustada pensando que el avión no llegaría a Chicago. Muchos pasajeros también parecían ansiosos. De repente, miré al niño al lado de mí. Él estaba durmiendo suavemente sin miedo todavía en los brazos de su madre, en total confianza. En ese momento, yo sentí al Señor que le habla directamente a mi corazón. ¡Él me estaba enseñando que yo necesitaba estar como ese niño en mi relación con Él! No importaba que tan áspera o agitada mi vida se volviera, Necesitaba confiar en Él totalmente, estando segura que Él me protegería suavemente en Sus brazos. En ese momento me sentí tan humilde. Sin saberlo ese niño que dormía, el Señor me enseñó una valiosa lección de confianza y entrega. Me sentía tan agradecida de haberme sentando al lado de él.

Mientras tanto, Me envolví en el grupo de oración PAHIES. Me invitaban mensualmente a enseñar diferentes temas relacionados con la Santa Biblia o con nuestra fe católica. Al estar enseñando a la juventud, también me estaba educando a mí misma. Me pasé horas leyendo para la preparación de cada charla. Los miembros del grupo vinieron a ser como mi segunda familia, mis hermanos y hermanas más chicos. Algunos los veía como mis hijos espirituales. Amaba mucho a cada uno de ellos. Ellos me confiaban sus problemas emocionales y discutían muchos eventos dolorosos en sus vidas conmigo. Yo estaba tan agradecida de haber aprendido técnicas de oración del ministerio laico. Usaba estas técnicas cuando oramos juntos por muchas horas, especialmente ante el Santísimo Sacramento.

A través de estos jóvenes, he aprendido varias razones por las cuales la juventud de hoy tiene hambre. Ellos están hambrientos por el amor paternal y maternal. Muchos nunca han experimentado el abrazo de un padre o una madre. Muchos sufren por oír las palabras *"te amo mi hijo"* o *"te amo mi hija."* Estas preciosas personas jóvenes a menudo son mal entendidas en el mundo de hoy. La sociedad los deja afuera, tachando a muchos de ellos como "en riesgo." La realidad es que ellos sólo están buscando ser amados incondicionalmente. Muchos buscaron "amor" en lugares malos porque nunca lo recibieron en sus casas. El amor falso que recibieron (o la falta de amor) era demasiado doloroso e hiriente. Vino en la forma física, emocional, verbal, y muy a menudo en abuso sexual. Estas personas jóvenes buscan un sentido de pertenecer y ser aceptados. Yo di testimonio como el Señor liberó a muchos de ellos de su esclavitud y de las mentiras que ellos habían creído acerca de ellos, Él renovó sus mentes. Yo estaba muy agradecida de ver las vidas de estas personas jóvenes cambiar dramáticamente a través del amor del Señor. Algunos se volvieron líderes en el grupo. Muchos empezaron a vivir los mensajes de Medjugorje aunque ellos nunca habían estado allí.

Cuando veo hacia atrás, veo cómo el grupo de oración PAHIES contribuyó en mi propia vida. El Señor lo usó para entrenarme y prepararme en la misión de mi vida. Le agradezco a cada uno de los miembros del grupo de oración PAHIES. Ellos han sido mi verdadera familia extendida durante muchos años, ellos son un regalo de Dios que no tiene precio.

En abril del 2003, fui invitada, por alguien que me oyó hablar en una de las conferencias en California, a participar en otra conferencia en el Estado de Guanajuato, en México. Me pidieron que diera una charla en un tema específico relacionado con la fe católica durante el primer día, y compartir mi testimonio de Medjugorje al día siguiente. El compartir mi testimonio fue fácil para mí. Tuve que prepararme meticulosamente para la charla que me pidieron que diera en el primer día de la conferencia. Para apoyarme, mi amiga Lourdes decidió amablemente acompañarme en mi viaje. Ella siempre me recordaba que Jesús había enviado a sus discípulos de dos en dos.[30] Ella sentía que el Señor la había guiado acompañarme a pesar de los gastos de viaje.

Nosotras estábamos listas para salir de Sacramento temprano por la mañana del viernes y llegar a nuestro destino en México alrededor de las 5:00 p.m. el mismo día. Todo parecía salir mal ese día. Nuestro vuelo original se retrasó en otro estado debido a problemas del tiempo. Después nos dijeron que teníamos que cambiar de ruta a una ciudad que no había sido programada. No llegamos a México sino hasta 7:00 del sábado por la mañana. No habíamos dormido en lo absoluto. Yo estaba tan agradecida que Lourdes me había acompañado. Ella me apoyó ocupándose de todos los obstáculos que enfrentamos a lo largo del viaje.

Yo tenía que hablar a las 10:00 de la mañana. Nuestro organizador nos recogió y fuimos directamente a la casa a bañarnos y cambiarnos. Cuando

---

[30] Marcos 6:7

llegamos a la conferencia, los organizadores me informaron que había un cambio inesperado de planes. Uno de los predicadores invitados, un sacerdote que tenía que hablar por la tarde, había tenido una emergencia personal y necesitaba partir esa mañana. Me informaron que reemplazaría la charla de él por la tarde. Había un cierto orden secuencial en los temas fijados; por consiguiente, necesitábamos cambiar los temas. Yo no podía creerlo. Estaba a punto de entrar en un ataque de pánico, se me ocurrió que el Señor estaba enseñándome una lección muy importante. Él no quería que yo diera una charla que la cual *yo* había planeado. Él quería asegurarse que era *Él* quién hablaba a través de mí. Necesitaba confiar en Él sometiéndome completamente a la instrucción del Espíritu Santo. Yo estaba completamente cansada no había dormido pero decidí que necesitaba sumergirme completamente en oración y ayunar hasta mi charla por la tarde. Fui y me presenté enfrente del Santísimo Sacramento y le entregué mi día a nuestro Señor. Sentí que Él me aseguraba que Él me daría las palabras para hablar esa tarde. Yo solo necesitaba confiar en Él.

A las 4:00 p.m., estaba lista para subir al escenario. Sentía completa paz dentro de mi corazón. Cuando me dieron el micrófono, de repente dejó de funcionar. Me dieron otro micrófono. Que también funcionaba mal. Yo no podía más que sonreír. Sabía que el diablo había estado trabajando con diligencia para sabotear mi viaje entero, el vuelo, el no dormir e incluso el cambio de temas de último minuto. En ese momento, abruptamente dos micrófonos dejaron de funcionar. Mientras el público esperaba para que me dieran un tercer micrófono que finalmente funcionó, alegremente empecé alabar al Señor. Yo sabía sin duda alguna que si el diablo estaba activo en ese momento, él tenía miedo de algo. Comprendí al instante que el Señor iba a manifestarse poderosamente a través de mi charla. Esto me dio más autoridad.

En seguida, toda mi fatiga y agotamiento desaparecieron. La fuerza del Espíritu Santo me consumió. Estaba admirada de cómo el Señor trabajó a través de mí durante esa hora. Las palabras que dije no vinieron de mi mente. Cuando abría mi boca para hablar, las palabras venían fácilmente hacia mí. Mi español era perfecto. Sus amadas palabras estaban fluyendo a través de mí a los centenares de las personas en el estadio. Yo sabía que era meramente un vaso para Él. Después de que terminé mi charla yo estaba totalmente asombrada de lo que el Señor había logrado a través de mí. Mi amiga Lourdes corrió hacia mí y nos abrazamos, llorando de alegría. Nosotras dos dimos testimonio de cómo el Señor había trabajado tan maravillosamente a través de mi entrega total hacia Él. Las palabras del Señor Jesús se cumplieron ese día en mi vida: *"...no se preocupen de cómo se van a defender o que van a decir; llegada la hora, el Espíritu Santo les enseñará lo qué tengan que decir."*[31]

Viajé de regreso a Medjugorje en junio del 2003, junio del 2004 y marzo del 2005. Cada año, la Santísima Virgen María me había invitado con un propósito espiritual diferente, con un grupo diferente de personas. Cada año, fui acompañada por varios amigos de Sacramento. Aunque cada viaje era de igual importancia, mi viaje en 2004 fue considerablemente especial. Tuve el gran privilegio de pasarme ocho días alojada en la casa de uno de los visionarios, Ivan Dragicevic y su familia. Él es uno de los tres visionarios que todavía están teniendo una aparición diaria de la Santísima Virgen María. Ella se le aparece a él todas las tardes a las 6:40 p.m. en la capilla de su casa.

---

[31] Lucas 12: 11-12

Simplemente para clarificar, la peregrinación estaba abierta a cualquiera interesado en asistir, y no a personas específicas. Nosotros éramos un grupo de veintiséis personas de Estados Unidos. Me impresionó la humildad de Ivan y su gran sentido del humor. Durante la semana, me sentía bendecida por su carácter cálido, genuino y útil.

Todas las tardes, nuestro grupo asistía con Ivan a la aparición privada en la capilla. Yo me sentía sumamente bendecida y agradecida con nuestro Señor y nuestra Madre María por este gran privilegio. Nos encontramos a las 6:00 p.m. y rezábamos el rosario hasta las 6:40 p.m. cuando la Virgen María se le aparecería a Ivan. Una tarde, llegué tarde a la pequeña capilla. Ivan me invitó a arrodillarme al lado de él, pegados hombro con hombro, cuando estábamos orando. Me sentía muy nerviosa en ese momento. Me sentía agobiaba con el pensamiento de que nuestra Santísima Madre María iba a aparecérsele a Ivan a un par de pulgadas de mí. Cuando la hora se acercó 6:40 p.m., Me pude dar cuenta de que Ivan entró en un nivel más profundo de oración. De repente, él pareció ver hacia el aire. Su voz completamente desapareció pero sus labios todavía se estaban moviendo. Sus ojos estaban extensamente abiertos pero apenas pestañeaban. Él permaneció en esa posición durante aproximadamente diez minutos hasta que la aparición terminó. Todos nosotros recitamos entonces juntos la oración *"La Magnífica."* Esta oración también es conocida como el "Cántico de María" que consiste en las palabras que María habló con su pariente Elizabeth como lo indica el Evangelio de Lucas.[32]

Después de varios momentos, Ivan compartió con nosotros lo que ocurrió con la Santísima Madre María. Ella se le apareció a él con un par de

---

[32] Lucas 1:46-55

ángeles bebés a su lado. Él nos describió su apariencia física. Ella se veía como si tuviera 20 años. Ella parecía estar parada en una nube. Ella llevaba un vestido gris largo que se mezclaba con la nube. El vestido tenía mangas largas que cubrían sus brazos. En su cabeza, ella llevaba un velo largo blanco que cubría su cabeza, hombros y parte de atrás. Ella tenía ojos azules y pelo negro. Ella tenía una corona de doce estrellas doradas alrededor de su cabeza. Era sumamente bonita. Su belleza superaba cualquier cosa que nosotros hubiéramos visto alguna vez en la tierra. Ella habló con él de la misma manera que él nos habló. Durante la aparición, el perdió completamente la noción de todas las personas que estaban reunidas alrededor de él. Él sólo podía ver y oír a la Santísima Virgen María. Él entró en un estado completo de "éxtasis." Él le habló a ella con una voz normal, aunque nosotros no podíamos oírlo. Él nos dijo que después de que ellos hablaron y oraron, la Madre Santísima oró por todos nosotros en el cuarto, dándonos sus bendiciones maternales.

Durante la aparición, fui incapaz de ver a la Santísima Virgen María como Ivan lo hizo. El velo espiritual no se alzó de mis ojos para permitirme verla. Yo sentía en mi corazón una presencia sobrenatural en el cuarto. Yo sentía un sentido increíble de calor moderado y paz dentro de mí. Yo no tenía duda alguna que esta aparición era auténtica, aunque no pudiera ver lo que él estaba viendo. En ese momento, entendí la realidad del mundo espiritual más profundamente alrededor de nosotros. Es tan real como el aire que respiramos. Nosotros no podemos ver el aire físicamente pero es esencial para nuestra existencia. Depende de la temperatura, podemos darnos cuenta de maneras diferentes. A veces se siente frío, a veces se siente calor. De manera semejante, el mundo espiritual es invisible pero estamos rodeamos de él. A

165

veces sentimos su calor moderado, como cuando experimentamos el Espíritu Santo o los ángeles alrededor de nosotros. Otras veces, nosotros experimentamos escalofríos de él, particularmente cuando experimentamos los espíritus demoníacos. No podemos ver a los ángeles o a los demonios, pero definitivamente nosotros nos damos cuenta de su presencia.

Otro evento notable ocurrió durante esa peregrinación. Una noche, yo salía de la iglesia con mis amigos alrededor de las diez de la noche. Un hombre viejo croata se me acercó para hablar conmigo. Él me preguntó si yo hablaba árabe. Yo estaba sorprendida por su pregunta ya que nunca antes lo había conocido. Él me habló entonces en árabe clásico. Él me dijo que él era de Medjugorje. Él se llamaba Antonio (su nombre real era Anton). Él estaba aprendiendo árabe de todos los peregrinos Libaneses que viajaban allí. Él era aficionado de la cultura árabe. Entonces me dijo cosas privadas relacionadas con mi vida y mi misión. Él me aseguró que la Virgen María siempre me estaba cuidando. Él me pidió que confiara en su amor maternal y que no me preocupara de nada, no importaba que tan difícil se volviera mi vida. Él agregó que yo siempre permanecería unida a Medjugorje y a sus gracias. Me pidió mi número de teléfono y dirección de correo electrónico para conectarnos. Sorprendentemente, la noche que yo partí de Medjugorje, él me dio dos cuadros para traerlos conmigo a los Estados Unidos, uno era de Nuestra Santísima Madre María y uno era de San Antonio de Padua. Como tú podrás recordar en un capítulo anterior, la mujer australiana que mis amigas y yo nos encontramos específicamente en 1990 me dijo que aprendiera más sobre la vida de San Antonio ya que él me proporcionaría lecciones poderosas para mi vida. Definitivamente esta no era pura coincidencia. Nuestro Señor nunca deja de asombrarme. Él siempre está comunicándose con nosotros, si no es directamente, a través de otras personas. En un viaje después en 2005, me encontré a la esposa de Antonio y su niño.

Desde que volví de esta peregrinación en junio del 2004, he estado recibiendo una llamada telefónica diaria de Antonio todas las mañanas alrededor de las 9:40 a.m. (que es 6:40 p.m. Medjugorje). Ésta es la hora de la aparición diaria. Él me dijo vía correo electrónico no contestar el teléfono. El objetivo de su llamada es conectarme diariamente a Medjugorje durante el tiempo de la aparición. Estoy asombrada de que él ha sido fiel llamándome todos los días desde junio del 2004. Sus llamadas telefónicas diarias son señales adicionales del inmenso amor de Dios por mí. Antonio no pide nada a cambio. Sus acciones son actos puros de amor incitados por Dios. ¡Me siento tan bendecida y agradecida por él y su maravillosa familia!

Capítulo Trece

Un salto de fe hacia lo desconocido

"Hermanos, considérense afortunados cuando les toca soportar toda clase de pruebas. Esta puesta a prueba de la fe desarrolla la capacidad de soportar, y la capacidad de soportar debe llegar a ser perfecta, si queremos ser perfectos, completos, sin que nos falte nada. Si alguno de ustedes ve que le falta sabiduría, que se la pida a Dios, pues da con agrado a todos sin hacerse rogar. El se la dará. Pero hay que pedir con fe, sin vacilar, porque el que vacila se parece a las olas del mar que están a merced del viento...Feliz el hombre que soporta pacientemente la prueba, porque, después de probado, recibirá la corona de vida que el Señor prometió a los que lo aman."

Santiago 1:2-6,12

En mi regreso a los Estados Unidos en junio del 2004, me inundé con inesperados problemas financieros. Constantemente tenía problemas mecánicos con mi automóvil, esto requería grandes sumas de dinero para repararlo al mismo tiempo noté que estaba alcanzando mi límite máximo en todas mis tarjetas del crédito. Cuando me salí a vivir sola, había usado mis tarjetas para amueblar mi apartamento. También las usé para viajar a Medjugorje y asistir a varias conferencias educativas y de sanación interior.

Nunca tuve una cuenta de ahorros ya que todo mi ingreso fue usado para pagar mis pagos mensuales del préstamo de estudiante y gastos del apartamento. Noté que aunque yo estaba haciendo los pagos de mis préstamos durante los siete años anteriores, mi balance parecía casi el mismo. La mayoría de mis pagos mensuales se iban para el interés. Hasta ese momento, yo había pagado exclusivamente alrededor de $60,000 en interés. Esta cifra es ahora mucho más alta.

Todavía era empleada en la misma corporación dónde había empezado en 1998 tenía la misma posición. Había recibido aumentos anuales en periodo de seis-años pero yo sentía que estaba muy mal pagada. ¡En 2004, todavía estaba ganando 25% menos que la persona que yo reemplacé en 1998!

Hice una investigación sobre salarios y se la presenté a mi supervisor, el presidente de la compañía. Le expliqué que la investigación indicaba que yo estaba ganando un salario considerablemente bajo en el mercado de salarios. También le informé que después de seis años de empleo, todavía estaba ganando considerablemente menos que la persona que yo había reemplazado. Mi supervisor declaró que el estaba en desacuerdo con las investigaciones y creyó que eran inexactos. Él agregó que él había consultado con la firma de abogados que estaba a su servicio. Mi sueldo estaba dentro del rango de la empresa para abogados con mis años de experiencia.

Me asusté por la contestación ilógica. En primer lugar, yo no estaba empleada por una firma de abogados. Segundo, yo no estaba empleada con el título de una "abogada." Yo no pude entender porqué él tuvo que contactar a una firma de abogados para determinar mi compensación. Él no tenía esta norma para otro empleado dentro de su compañía. Muchos empleados que tenían posiciones menos esenciales ganaban ingresos de seis-figuras con sólo un diploma de la escuela secundaria. Yo estaba ganando menos de eso a pesar de que tenía varios deberes cruciales y mi educación profesional. Yo le pedí que me compensara según mi posición actual y todas mis responsabilidades. Él me informó que aunque él estaba muy contento con mi desempeño en el trabajo, yo había alcanzado mi límite en mis aumentos de sueldo. Él me aconsejó que si yo pensaba que podía ganar un sueldo mejor en alguna otra parte, la puerta estaba abierta para ese camino. Deje su oficina devastada y sintiéndose humillada. Yo deseé haber podido renunciar en ese momento. Me sentía sumamente amargada y enojada mis manos estaban atadas con mis prestamos de estudiante. Me sentía demasiado esclavizada por estos prestamos. No tenía el valor, o fe suficiente, para renunciar sin encontrar otra fuente de ingresos primero.

En agosto del 2004, mis gastos mensuales excedieron mi ingreso. Esta fue la primera vez en mi vida que yo no podía pagar todas mis deudas. Yo siempre me sentía orgullosa de ser puntual en mis pagos. Yo era muy organizada y hacía todo bien hecho. De repente, yo sentí como que si mi vida estuviera fuera de mi alcance. Me sentía agobiada por mis deudas. Irónicamente, dos meses antes, yo había llegado a una cumbre espiritual en Medjugorje. Ahora, yo sentía que me había sumergido hasta el fondo de un hoyo económicamente. Oré muchas horas, pidiéndole al Señor que me guiara. Le pedí que me perdonara si es que había abusado de mi tarjeta de crédito de alguna forma. Yo la había usado para financiar mis viajes espirituales y no en otras cosas. No vi ninguna solución rápida a mi infortunio financiero. En septiembre del 2004 hablé con un abogado de bancarrota. Él me informó que yo calificaba para el Capítulo Siete de bancarrota. Él me advirtió que la bancarrota resolvería sólo mi tarjeta de crédito y no mis deudas estudiantiles. Mis deudas estudiantiles nunca podrían solventarse, excepto a través de la muerte.

Me fui a casa sintiéndome sumamente deprimida. No sabía qué hacer. Sentía como que si yo me hubiera hundido, una vez más, en un agujero oscuro, muy profundo. A pesar de mi fe en Dios, me sentía como que si yo estuviera sofocándome. Me agobié por los pensamientos negativos que sentía de mí. Mi situación activó muchas de mis heridas de mi niñez que estaban sin sanar y llenas de vergüenza. Me sentía como un fracaso total. ¿Cómo podría declarar bancarrota? Mucha vergüenza social y personal se ataba a esto. Yo no podía ver nada positivo sobre mi vida personal. Me hundí más profundamente en la depresión y desesperación. Yo estaba consciente y agradecida de que el Señor me había usado para evangelizar y mostrar Su amor por Sus otros hijos poderosamente pero en ese momento, necesitaba ver los logros de mi trabajo arduo en mi vida personal. Desgraciadamente, me enfoqué tanto en mi miseria que empeoré en una depresión más profunda. Todas las noches durante una semana entera, lloré hasta dormirme. Estaba en agonía profunda.

Una noche en particular, me quedé despierta hasta la 1:30 a.m. No podía dormir. Me arrodillé en mi cuarto y empecé a orar. Le dije al Señor que estaba exhausta. Que había trabajado duramente toda mi vida pero no había tenido nada que mostrarle a Él. Le pedí que me explicara porqué yo no merecía ver algún fruto financiero de mi arduo trabajo. Yo no intentaba ser avariciosa; no estaba pidiendo demasiado, solo quería estar económicamente libre de mis prestamos de estudiante. No estaba pidiendo una casa elegante o un automóvil caro. ¿Cómo era posible que yo estuviera a punto de declararme en bancarrota y *todavía* deber $92,000 en préstamos de estudiante? ¿Dónde estaba el "borrón y cuenta nueva" que se suponía yo obtendría a través de la bancarrota? Me sentía agobiada y cansada de luchar en este mundo. Lloré intensamente al mismo tiempo que los pensamientos en mi mente me torturaban. Finalmente le pedí al Señor que me transfiriera el cáncer de mi tía a mí. Yo tenía una tía (la hermana de mi madre) quién había estado padeciendo el cáncer durante los últimos tres años. Ella tenía cuatro niños que todavía la necesitaban. Ella merecía vivir para disfrutar de ellos y sus nietos más tiempo. Yo estaba sola y nadie dependía de mí. Yo creía en cambio que si Él me llevara nadie sería afectado por mi muerte. Me sentía realmente agotada y preparada para seguir a la vida eterna. No podía ver ningún propósito para mí en la vida, más que sufrir.

De repente, oí una voz interna que me pedía que verificara mi correo electrónico. Pensé que estaba alucinada ya que era muy tarde. Ya había verificado mi correo electrónico en la medianoche y no tenía ningún mensaje. La voz repitió la misma orden. Finalmente agarré bastante fuerza para arrastrarme a mi computadora. Sorprendentemente, vi un correo electrónico que simplemente había llegado de otra tía que vivía en Jordania, mi tía Fifi, también ella es la hermana de mi madre. Debido a la diferencia de tiempo, ya era de mañana allí. Cuando leí el correo electrónico de mi tía, sollocé aun más fuerte. Ella estaba preguntándome sobre mi estado emocional. Ella dijo que había estado sintiendo una gran tristeza por mí durante los últimos días, ella podía percibir la tristeza de mi corazón. El Espíritu Santo la incitó a orar por mí durante esa semana. Ella no supo qué estaba pasando en mi vida pero ella estaba escribiendo para asegurarse que yo estaba bien.

Yo estaba completamente sorprendida con el contenido del correo electrónico. ¿Cómo supo mi tía? ¿Por qué precisamente me escribió a mí a esa hora de mi desesperación? ¿La inspiró El Señor a enviarme ese correo electrónico? Hubiera sido imposible que esto fuera una pura coincidencia. No les había hablado a mis tías durante varios meses. No había manera alguna de que ella supiera por lo que yo estaba pasando. Nadie sabía de mi situación, incluso ni mi familia, ya que me guardé toda esta situación para mí, no quería preocupar a nadie.

En seguida, telefoneé a mi tía. Ella se sorprendió que yo la estuviera llamando a esa hora tan tarde en los Estados Unidos. Le pregunté por qué me había enviado el correo electrónico. Ella me repitió lo que ella había escrito. Ella había estado sintiendo que yo tenía una gran tristeza en mi corazón. Ella sentía la urgente necesidad de escribir y preguntar de mi estado de ánimo. Entonces serenamente ella me dijo las siguientes palabras dadoras de vida:

"Samia, yo no sé por qué, pero yo necesito recordarte del sueño que yo tuve de tu madre, mi hermana, cuando ella estaba embarazada contigo. Yo la vi de pie en el sueño. Entonces, una paloma blanca encantadora vino y estaba de pie en su cabeza. En ese momento, yo oí un refrán en voz árabe, '¡quienquiera que nazca, será bendecido por el Espíritu Santo¡' ¡Después de eso, mi querida hermana tuvo a su bebé y eras tú! Recuerda Samia, tú estás ahora en una situación en tu

vida muy similar a una mujer que está dando a luz. Ella soportará el dolor muy profundo e insoportable. Ella no entiende por qué tiene que sufrir tanto. Su tiempo no ha llegado para tener a su bebé todavía. Ella necesita esperar pacientemente, confiando en el tiempo preciso de Dios. Una vez que el bebé nace, todo su dolor se esfuma rápidamente cuando tiene a su nuevo bebé en sus brazos. Tú también, Samia, estás en una situación similar. Tú no puedes entender por qué tú estás sufriendo tanto. Tú no ves el propósito ya que tu tiempo no ha llegado todavía. Una vez que el tiempo esté en su plenitud y tú estés lista, tú entenderás la razón detrás de todo lo que has sufrido en tu vida."

Yo no podía creer las palabras que yo le oí pronunciar. Yo sabía que el Señor estaba hablándome directamente a través de mi tía. Era imposible que ella supiera lo que yo estaba atravesando en mi vida. Ella vivía miles de millas lejos de mí, en un continente diferente. Sus palabras respondieron directamente a la oración que yo simplemente había hecho al Señor antes de que verificara mi correo electrónico. Yo no podría entender el amor increíble y el cariño que el Señor me mostró en uno de mis momentos más oscuros. Él estaba pidiéndome que confiara completamente en Él. Había un propósito para todos mis sufrimientos. No era todavía tiempo para las cosas que me estaban esperando. En ese instante, la paz de nuestro Señor y la esperanza me llenaron.

Al final de septiembre del 2004, me declaré en bancarrota. Aunque mi ego estaba completamente aplastado, yo me sentía como si un gran peso se hubiera alzado de mi espalda. Todas mis deudas de tarjeta de crédito fueron descargadas. Solo me quede con mis deudas estudiantiles y pagos del automóvil. Me sentía devastada que mi crédito se arruinaría por diez años, pero no tenía ninguna otra opción para resolver mi situación.

En enero del 2005 uno de mis amigos estaba considerando cambiar su carrera a vendedor de bienes raíces. En ese entonces el mercado todavía estaba creciendo. Él se registro para tomar las clases apropiadas para obtener su licencia de bienes raíces. Me animó su motivación y decidí unirme a él para tomar una clase por la tarde. Quería ganar un ingreso adicional durante los fines de semana para pagar mis préstamos de estudiante más rápidamente. Exclusivamente pagaba demasiado en intereses. Me obsesioné con el deseo de pagarlos. Y tenía fantasías frecuentes de tener el balance de número "cero."

Debido a circunstancias personales, mi amigo nunca se presentó a la clase y terminé tomando la clase yo sola. Como una abogada, yo calificaba para solicitar la licencia de agente *"bróker."* A finales de marzo tomé la prueba y la pasé. Dos meses más tarde, mi amiga Wendy me refirió a mi primer cliente. Me uní a una compañía local de bienes raíces, tiempo parcial, como una "contratista independiente." Mi amiga, Maribel, trabajaba ahí y me recomendó a la compañía. Yo estaba muy impresionada con la filosofía y cultura de esta compañía. Yo estaba muy agradecida con la ayuda maravillosa de Maribel con mi primera transacción. Unos meses después de haber obtenido mi licencia de bienes raíces, el mercado bajó dramáticamente. Esto me parecía increíble. Yo no lo podía creer pero parecía como si yo trajera mala suerte al negocio de bienes raíces.

En octubre del 2005, tomé una clase de agente de préstamos para ampliar mi conocimiento en el proceso de préstamos. Nuestro instructor invitó a un orador para enseñarnos a cómo manejar bien nuestras finanzas personales. Aunque la clase duró dos horas, esta tuvo un efecto dramático en mi vida. El instructor nos mostró en una hoja de cálculo cómo pagar todas nuestras deudas en un periodo específico de tiempo. El método requería disciplina financiera estricta y sacrificios. Al momento que él explicó su método, yo empecé a ver la posibilidad de pagar mis préstamos en un periodo significativamente más corto que el periodo de treinta-año que yo tenía. Para que yo pudiera lograr esto, necesitaba recortar mi gasto mensual significativamente. Mi único método para lograr esto era vivir en un lugar libre de cargo. ¡Esto me permitiría pagar mis préstamos en menos de tres años!

El único lugar en el que yo podía pensar dónde podría vivir sin pagar renta era la casa de mis padres. La idea de regresas no era fácil perdería mucha de mi independencia. Yo había cambiado mucho desde la última vez que viví allí en marzo del 2001. Estaba más desarrollada espiritualmente y más sana emocionalmente. Yo sabía que el regresar a la casa de mis padres no sólo me ayudaría con mis finanzas pero también me permitiría que disfrutara a mis padres a verlos envejecer. Las vidas de mis padres son regalos preciosos. Ellos han sido una parte esencial de mi jornada y yo le agradezco al Señor todos los días por sus vidas.

Durante ese mes, me pasé muchas horas en oración silenciosa todos los días. Mis días siempre empezaban con la Misa. Después del trabajo todas las noches iba a la capilla para pasar tiempo con Jesús. Me pasaba tres a cuatro horas en Adoración del Santísimo Sacramento. Para conocer de verdad la vida de alguien, tenemos que pasar tiempo hablando con ellos, tan frecuentemente como sea posible. Mi deseo en conocer a Jesús a un nivel más profundo crecía todos los días. Una noche mientras estaba en oración, le pregunté a Jesús por qué no hablaba conmigo tanto cómo yo hablaba con Él. Yo sabía que Él era real y estaba vivo, aunque yo no lo pudiera ver físicamente como Sus apóstoles lo veían, yo creía firmemente en la Presencia Real de Jesús en el Santísimo Sacramento.

Con la esperanza de no desviarme demasiado de mi historia, estoy convencida que Dios nos habla a *todos* nosotros si lo escuchamos en silencio. Esto es lo que la oración es. Es una conversación sincera, íntima con Dios. Nosotros hablamos, Él escucha. Él habla, nosotros escuchamos. Nuestros espíritus están conectados a Él siempre. Nosotros estamos acostumbrados a rodearnos de ruidos, televisiones, radios, CDs, DVDs e iPods. Nos hemos acostumbrado al ruido que, muchas veces, el silencio nos asusta; ya que puede obligarnos a ver dentro de nosotros. Debemos de estar en soledad para conectarnos con Dios. Él nos habla en silencio en nuestros corazones. Una persona muy querida me desafió una vez cuando yo le dije que el Señor le había hablado a mi corazón. Él me dijo estas palabras inolvidables: *"¿Quién piensas que eres tú para que Jesús te hable? ¿Piensas que tú eres la escogida? ¿Cómo sabes que es Jesús el que está hablando?"*

Francamente, tú también podrías tener pensamientos similares al estar leyendo estos párrafos. Si es así, puedo sentir empatía por ti. Durante muchos años en mi vida, yo también pensé que Dios sólo hablaba a personas escogidas, como profetas o líderes religiosos. Creí que Él no le hablaría a alguien como a mí. Desde que comencé mi jornada de sanación interior, mi pensamiento ha cambiado ya que el Señor ha estado sanando mi corazón y ha renovado mi mente. He empezado a creer en quién yo soy de verdad. ¡Yo soy una hija de Dios! Quizás no sea la escogida, sin embargo, no puedo pensar en una alegría más grande que la de ser Su hija. Eso también es gran noticia para ti.

¡Tú eres Su hijo(a) precioso(a) también!

Tú podrías estar preguntándote cómo sé que Jesús esta hablándome. Cuando Jesús habla, Su voz *siempre* trae mucha paz a mi corazón y amor. Él se oye muy tierno y manso. Entre más tiempo paso con Él sola en la oración, Su voz es más familiar. Esto es cierto en cualquier conversación que tengo con mis amigos. Entre más frecuentemente hablo con un amigo, es para mí más fácil reconocer su voz. Lo mismo es verdad con nuestro Señor. Su enemigo normalmente habla a nuestras mentes y no a nuestros corazones. Contrario a la voz del Señor, la voz del diablo es muy condenadora, engañosa y sin amor o humildad. Sus palabras son destructivas y a menudo llenas de odio. Aun cuando el diablo intentará enmascararse en la voz de Dios, él se descubrirá rápidamente ya que nosotros como hijos de Dios tenemos una relación íntima con Dios a través de la oración. El diablo no puede ser humilde o amado. Él está lleno de orgullo. Es difícil para él enmascararse mucho tiempo.

Permíteme proponer algunas preguntas muy simples: *¿Tú eres un padre o madre? ¿Tienes un niño? ¿Si es así, los amas? ¿Con qué frecuencia hablas*

178

con ellos? ¿Puede verte días, semanas o incluso años sin hablarles en la vida, sobre todo cuándo sabes que ellos están sufriendo o necesitan de ti?

Nuestra relación con Dios trabaja exactamente de la misma manera. La diferencia entre Dios y nuestros padres terrenales es que Dios es PERFECTO. Él es todo AMOR. Él no tiene un corazón herido lleno de creencias falsas y mentiras como nosotros. Él nunca podría herirnos o podría abandonarnos. Nuestra relación con nuestros propios padres no es perfecta. Probablemente, muchas de las heridas de nuestro corazón fueron el resultado de la dinámica de nuestra niñez, particularmente en nuestro ambiente familiar y nuestra relación con cada uno de nuestros padres. La mayor parte del tiempo, nosotros proyectamos hacia Dios muchas cosas que nosotros hemos experimentado con nuestros propios padres. Por ejemplo, si nosotros crecimos con un padre sin amor y sin misericordia, es más probable que proyectemos eso hacia Dios Padre Celestial. Si nuestro padre fue abusivo físicamente, emocionalmente o sexualmente o nos abandonó, es más probable que nosotros creamos que nuestro Padre Celestial es igual de abusivo y también nos abandonará. Normalmente esta conducta produce que guardemos mucho enojo y resentimiento hacia Dios.

Nuestros padres sólo pudieron "amarnos" de la manera mejor que ellos supieron como amar. Intentaron educarnos de la única manera que ellos sabían, basados en sus propias heridas y la formación que tuvieron. A pesar de esto, ellos se comunicaron regularmente con nosotros, a veces más de lo que deseábamos. Dios también intenta comunicarse con nosotros de múltiples maneras: directamente a nuestros corazones, a través de otros, a través de la naturaleza, a través de la música y canciones, a través de los eventos en

179

nuestras vidas e incluso a través del mundo material alrededor de nosotros. Creo que Su método favorito de comunicación es hablarnos directamente a través de nuestros corazones. Nosotros no podemos oírlo si nosotros no lo estamos escuchando.

En caso de que te estés preguntando, cuando uso la palabra "corazón," no estoy refiriéndome al órgano muscular en nuestro cuerpo que bombea sangre para mantenernos vivos. Me estoy refiriendo a la parte más profunda de nosotros, nuestra alma. Yo creo que nuestra alma es el corazón de nuestro espíritu. El propósito de nuestra alma es muy similar a nuestro corazón físico. Auxilia a mantener la vida vibrante dentro de nuestro espíritu. Es el lugar que contiene todo nuestros *verdaderos* e íntimos sentimientos, nuestros deseos y donde nosotros somos reales y auténticos. Nuestra alma también abarca nuestro libre albedrío y nuestra conciencia que nos guía para saber la diferencia entre lo bueno y lo malo.

Siempre que nosotros nos conectamos verdaderamente con nuestros corazones, nosotros debemos experimentar la presencia de Dios dentro de nosotros. Él nos habla directamente desde adentro, no del exterior. El problema se presenta cuando nosotros tenemos mucho miedo de conectarnos con nuestros corazones. Muchos creen que es demasiado doloroso *sentir*. Muchos han tenido experiencias dolorosas en la vida que este "sentimiento" se vuelve un evento desagradable. Estas personas aprenden a hacer todo lo posible por entorpecer el sentimiento o el dolor. El mundo secular nos ofrece alegremente suficientes formas de hacer esto, a automedicarnos para escapar nuestro dolor y matar nuestros sentimientos. ¿Pregúntale a cualquier alcohólico o drogadicto por qué abusa de su substancia adictiva de verdad?

Claro, muchos responderán inmediatamente *"porque me gusta. Me gusta cómo se siente. Me pone de buen humor."*

Me han dado esa respuesta muchas personas, incluso amigos cercanos. Después de que nos sentamos y tenemos una conversación íntima, honesta, la verdad casi siempre es la misma *"yo bebo porque es demasiado doloroso; hiere demasiado sentir el dolor. Necesito olvidar. El alcohol* (o podría ser drogas, comida, trabajo, apostar dinero, sexo o pornografía) *me ayuda a olvidarme."*

A través de mi experiencia en la vida, me he convencido que todas estas cosas que la sociedad categoriza como un problema (tales como drogadicción, alcoholismo, adicción al sexo, a la pornografía, la adicción a la comida, apostar, el trabajar con exceso) son meramente síntomas. Todo esto es sustituto para entorpecer nuestro dolor, olvidar, cambiar nuestros humores y evitar nuestros verdaderos sentimientos. La causa principal del dolor es el verdadero problema. Probablemente, la causa es algo que se originó en la infancia o las heridas de la niñez. Quizás nosotros nunca tuvimos un vínculo con nuestro padre o madre; como resultado, nosotros buscamos vincularnos a "alguien" o incluso a "algo" para reemplazar ese vacío o cubrir la vergüenza que resultó de esto. Quizás nuestro padre o madre nos dejaron cuando éramos niños. Como resultado, nosotros estamos llenos de vergüenza, creyendo que somos indignos, no amados, culpables, responsables, o que somos un error. La vergüenza tóxica es la raíz de la mayoría de las adicciones. En suma, nosotros podríamos haber experimentado un ambiente familiar lleno de violencia, física, emocional o abuso sexual.

El tener la habilidad de sentir *es* un regalo de Dios. Los *sentimientos* son verdaderamente una bendición. Cuando nosotros *sentimos*, nosotros conectamos nuestra alma, al corazón de nuestro espíritu. Es donde encontramos a Dios y nos conectamos con Él. Cuando evitamos ese *sentimiento*, nos desconectamos de la fuente que nos conecta a Dios. Ésa es la razón y precisamente el objetivo principal del diablo de desconectarnos de nuestros sentimientos y llenar todas nuestras mentes de mentiras. Las mentiras son tan comunes para nosotros que nosotros hemos dejado de ver lo falsas y descaradas que son. Yo demostraré esto. Permíteme saber si cualquiera de estas declaraciones te parece familiar:

"Es demasiado doloroso sentir. ¿Por qué quieres hacer esto?"

"Si sientes dolor, no podrás con él. Podría matarte."

"Es tu culpa desde el principio. No pienses acerca de eso; intenta no sentirlo."

"Olvídate de eso. Sal, emborráchate, fuma marihuana para relajarte, incluso una raya de cocaína. Te sentirás mucho mejor después de eso. ¡Yo lo prometo!"

"Esconde tus emociones con comida aunque ya hayas comido. No te preocupes; sólo te hará sentir bien. No estás solo. La comida es tu buena amiga."

"¿Estás loco? ¿Piensa que Dios te ayudará? ¿Dónde estaba Él cuándo estabas sufriendo? Él te ha abandonado totalmente. Simplemente olvídate de Él. No mereces Su amor. Salgamos a la parranda y se te olvidará todo."

"Dios nunca te perdonará por lo que has hecho. No importa cuánto dolor tenías cuando lo hiciste. No vales nada. Fue toda tu culpa. Simplemente ríndete. Bebe. Te sentirás mucho mejor después."

La lista puede seguir sin parar. ¿Te relacionaste con algo de esto? ¿Piensas que estoy fuera de la razón completamente? Respeto tu opinión. Es un producto de la experiencia de tu propia vida. Tú puedes estar en desacuerdo conmigo. Yo sólo estoy hablando de mi experiencia.

Dios habla con todos nosotros si nos conectamos con Él con nuestros corazones y nos limpia a través de Su amor sanador. Entre mas limpio el corazón, mejor nuestra recepción con Dios. Dos de los bloques más grandes que nos impiden oír a Dios son el enojo y falta de perdón. ¡Nos aferramos a menudo a estos porque tenemos demasiado miedo de dejarlos ir! De nuevo, creemos todas las mentiras diferentes que los demonios gustosamente inyectan en nosotros, tales como: *Si yo perdono o permito dejar mi enojo, entonces no se hará justicia; podría herirme de nuevo; si me aferro a no perdonar y me encolerizo, entonces puedo castigar a la persona que me hirió.*

Como he mencionado en uno de los capítulos anteriores, el no perdonar y el enojo sólo *nos* hieren. Nos envenenamos cuando los guardamos dentro de nosotros. Son muy tóxicos para nuestras almas. Nos mantienen en la esclavitud, pegados al enemigo, el diablo, y desconectados del amor de Dios que está intentando localizarnos. Recomiendo que te libres de estas emociones negativas de la manera más segura que tú sepas. Normalmente yo le pido a Dios que me dé la gracia a mí, que necesito para perdonar. Muchas veces es difícil perdonar porque el dolor es demasiado grande. Dios tiene gracia ilimitada para darnos. Por favor pídele. Te prometo que Él te dará lo que tú necesitas. ¡Él te ama! Sé que es difícil confiar, especialmente después de haber sido herido. Como los niños pequeños o niños más grandes, "la confianza" es lo primero que perdemos cuando somos heridos por alguien que se supone que nos ama y protege. Tienes que permitirle a Dios que entre en tu corazón para que te ayude a sanar todo el dolor. Dale tu enojo a Él. Él te lo quitará alegremente. Él no puede entrar en tu corazón si cierras la puerta con llave. Él sólo toca la puerta suavemente. Por favor ábrele la puerta. Yo se la abrí. Él ha sanado muchas cosas dentro de mí. Él sigue limpiando mi corazón diariamente. Es un proceso perpetuo, día a día. El proceso es parte de nuestra jornada y por eso a veces se toma mucho tiempo sanar. Con frecuencia, las lecciones son aprendidas *a través* del proceso de sanación, no después.

Regresando a mi historia, yo había estado pasando, todos los días, varias horas a solas con nuestro Señor. Le pregunté por qué estaba callado la mayor parte del tiempo. Yo sabía que yo era bastante habladora. Él parecía que estaba demasiado callado. De repente, oí suavemente una voz interna en mi alma repetidamente: "*Estate quieta.*"

Me tomó cerca de treinta minutos para cerrar mi cerebro y completamente enfocarme en mi corazón y mi alma interna. Cuando todo se sentía sumamente callado dentro de mí, empecé a oírle hablarme, claramente. Su voz parecía mi propia voz interna. Yo sabía que la voz no era mi propia voz. Los pensamientos que Él compartió conmigo eran demasiado sabios para venir de mí. Jesús me reveló muchas cosas acerca de mi vida. Una cosa que Él le dio énfasis fue la importancia de ser paciente en la vida. Paciencia era un ingrediente crucial de fe, confianza y rendición. Era crucial para mí aprender a ser paciente, si yo iba ir al próximo nivel espiritual. Jesús enfatizó que Él nunca me había abandonado. Él estaba más que nunca unido a mí en la vida, sobre todo a través de mi sufrimiento y dificultades. Él agradecía mi perseverancia. Él me agradeció que hubiera confiado en Su amor lo suficiente para haber ido a Él con mi enojo y desesperación.

Él me mostró cómo Él siempre me había enviado ayuda cuando yo la necesité. Cada persona que caminó por mi vida tocó una parte de Su plan para mi ser. Cada situación que yo soporté contribuyo a mi propio crecimiento espiritual y beneficio. Él me pidió que me enfocara en la lección que debía ser aprendida en lugar de enfocarme en el aspecto negativo de la situación. Con cada situación en la vida, yo necesitaba hacer una pregunta simple: *¿Qué es lo que debo aprender de esto?* Incluso cuando me pasaron cosas terribles, qué no eran parte de Su plan para mí, Jesús me pidió que se las rindiera a Él. Jesús me explicó que hay cosas terribles que pasan en la vida y que Él no las detendría, no porque Él no tuviera poder, sino porque Él dio a todos los seres humanos "el libre albedrío" qué Él no violaría. Él me recordó las palabras de San Pablo: *"Nosotros sabemos que todas las cosas trabajan para bien para aquéllos que aman a Dios que son llamados según su propósito."*[33] Incluso cuando nos pasan cosas malas debido al abuso del libre albedrío de otra persona, Dios siempre puede sacar bondad de una situación, si nosotros se la damos a Él. Sus palabras llenaron mi corazón de Su paz. Me sentí en paz con mi decisión de regresar a la casa de mis padres. No importaba que tan difícil la situación fuera, necesitaba recordar que allí había una lección para aprender.

---

[33] Romanos 8:28

El Señor me enseñó otra lección poderosa varios días después. Yo estaba en la capilla alrededor de las 9 p.m. Todas las otras personas se fueron cerca de las 9:15 p.m. Yo estaba planeando quedarme a orar allí hasta medianoche. Empecé a orar la oración del rosario. Alrededor de las 9:30 p.m. Oí sonar las sirenas de la ambulancia afuera de la capilla. Al principio, no me interesó pero los ruidos de la sirena aumentaron y las acompañó el sonido de uno o dos helicópteros que rodean el área. La capilla en la que yo estaba orando se encontraba en el área normalmente conocida como la parte "fea" de Sacramento. Cuando oí las sirenas, me asusté. Los sonidos parecían demasiado cercanos. Dejé de orar. Quise ir afuera a ver lo que estaba pasando. Al momento que estaba a punto de levantarme para ir afuera, Oí la voz del Señor que me dijo suavemente: *"¿Samia, por qué estás asustada? ¿No estás aquí conmigo? Yo te protegeré. Estate en paz y continúa tus oraciones."* Yo miré fijamente al Santísimo Sacramento que estaba expuesto enfrente de mí. Sabía que era Jesús, pero, en ese momento, mi fe se agitó. ¡Necesitaba ver a Jesús en carne y hueso! Me deslicé de la butaca, mientras me excusaba de nuestro Señor, para ver que estaba pasando afuera. Abrí la puerta y vi la calle llena de carros de policías. Quizás ocho a diez automóviles. Volteé hacia el cielo y vi dos helicópteros que rodeaban el área. Volteé a ver el estacionamiento grande de la iglesia y vi mi automóvil pequeño en la soledad completa. Nadie estaba en el área de la capilla excepto yo. Cerré inmediatamente con llave la puerta de la capilla. Una vez más, Oí la voz del Señor que me preguntaba: *"¿Samia, qué temes? ¿Por qué dudas? Estás conmigo, tu Dios. Yo soy Omnipotente. Ten confianza y continúa tus oraciones. Yo te prometo que todo estará bien cuando necesites salir a la medianoche."*

Sé que esto puede ser difícil que tú lo creas. Yo *todavía* tenía miedo, a pesar de lo que el Señor me estaba diciendo. Yo estoy asombrada de lo débil que es a veces mi naturaleza humana. Tomé mi teléfono celular para llamar a mi amiga Wendy. Yo quería que prendiera su televisión o radio para ver si había noticias de lo que estaba pasando fuera de la capilla. Sabía que tenía que ser algo serio. Tenía miedo de que el sospechoso pudiera intentar entrar en la capilla o incluso en mi automóvil para esconderse. No pude localizar a Wendy. Finalmente, Me arrodillé en oración e intenté reenfocarme. Le pedí perdón al Señor por mi fe débil. Intenté orar en medio de todas las sirenas afuera. El ruido era constante duró aproximadamente dos horas y quince minutos, hasta las 11:45 p.m. Para entonces, yo había bloqueado el ruido y había entrado en oración profunda. Cuando miré mi reloj, oí que había completo silencio afuera. Yo estaba escéptica. Me deslicé una vez más me levanté de la butaca para ver lo que estaba pasando afuera. Y descubrí que la calle estaba completamente vacía, no había ninguna ambulancia, ningún ruido y ningún helicóptero en el cielo - sólo mi automóvil. Regresé a la capilla en lágrimas. Sabía que el Señor estaba a punto de enseñarme algo poderoso. Me senté en silencio y esperé. Jesús dijo las siguientes palabras a mi corazón:

"Mi hija, esto es para enseñarte que no importa cuántas sirenas estén pasando, ya sea en tu propia vida personal, o en el mundo físico alrededor de ti; ¡simplemente mantén tus ojos fijos en Mí! No temas nada. Siempre enfoca tus ojos en Mí. Yo te protegeré de todas las situaciones y te proporcionaré con toda la protección necesaria que necesites."

Dejé la capilla, después de haber aprendido una lección invalorable que no olvidaré nunca. Me pregunto a menudo si la situación afuera de la capilla fue real. Sabía lo que vi y oí. Una cosa que puedo decirte, es que yo he experimentado algunas "sirenas" en mi vida personal desde entonces. ¡Yo he sabido qué hacer exactamente y esto funcionó!

Hablé con mis padres esa semana acerca de mudarme con ellos. Ellos estaban muy contentos con mi plan especialmente desde que mi hermana Sophie se había ido a la universidad un mes antes. Ellos ya estaban experimentando el vacío de su salida. Notifiqué a mi gerente del apartamento y empaqué todo en mi apartamento para el almacenamiento. El 25 de noviembre del 2005, me cambié a la casa de mis padres. A partir de agosto del 2007, seguía viviendo allí todavía, esperando el próximo paso del Señor para mí.

Durante los primeros meses, pude pagar totalmente mi automóvil del dinero de la renta que yo estaba ahorrando. También pagué los préstamos de estudiante menores. Sólo tenía que pagar $80,000. Desde ese punto de vista, las cosas parecían muy positivas para mí.

No obstante, la situación en mi empleo estaba poniéndose peor. En diciembre, estaba esperando que me pagaran un bono anual que me habían acostumbrado y lo esperaba ansiosamente para recibirlo. Aunque era una cantidad pequeña, yo contaba con recibirla para ayudarme a hacer un pago del préstamo más grande en diciembre. Para mi mayor sorpresa, mi supervisor no me dio el bono ese año. Averigüé que los otros supervisores recibieron los suyos. Cuando negocié mi sueldo con mi supervisor en 2004, él me prometió el cheque de bono anual como parte de mi compensación anual. Yo estaba tan afligida y herida que lloré durante una hora.

Yo no podría explicar lo que mi supervisor personalmente tenía contra mí. Yo sentía como que si él me hubiera tratado como alguien menos valioso que los otros empleados. Siempre aventajaba en mi trabajo para hacer las cosas. Mis responsabilidades habían aumentado significativamente durante los ocho años. Yo estaba haciendo tres trabajos diferentes en la compañía. Además de mi título oficial, llegué a ser la funcionaria de la corporación de dos distintos y separados requerimientos regulatorios gubernamentales de conformidad. Nunca me quejé de la cantidad de trabajo en mi departamento o de que yo no tenía el apoyo de oficina. Mi trabajo era muy delicado; con un pequeño detalle regulador le hubiera podido costar a la corporación miles de dólares en multas estatales. De hecho, nunca hubo ninguna queja en contra mía de alguien que haya trabajado conmigo. Yo era muy querida por todos en la compañía y por nuestros socios comerciales.

Llegué al punto, que empecé a resentirme conmigo misma por no tener el valor para renunciar. ¿Qué era lo que *me* pasaba? ¿Por qué aceptaba esa situación en lugar de alejarme? La opción era completamente mía. Yo no podía culpar a mi supervisor de mi propia decisión. En general, mi supervisor era un hombre humilde y muy bueno. Lo consideraba como un buen amigo con quien yo compartía risas y buenas discusiones. En lo personal no tenía nada contra él. Después de todo, él también era un hijo precioso de Dios, mi hermano espiritual. Él era generoso con la mayoría de los empleados. Yo era la única que parecía que él trataba diferentemente, por una razón desconocida para mí. Me preguntaba con frecuencia si él tenía algo personal en contra de los abogados.

Oré mucho a nuestro Señor acerca de mi situación de trabajo. El Señor me dijo claramente en mi corazón que yo necesitaba renunciar. Claro, que yo estaba buscando una respuesta más fácil de parte del Señor. ¿No sabía Él que lo primero que yo necesitaba era otra fuente de ingreso? Le pedí al Señor que me ayudara a encontrar otro empleo. Yo no tenía el valor o la fe firme para renunciar sin tener otros ingresos estables. El rápido decline del mercado de bienes raíces estaba basado en comisión, sin ningún beneficio de salud. Yo no podría confiar sólo en eso.

En febrero del 2006, un gerente de tiempo completo cuyas responsabilidades afectaban los contratos de los cuales yo estaba encargada, renunció. Yo estaba muy triste de que se fuera ya que él era un empleado excelente que trabajaba con mucha diligencia y corazón. Nadie fue contratado para reemplazarlo, pero un día fui llamada a la oficina de mi supervisor. Él me dijo que asumiera los deberes de este gerente temporalmente. Quise gritar cuando escuché eso. Como tú recuerdas, previamente yo había estado *temporalmente* supervisando dos departamentos por cerca de nueve meses, trabajando horas muy insensatas. No estaba dispuesta a pasar por lo mismo de nuevo, sobre todo cuando sentía que mi supervisor no parecía apreciar la dedicación a mi trabajo. Le dije a mi supervisor que ya estaba demasiado ocupada, ya que este departamento era muy diferente al mío requería a una persona de tiempo completo que lo supervisara. Mi supervisor respondió que sólo habría muy poco trabajo en el otro departamento y ocuparía sólo un par de horas de mi día. Me asusté por su contestación. Sabía que lo dicho por mi supervisor no era la verdad. La posición requería mucho trabajo, la supervisión de empleados, viajes extensos y organización. Yo sabía que no era una posición de medio tiempo.

Esperé mi grupo de terapia ansiosamente en abril. Una vez que puse en palabras mi condición, empecé a conectar todos los sentimientos que se quemaban dentro de mi corazón. Todo el enojo sepultado apareció de repente. Nunca imaginé que pudiera esconder tanto enojo dentro de mí. Estaba envenenándome en secreto. Después de procesar mi enojo, entre en contacto con toda la injusticia que yo sentía dentro de mí. Me sentía avergonzada de mí por haber dejado ser abusada tanto tiempo. Me sentía también avergonzada que no valorara o me amara lo suficiente para salirme de la situación. Me sentía avergonzada de todos los miedos que yo tenía. Los miembros del grupo apoyaron mi deseo de que hablara directamente con mi supervisor o que renunciara. Era claro para todos cuánta injusticia y falta de apreciación había soportado en mi trabajo. Dependía de mí que me defendiera por mi misma.

Durante la semana siguiente, intenté contactar a mi supervisor en un par de ocasiones con respecto a mis tareas agobiadoras. El departamento de trabajo que yo asumí me exigió que viajara para dar entrenamiento en una ciudad distante los miércoles. También necesitaba terminar el trabajo de la propuesta que se vencía el jueves. No podría estar físicamente en dos lugares al mismo tiempo. Trabajaba todas las noches después de la medianoche. Nunca recibí una contestación de mi supervisor que me dijera cómo dar prioridad a mis tareas. Me sentía sin apoyo y no respetada. Después de varias noches de desvelarme, completé la propuesta y la sometí en fecha límite.

En ese viernes, llamé para decir que estaba enferma. Estaba agotada y devastada mentalmente y emocionalmente. Por casualidad era "Viernes Santo." Éste era el día en que los cristianos conmemoraban la crucifixión del Señor Jesús. Fui a la iglesia en la tarde para orar. En ese día específico, me conecté sinceramente con la pasión y sufrimiento de Jesús en mí. Así como Él se crucificó por nosotros, yo me sentía como si yo estuviera crucificándome con Él. Yo lloré por Su sufrimiento y el mío.

Me quedé orando en la iglesia durante muchas horas. Le pedí al Señor que me hablara acerca de lo que yo necesitaba hacer. Él me habló muy claramente a mi corazón ese día. Él comparó mi situación de trabajo al de las de las víctimas de violencia doméstica. Las víctimas se quedaban año tras año en la relación con la esperanza de que la relación mejorara. Las víctimas se consumían con miedos de lo desconocido. Ellas aceptaban la situación abusiva ya que les parecía familiar. Tenían demasiado miedo de alejarse. Tenían miedo de que no pudieran encontrar a otro esposo para reemplazar al abusivo. Ellas tenían demasiado miedo de permanecer solas o de no tener sus necesidades diarias. Finalmente, ellas decidieron quedarse hasta que otro compañero viniera a salvarlas de su miseria.

El Señor me mostró que yo estaba haciendo exactamente lo mismo. Trabajé en esta compañía por un total de ocho años. Desde el principio, yo sabía que yo era mal-pagada, pero me quedé en mi trabajo, esperando que el valor de mi trabajo arduo fuera reconocido en el futuro por mi patrón y me compensara apropiadamente. Estaba llena de miedos. No podía aventurarme fuera de mi ambiente seguro al cual yo estaba acostumbrada al trabajo que yo hacía. Tenía demasiado miedo de renunciar. ¿Qué pasaría si yo no encontrara otro empleo rápidamente? ¿Qué pasaría si yo permaneciera desempleada? ¿Qué pasaría si yo no pudiera pagar todas mis cuentas mensuales? Me tuve que quedar ahí esperando encontrar otra situación en la que me llevara a renunciar.

El Señor también me mostró que antes de que yo pudiera representar a otra persona eficientemente como abogada, primero tenía que ser capaz de representarme a mí misma. Yo necesitaba, amarme y valorarme primero antes de que yo pudiera amar otros auténticamente. Él me pidió que me rindiera completamente a Él en confianza total. Él me recordó del niño que yo había visto año atrás dormido en los brazos de su madre en el avión. Nada lo perturbó no importaba que tan brusco fuera el vuelo. Él estaba pidiéndome que hiciera la misma cosa. Él me dijo que Él mantendría mis necesidades diarias. Yo era Su hija preciosa. Él nunca me abandonaría. Él me conocía mejor de lo que yo podía conocerme en la vida. Él estaba pidiéndome que tomara el salto más grande de fe en mi vida a lo desconocido. Él me recordó Sus palabras hacia nosotros cuando Él declaró: "...*Por lo tanto pongan toda su atención en el reino de (Dios) y en hacer lo que Dios exige y recibirán también todas estas cosa. No se preocupen por el día de mañana porque mañana habrá tiempo para preocuparse. Cada día tiene bastante con sus propios problemas.*"[34]

Durante los próximos dos días, ayuné y permanecí en oración. Quería asegurarme que la decisión que yo hiciera estaba en unión total con la voluntad de Dios para mi vida. El domingo fue día de Pascua. Sentía tanta paz

---

[34] Mateo 6:33-34

en mi corazón cuando celebré la resurrección de nuestro Señor y Su victoria sobre de la muerte.

Me senté a escribir una carta de renuncia de cuatro-páginas. La escribí de principio a fin sin parar. Yo sentía que el Espíritu Santo inspiraba cada palabra que yo escribía, cada hecho que yo listaba. Escribí en esta carta todo lo que yo quería que mi supervisor supiera, todo lo que yo deseé decirle en persona. Yo estaba renunciando sin notificar a la compañía. Ésta no era una cosa que yo hubiera hecho bajo circunstancias normales. Siempre pensé que yo notificaría por lo menos con un mes de anticipación antes de hacer cualquier tipo de renuncia. Me sentía no respetada y devaluada; renunciar sin avisar era la única opción que yo tenía. Sabía sin duda alguna que estaba haciendo lo correcto por mi dignidad y por mí misma.

Lunes, 17 de abril del 2006, se volvió *mi* día de resurrección. Llegué temprano al trabajo por la mañana. Lloré dolorosamente mientras en silencio recogía todas mis cosas personales en mi oficina. Aunque sabía que había hecho la decisión correcta, una tristeza y un pesar rasgaron como dagas mi corazón. Yo estaba dejando una familia entera; realmente amaba a *todos* con quienes había trabajado. Por más de ocho años, habíamos reído y llorado juntos; habíamos celebrado juntos muchas ocasiones felices. Yo planeé alejarme en silencio sin despedirme de nadie. Era *sumamente* doloroso para mí hacer eso. Tenía miedo de decirle a alguien que yo estaba renunciando, pudiera haber ocurrido un caos en el trabajo. Pensé que la mejor decisión era someter mi carta de renuncia calladamente, devolver mis llaves, y alejarme silenciosamente, dejando a todos trabajar normalmente. Mientras que me alejaba en mi automóvil del edificio, supe ese día que mi vida nunca sería la misma.

Esta fue la primera vez en mi vida que yo me había valido por mi misma aunque las consecuencias parecían ser horribles y sumamente dolorosas. Era la primera vez que tenía el valor para defenderme.

¡Éste fue el primer día en mi vida que verdaderamente empecé a amarme!

Capítulo Catorce

Los méritos de las dificultades de mi vida

"Pero al tener a Cristo consideré todas mis ventajas como cosas negativas. Más aún, todo lo considero al presente como peso muerto, en comparación con eso tan extraordinario que es conocer a Cristo Jesús, mi Señor. A causa de él ya nada tiene valor para mí, y todo lo considero como pelusas mientras trato de ganar a Cristo."

Filipenses 3:7-8

Tenía treinta y seis años y estaba viviendo en la casa de mis padres; estaba desempleada, y sin dinero. ¡Irónicamente, me sentía liberada y en paz! Experimenté por primera vez la libertad completa en mi vida. El Señor me había despojado de todo lo material con que previamente había contado. Este fue un proceso humilde pero *doloroso* para enseñarme la separación de mis seguridades materiales.

En primer lugar, el Señor me quitó mi libertad personal y mi privacidad. Hizo esto cuando me inspiró a salirme de mi apartamento para mudarme a la casa de mis padres para que pudiera pagar mis préstamos estudiantiles más rápido.

196

En segundo lugar, el Señor me separó de mi independencia financiera. Permitió que las circunstancias en mi trabajo fueran sumamente intolerables que no tuve otra alternativa más que renunciar. No tenía ninguna otra fuente de ingresos estable. Tuve que confiar en Él para cumplir mis necesidades diarias.

En tercer lugar, el Señor dispuso de mi dependencia y mi reputación. Yo tenía una posición prestigiosa en la corporación. Les caía muy bien a todos con los que trabajaba. Me sentía muy bien; era querida y estimada por los que estaban a mi alrededor. El Señor me mostró que necesitaba separarme para no buscar la afirmación o aprobación de todo mundo. Esto siempre me defraudaría ya que esto es imperfecto y muchas veces sólo busca el egoísmo. Él deseaba que yo siempre buscara Su amor y consuelo ya que Él nunca me defraudaría o me abandonaría.

Finalmente, el Señor me despojó de mi "ego." Me separó de la seducción mundana que me ataba al título de "abogada." Según varias firmas de abogados a las que apliqué para trabajar, me dijeron que no estaba calificada para nada. Desde el punto de vista de las firmas de abogados yo había pasado ocho años trabajando para una corporación en lugar de trabajar en firmas de abogados. Necesitaba volver a empezar desde el principio, al mismo nivel de un abogado de primer-año. Yo había trabajado en una corporación ocho años y no contaba con una posición tradicional "de abogada." No había absolutamente ningún valor en mi experiencia de trabajo o mis habilidades. Un reclutador legal me aconsejó que limitara mi búsqueda de empleo a las corporaciones. De hecho seguí su consejo pero no tuvo ningún efecto.

A pesar de todas mis pérdidas externas, sentía mucha libertad interna y paz. ¡No tenía nada de que preocuparme! Había olvidado como se sentía eso. Los únicos pagos que tenía que hacer eran mis préstamos estudiantiles. Aunque no pagara mis cuentas, los prestamistas no podrían meterme a la cárcel. Yo podría diferir la mayoría de mis cuentas siempre y cuando no tuviera ningún ingreso. Mi crédito ya estaba arruinado por mi bancarrota; no tenía que preocuparme por mi puntaje de crédito *FICO*. Cuando una persona ha caído en lo más bajo de su vida, es sumamente liberador. Un sacerdote muy sabio me dijo una vez durante la confesión: *"¡Recuerda siempre esto: cuando no tengas nada y estés mal en todo, Dios esta por hacer algo!"* ¡Dios bendiga a este sacerdote! Él tenía razón.

Gracias a Dios, yo tenía mi licencia de bienes raíces para sostenerme y salir adelante. ¡La industria del bienes raíces no me discriminó y me dio la bienvenida calurosamente! Aquí viene la parte irónica. Con cada transacción de bienes raíces que yo cerraba, yo llevaba más dinero a casa de lo que yo ganaba en un mes en la corporación. Trabajaba menos horas, era la jefa, tenía más ingreso y trabajaba con clientes que de verdad apreciaban mi ayuda. Cada cliente que representaba lo sentía como parte de mi familia. Un cliente bromeando ofreció alquilarme una de las alcobas en la nueva casa de su familia después de que nosotros cerramos la transacción de la compra. El Señor me traía transacciones una por una en el momento que yo las necesitaba. Durante los periodos que no tenía ninguna transacción, Él me traía trabajo legal que yo hacía a base de contrato. Había unos casos cuando mi educación legal me trajo premios financieros. El Señor siempre me proporcionó el dinero suficiente para pagar mis facturas, nada extra, sólo la cantidad correcta. Él me estaba enseñando lo que quería decir literalmente cuando nos enseñó la Oración del Padre Nuestro "danos *hoy* nuestro pan de cada día." Él me estaba enseñando a depender *diariamente* de Él para cada necesidad que yo tenía. Yo no tenía que preocuparme del mañana. Ésa era Su preocupación de Él, no la mía.

El Señor me ayudó a que yo viera mi situación completamente diferente a través de la oración. Mi mente era atacada constantemente con pensamientos negativos de mí. Ahora yo sé que estos pensamientos no venían de mi mente sino que de los espíritus demoníacos a mí alrededor, estos pensamientos se oían exactamente como que si fueran mi mente o mis pensamientos. La voz me torturada repetidamente con cosas como lo siguiente: *tú eres un fracaso total. Tú eres un error en la vida. Tú has fallado en todos los aspectos posibles. Tú no mereces vivir. Por qué simplemente no acabas con todo, simplemente quítate la vida, será más fácil para ti. No tienes ningún propósito en este mundo. ¿Qué no puedes ver esto?*

Mi amado Señor Jesús perseveró hablando Su verdad a mi corazón, liberándome de la esclavitud del enemigo y sus mentiras. Le pregunté una vez al Señor que por qué me había permitido trabajar en mi empleo anterior. Yo sentía que yo había arruinado mi vida trabajando allí. Él me respondió suavemente que yo no arruiné mi vida trabajando en esa compañía. Él me recordó la razón principal por la cual me hice una abogada. Lo hice porque yo quería *ayudar* a las personas. Él me recordó a todas las personas que yo había ayudado allí. Estas personas venían a mí con muchas necesidades personales. Él me mostró cómo las vidas de muchas personas cambiaron consideradamente debido a mi ayuda y amor. Como resultado de esto, algunas de estas personas pudieron ser Sus instrumentos para ayudar a centenares de personas más. Había un efecto positivo en todo lo que yo hacía. Él me pidió que dejara de juzgar mi vida o mi éxito en la vida a través de los ojos mundanos. No todo lo que nosotros hacemos en la vida tiene una compensación monetaria. Él nos premiará en el cielo de muchas cosas que nadie nota o premia aquí en la tierra. Él también me dijo que mi titulo de abogada no era una pérdida de tiempo. Había un propósito para él en mi vida, ya que este me dio credibilidad cuando hablaba o predicaba. El Señor estaba usándolo para *Su* propósito y a *Su* propia manera. Yo estaba usando mi título de derecho en una manera *espiritual*. Todas las dificultades tuvieron su propósito para mi crecimiento espiritual y sobre todo me llevaron más cerca de Su corazón, a una unión plena con Él. Necesito a Dios todos los días, cada minuto y cada segundo. Él *es* mi vida. Quizás si yo hubiera obtenido una posición en una empresa de abogados, ganando un sueldo lucrativo, no hubiera tenido tiempo para permitirle al Señor que sanara mi corazón o que me permitiera ayudar a otros. Frecuentemente en la vida, nos dejamos atraer por el dinero y prestigio, muchas veces vendemos nuestras almas y comprometemos nuestra paz interna. Fue a través de mi propia jornada interior de sanación que yo aprendí a perdonar a las personas que me habían herido y, más importante aun, a perdonarme a mi misma. Aprendí a tener una compasión tremenda por mí, yo era mi peor crítico. Como resultado, pude tener compasión real y amor por otros. El mundo secular podría haberme tentado con sus recompensas materiales, si yo hubiera estado espiritualmente débil. Dios *siempre* sabe lo que es bueno para mí.

Claro, a través de los ojos del mundo, yo parecía ser un fracaso total, una *fracasada*. Aunque yo tenía treinta y seis años, yo no tenía nada material que atara a mi nombre, excepto por los préstamos grandes estudiantiles y un automóvil nuevo que se descomponía cada mes. ¡No tenía marido, niños, casa, animal doméstico, carro deportivo, o barco pero tampoco tenía migrañas! Yo estaba en paz y libre de tensión. Admiro la sabiduría de la Madre Teresa de Calcuta - monja católica conocida por muchos de nosotros – quién a menudo enseñaba: *"Dios no pretende de mí que tenga el éxito. Sólo me exige que le sea fiel."*[35]

Tristemente, nosotros vivimos en un mundo superficial que valora a los humanos por sus ataduras externas y materiales. ¿Qué tipo de automóvil uno maneja? ¿Qué tan grande es la casa de uno? ¿Cuáles son las marcas de ropa que uno usa para vestirse? ¿De cuántos quilates es el diamante que dio el novio a su novia? Lo último es algo que realmente no comprendo como mujer. Quizás soy simplemente una mujer rara. Muchas mujeres, alrededor del mundo, parecen definir *su* propio valor – o el valor de su relación con sus futuros maridos - por el peso del diamante en su dedo, en lugar de la *sagrada unión* de sus dos almas iguales. Entre más grande el tamaño de diamante, más valorada o "amada" ella se percibe ser. Si el diamante es demasiado pequeño, ella se pregunta lo que sus amigos en la sociedad podrían pensar de ella o de su futuro esposo. ¡Cuando vamos a despertar y aprender que el verdadero diamante el que no tiene precio *no* es el que se pone en el dedo, sino que es *la persona* a quien le pertenece el dedo!

---

[35] Gonzalez-Balado, Jose Luis. *Mother Teresa in My Own Words*. Gramercy Books, 1996, 40.

Sin tener en cuenta tu género, *tú* eres aquel diamante único con el corte y tamaño perfecto. Nosotros no necesitamos nada fuera de nosotros para definir nuestro valor. Nuestro valor es completamente invalorable. Nosotros nacimos y crecimos con este valor. Está dentro de cada uno de nosotros. Nosotros no necesitamos hacer algo para ganarlo o demostrarlo. ¿Sabes en realidad quién *eres* de verdad?

¡Tú eres un(a) hijo(a) precioso(a) de Dios!

Sin tener en cuenta religión o credo, nosotros valemos la pena. Cada gota de la sangre de Jesús fue derramada individualmente por cada uno de nosotros porque Él lo consideró importante. Él murió de igual manera por cada uno, estemos conscientes de esto o no en la tierra, o sólo lo comprenderemos después en el cielo.

De regreso a mi historia, exactamente un mes después de mi renuncia, desarrollé un deseo profundo de repente en mi corazón de escribir un libro. Al principio, yo pensé que escribiría sobre toda *la violación* (abuso sexual, acoso sexual e incesto) de infantes y niños que ocurre en este mundo. Como puedes recordar, yo había estado orando privadamente con muchas personas por su sanación interior. Yo también era frecuentemente invitada para hablar en muchas conferencias y grupos de oración. Aparte de compartir mi experiencia en Medjugorje, yo fui invitada a predicar acerca del amor de Dios, misericordia y poder sanador. Después de mis charlas, muchas personas siempre se acercaban a mí para discutir su vida privadamente. Ellos confiaban en mí porque sentían el amor de Dios a través de mí cuando yo hablaba. La mayoría de las personas, sin tener en cuenta su género, edad, o nacionalidad, compartieron el mismo trauma de niñez repetidamente conmigo. La mayoría de estos hombres y mujeres habían sido violados como niños o infantes. Los números excedían más de lo que las personas pudieran imaginar. Era el crimen principal y más horrendo que la mayoría de las personas estaban muy avergonzadas de discutir o revelar esto públicamente. Las víctimas inocentes estaban consumidas de vergüenza, culpa, reproche así-mismos y muchas mentiras acerca de ellos, sobre todo con respecto a su sexualidad. Estos crímenes atroces ocurrían y se repetían en silencio. Yo admiro enormemente a figuras públicas de televisión que abiertamente revelan su abuso sexual. Por fin, alguien tiene el valor de romper el silencio tóxico y soltar sus sentimientos letales de vergüenza. No podemos tratar el problema si nosotros no queremos reconocerlo y lo ignoramos. Debemos atacarlo de frente.

Recibí la primera confirmación de mi libro el 16 junio del 2006. Salí almorzar con una amiga muy querida, Kristin. Me gustaba pasar tiempo con ella ya que sentía su conexión a Dios. Yo percibí eso de ella el primer día que nos conocimos. Ella tenía una presencia bonita que reconocí inmediatamente. El amor de Dios emanaba claramente a través del alma de Kristin y de su cuerpo. A pesar de las diferencias en nuestra formación y creencias, nos conectamos en un nivel espiritual muy profundo. Kristin fue criada Mormona que es la Iglesia de Jesús Cristo de los Santos de los Últimos Días. Disfrutamos cuando discutimos nuestras numerosas experiencias espirituales en la vida.

De algún modo ese día, el asunto de Medjugorje surgió cuando yo estaba hablando de la primera vez que experimenté el amor de Dios en mi corazón. Kristin no estaba familiarizada con mi fe católica, por lo que yo intenté explicarle con mayor profundidad lo que estaba sucediendo en Medjugorje cuando estuve allí. De repente, Kristin se volvió a mí y dijo estas palabras memorables: *"Samia, tu tienes que escribir un libro sobre tu vida. No puede ser simplemente para católicos. ¡Tiene que ser para todo el mundo!"*

Yo sentía que el Señor me habló directamente a través de Kristin aquel día. Ella no tenía ninguna idea de que yo había sido guiada por Dios para escribir un libro. Kristin insistió que mi libro tendría que ser sobre mi vida y no el asunto de abuso sexual. Ella sentía que yo tenía una historia que necesitaba ser compartida con el mundo. Yo le agradecí a Kristin sus palabras alentadoras y apoyo. Le dije que yo estaría orando acerca de nuestra discusión.

Cuando llegué a la iglesia esa misma tarde para asistir a la Misa diaria y orar, vi a una de mis amigas más estimadas, Ana. En muchas formas, Ana era muy similar a Kristin. Su cara jubilosa bonita siempre radiaba el amor de Dios. Yo no podía hacer menos que sonreír siempre que estaba en su presencia. Su alegría era contagiosa. ¡Si tú te la encontraras en la vida, también estarías de acuerdo conmigo! Ana era una de las coordinadoras del grupo de oración PAHIES y yo normalmente la veía en la Misa diaria. Compartí con Ana lo que había ocurrido con Kristin. Inmediatamente, Ana me confirmó que Kristin tenía razón. Ana creyó que lo que me dijo Kristin fue una señal clara de Dios, especialmente porque Kristin no era católica. Ana creyó que el hecho de que yo no estuviera empleada en una posición de tiempo completo me permitiría escribir un libro.

Pasaron dos días desde mi reunión con Kristin y Ana. Yo estaba alistándome para ir a la Misa el Día del Padre. Yo estaba orando a nuestro Señor para que me guiara acerca del libro. De repente, cuando yo me vi en mi espejo, el título del libro se reflejó ante mis ojos: *"El Puente entre el Este y el Oeste."* Sabía que estas palabras no estaban viniendo de mi mente. Supe inmediatamente en mi corazón que yo tenía que escribir un libro acerca de mi vida. El puente representaba mi vida cuando viajé de Jordania en el Este, a los Estados Unidos en el Oeste. Mi vida entera había sido una jornada dirigida a descubrir a Dios, incluso cuando no estaba consciente de esto. Yo tenía tantas cosas tan asombrosas que me habían pasado a lo largo de mi vida. Mi jornada ha estado llena de tantas experiencias fortalecidas de fe manifestando el amor de Dios. Por causa de brevedad, yo reconté sólo algunas de estas experiencias en este libro. En cada incidente, yo vi el amor de Dios reflejado en los detalles de mi vida. Él quería que yo lo conociera en un nivel íntimo. Con cada experiencia de mi vida, particularmente las dolorosas, Él me atrajo más cerca de Su corazón. Irónicamente, es normal que en momentos difíciles abramos nuestros corazones a Dios. Quizás nosotros lo hacemos por desesperación, Quizás incluso por enojo o miedo. Sin tener en cuenta nuestras razones, el Señor nos da la bienvenida siempre con Sus brazos amorosos y abiertos.

Durante el curso de los meses que siguieron mis conversaciones con Kristin y Ana, yo iba frecuentemente a la capilla para orar frente al Santísimo Sacramento. Le pedí claridad a Jesús. Quería asegurarme que la idea del libro venía de Él. Yo estaba intentando vivir mi vida completamente y de acuerdo con Su deseo divino y no el mío. Cada vez El Señor hablaba con claridad a mi corazón.

En junio del 2006, Él me pidió que empezara a escribir cosas específicas, que Él quería que yo recordara. Él declaró:

"Tu libro es tu próximo paso en la vida. Yo inspiré a Kristin y Ana para decirte lo que te dijeron. Tu libro te proporcionará las respuestas a tus preguntas y oraciones. Te dará así una comprensión de tu vida entera hasta ahora. Te tomará sólo treinta días el escribirlo si tú permaneces completamente unida a mí. Para lograr esto, tú necesitas continuar asistiendo a Misa diaria, de preferencia por las mañanas. Intenta empezar tu día conmigo. Confiésate regularmente de tus pecados, semanalmente si es posible. Ora el rosario diariamente. Pasa tiempo diariamente conmigo en la Adoración, tres horas si puedes. Haz un esfuerzo ayuna con pan y agua mientras estés escribiendo. Necesitas seguir siendo un vaso limpio. Lee a menudo las Sagradas Escrituras. Aprende más sobre mí, Mi Palabra y Mi Vida. ¡Detente y escucha! Detente y escúchame en cada situación. Relájate y sé paciente. Deja ir el control. Ven a mí con todas tus necesidades y problemas. Yo prometo guiarte en cada situación. Yo te daré la paz que tu corazón necesita. Siempre sé humilde, amorosa y obediente en todo. Permanece obediente y modesta. Ésa es la verdadera señal de fuerza. Ve cómo yo reaccioné ante Pilato y los Escribas. Yo enfrenté insultos y lesiones con amor. El mal se desmenuza contra la humildad y amor. Siempre recuerda eso."

Estaba admirada de las instrucciones específicas del Señor. Yo ya no necesitaba ninguna confirmación. Sólo necesitaba seguir Sus instrucciones. En ese momento, fue claro por qué mi búsqueda de empleo como abogada era infructuosa. Yo había rendido mi voluntad al Señor; claramente Él tenía otros planes para mí. Al principio, me puse muy feliz y entusiasmada acerca del proyecto. Sabía qué hacer, paso a paso, yo sabía exactamente. Empecé a decirles a todos mis amigos y familia sobre mi intención de escribir un libro. El problema era, yo sólo hablaba sobre escribir el libro. Sólo tenía un borrador del libro e incluso empecé el primer capítulo. Cada vez que contemplaba las direcciones del Señor, me agobiaba al instante con miedos. Al principio, pensé que mis miedos provenían de las cosas extrañas que de repente empezaron a ocurrirme. Cuando manejaba mi automóvil en la autopista, sentía a menudo la presencia de espíritus demoníacos alrededor de mí intentando dañarme. Sé que esto podría parecerte loco, pero no lo mencionaría si no fuera verdad.

Por ejemplo, algunas veces yo iba manejando a la velocidad autorizada en la autopista por la noche. Frecuentemente había pocos automóviles a mí alrededor. De repente tenía un automóvil al lado de mí como si estuviera intentando empujarme fuera del autopista o atropellarme. Al principio, pensé que era pura coincidencia. Cuando esto ocurría seguido, empecé a asustarme. Además de esto, aunque había comprado cuatro llantas nuevas en agosto de 2006 y tenía la batería del automóvil de dos años, tuve tres llantas ponchadas y una batería muerta en un periodo de tres meses. Hasta el parabrisas de mi automóvil estaba recibiendo golpes de muchas piedras que venían hacia el automóvil. Al principio, no pensé mucho en esto. Tuve seis golpes de piedras en mi parabrisas durante una semana. En toda mi vida, raramente había tenido un golpe de piedras en mi automóvil. Durante esa semana mi parabrisas se dañó tanto así, que tuve que reemplazarlo. Ahora tengo un parabrisas nuevo de menos de un año con huellas nuevas de piedras. Estoy dejando las huellas nuevas como un recuerdo. No puedo darme el lujo de reemplazar el parabrisas una vez más.

A nivel positivo, el hecho de que frecuentemente era atacada me hizo sentir que yo estaba en el camino correcto. Normalmente es cuando los espíritus demoníacos nos molestan más. Los demonios no nos molestan mucho si nosotros estamos en el camino equivocado o en la dirección incorrecta. Aunque ellos estaban atacándome, el Señor me mostraba cada vez Su amor protector y su poder. A nivel personal nunca me pasó nada. El Señor siempre me enviaba ayuda inmediatamente. Cuando ocurren cosas malas a mí alrededor debido a interferencias demoníacas, yo oro ahora pacientemente y espero a los ángeles para que me ayuden. También, el Señor permitió que los demonios se manifestaran claramente para mostrarme que en realidad eran reales. Muchas personas han dejado de creer que hay demonios alrededor de nosotros, pero ellos son reales. Soy testigo de esto. A pesar de su realidad, nosotros no debemos tenerles miedo. El Señor ya ha triunfado sobre ellos y nos ha dado autoridad sobre ellos. Sólo necesitamos creer en el poder de Su nombre, *Jesús*.

Mis miedos indicaban que necesitaba más sanación interior. Cuando pensaba acerca de escribir este libro se me activaban heridas profundas dentro de mí, sobre todo mi rechazo y heridas del fracaso. Durante los doce meses después de que sentí la llamada para escribir el libro, el Señor permitió ciertas situaciones que ocurrieran en mi vida que activaron estas heridas. Algunas situaciones giraban alrededor de la situación presente en que vivía. Otras giraban alrededor de traiciones de amigos y equivocaciones. A pesar de la perspectiva de mi vida, el Señor usó todas estas provocaciones para regresarme en la oración a la fuente y origen de mi dolor. Al orar, me sentía encerrada en un lugar inmóvil oscuro, parecía ser el útero, al igual allí los demonios inyectaban sus mentiras ruidosas. Incidente por incidente, el Señor me liberó con Su verdad sanadora paso a paso. Incluso mi terapeuta Alysa comentó que era claro que el Señor me tenía en un camino rápido para sanar.

Cuando Alysa no estaba disponible, mi amiga Lourdes, una ministra de oración, a menudo oraba conmigo. El proceso sanador fue difícil. Yo estaba en tanto dolor emocional que lloraba constantemente. El hecho de que yo no tenía un trabajo de tiempo completo con horas específicas, me permitió trabajar en la sanación de mi corazón permitiéndome hacer mucha oración. ¡No sólo asistía a Misa diaria, asistía a Misa frecuentemente tres veces por día mañana, mediodía y tarde en iglesias diferentes de la Diócesis de Sacramento! Tú podrías estar juzgando esto como conducta excesiva o anormal pero yo confié en las gracias del Señor y fuerza para perseverar a través de cada minuto y segundo de mi día. Yo sentía la necesidad de unirme a Él tantas veces como fuera posible por medio de la Eucaristía. Durante ese periodo, recibí sanaciones internas más grandes de mi vida. Estas sanaciones fueron cruciales para poder producir este libro. Como tú puedes recordar, la experiencia de mi niñez, yo tenía mucho miedo de hablar acerca de mi vida. Yo estaba llena de mentiras de lo que podría pasar como resultado de esto. Todas las heridas culturales y mentiras que yo llevaba de mi niñez en Jordania resurgieron. Enfrenté las mentiras, vergüenza y dolor una por una. No fue fácil pero el Señor finalmente me liberó con Su Verdad y Amor. Me tomó cerca de un año para finalmente poder comprometerme con los treinta días que el Señor me estaba pidiendo.

Estaba tan agradecida con nuestro Señor porque puso a muchas personas en mi vida ya que mi jornada se ponía más y más difícil. Yo era muy amiga del padre Thomas, el sacerdote que mencioné antes, quién era parte de los Ministerios Joshua. Como un ermitaño el padre Thomas principalmente vivía una vida de soledad y oración. Él se había vuelto mi línea directa de emergencia para la oración de intercesión. Yo lo llamé para que orara por mí regularmente. Él celebró a menudo la Misa por mi intención específica y para mi protección. Él me administró algunos de los Sacramentos[36] católicos cuando él visitaba Sacramento. Yo no puedo agradecer a nuestro Señor lo suficiente el darme un regalo tan especial a través de la vida y ministerio del Padre Thomas. Agradezco continuamente la manera que el Señor manifiesta Su amor a través de todas las personas que Él pone a mí alrededor.

¡El escribir este libro se volvió una colaboración de amor! Un gran número de personas fueron usadas por Dios como Sus instrumentos obedientes para completar este proyecto. Durante casi dos años, mis padres me proporcionaron generosamente albergue diario, alimentos y sus oraciones; viví en su casa, gratis sin pagar renta fue una gran bendición; esto era una cosa menos de la que yo tenía que preocuparme.

En caso de que tú te preguntes porque la imagen de la señora en la portada de este libro, es una fotografía muy especial que saqué en Medjugorje. Ésta es la imagen que fue pintada de nuestra Bendita Madre María según la descripción de los visionarios de Medjugorje. La pintura original está colgada en el vestíbulo de la conferencia de la Iglesia de St.

---

[36] La Eucaristía (la Santa Misa), la reconciliación (la confesión) y a veces la unción de los enfermos (Santiago 5:14-15)

James. Es el cuadro de *Gospa*.[37] *"Gospa"* es una palabra croata que significa "nuestra Señora." Éste es uno de los muchos nombres católicos que se le dan a nuestra Bendita Madre María. Todos en Medjugorje se refieren a María como *Gospa*.

Con respecto al diseño de la portada del libro, el Señor me mostró claramente que Él había seleccionado a mi talentosa amiga Ana, diseñadora gráfica, para que diseñara la portada del libro. Él me dijo que Él le daría la imagen exacta a ella; Él quiso esa portada y me pidió que confiara en su discernimiento. Ana y yo fuimos a Misa y al Santísimo Sacramento para orar antes de que ella comenzara su diseño. Este último es el trabajo excelente de Ana inspirado por el Espíritu Santo. Es maravilloso decirlo, aunque yo nunca lo había discutido previamente con Ana, te puedes imaginar mi deleite y asombro cuando yo me referí a mi diario del año anterior cuando nuestro Señor estaba diciéndome que escribiera este libro. Pasando a través de las páginas de mi diario, descubrí que yo había hecho los apuntes (bajo la inspiración del Espíritu Santo) acerca de la portada del libro; había puesto un puente, una paloma, agua y una silueta de nuestra Señora. Como tú puedes ver, éstos son los componentes exactos de la última versión de la portada de Ana.

Mis amigas Kristin, Lourdes y Rasmiya me recordaban frecuentemente que yo necesitaba tomar tiempo para escribir el libro. Frecuentemente me preguntaban cómo iba el libro precisamente cuando mis miedos estaban bloqueándome para responder totalmente a la llamada de Dios. El Señor

---

[37] © Informativni centar "Mir" Medjugorje www.medjugorje.hr

estaba inspirando a mis amigas para recordarme que me enfocara. Incluso mi amigo Alvin me preparaba seguido sus deliciosas costillas asadas para que yo pudiera relajarme y pudiera sentir su apoyo. Mi amiga Wendy me ofreció su casa para que yo pudiera tener un lugar callado para escribir. Organizó un equipo de amigos para que oraran por mi diario durante los treinta días que yo escribí.[38]

Mi amiga Kristin repasó y revisó los capítulos iníciales del libro mientras escribía. Mi amiga Rasmiya repasó y me dio excelentes observaciones en varios capítulos. Por último pero no menos importante, nuestro Señor me llevó a una señora devota maravillosa, la Señora Martha Wilson, una educadora jubilada, para editar el manuscrito final del libro antes de mandarlo al publicista. ¡Martha es otro regalo precioso de nuestro Señor! Estoy muy agradecida por todo el amor incondicional, el apoyo y las oraciones de mi familia y amigos. Yo no hubiera podido lograr esta tarea sin ellos. Yo le tengo mucho cariño a cada uno de ellos.

Después de que yo recibí increíbles sanaciones internas que me libraron de mucho miedo, vergüenza y mentiras acerca de mí, mi corazón estaba finalmente listo para asumir el desafío. Empecé a escribir mi libro precisamente el 17 de julio de 2007. El Señor me prometió que yo completaría mi libro en treinta días, si yo seguía Sus instrucciones. Esto sería

---

[38] El equipo de la oración incluyó a mis queridos amigos Rosalba, Lourdes, Wendy, Ana, Raúl, Vernel, Marizol, Lenneris, Lorelis, María, Padre Thomas y Mirella. También tenía muchos otros amigos que me conocían y oraban por mí, tal como Kristin, Brooks, Maureen, Maribel, Eduardo, Miguel, Debbie, Bob, David, Celia y Connor. Agradecimientos especiales a mi amigo Justin por sus contribuciones profundas a mi vida.

el 15 de agosto de 2007. Este día "coincidencialmente" es un día de una fiesta muy grande en la Iglesia católica. La Iglesia celebra la Asunción de la Bendita Virgen María al cielo.[39] En ese día, el Padre Bill – un sacerdote maravilloso, espiritual y dotado en la Iglesia de la Inmaculada Concepción - bendijo mi libro y se lo dedicó a nuestro Señor Jesús y la Bendita Madre María.

Me encanta cómo Nuestro Padre Celestial trabaja. Cada detalle de mi vida ha sido diseñado así meticulosamente por Él. No ha habido ninguna coincidencia. Cada aspecto de mi vida refleja Su gran amor por mí. Yo estoy esperando pacientemente lo que Él ha planeado para mi vida en los años que vienen; intento vivir diariamente en concordancia con Su voluntad. Quizás haya una continuación de este libro a medida que la Verdad y el Amor de Dios continúan desplegándose a lo largo de la jornada de mi vida. Yo sólo puedo llegar a una conclusión mientras estoy terminando este libro: DIOS ES ABSOLUTAMENTE PERFECTO.

¡DIOS *ES* AMOR!

---

[39] La Iglesia Católica ha enseñado tradicionalmente que después de que el cuerpo y alma de la Santísima Virgen María fueron llevados al cielo después de terminar sus días en la tierra.

Capítulo Quince

El enemigo del amor

Entonces Yavé Dios dijo a la serpiente: "Por haber hecho esto, maldita seas entre todas las bestias y entre todos los animales del campo. Te arrastrarás sobre tu vientre y comerás tierra por todos los días de tu vida. Haré que haya enemistad entre ti y la mujer, entre tu descendencia y la suya. Ella te pisará la cabeza mientras tú herirás su talón."

Génesis 3:14-15

He hablado mucho sobre el aspecto de sanación interior en mi jornada, particularmente de las mentiras que creí de mí y, de cómo estas mentiras me dejaron en la esclavitud y dolor. ¿Te has preguntado alguna vez de dónde vienen estas mentiras? ¿Cómo entramos en creencias falsas? Sin tener en cuenta nuestra religión, credo, creencias, género, edad, nacionalidad, estado social o etnicidad, todos hemos compartido una cosa a lo largo de las jornadas de nuestra vida: *el sufrimiento.*

¿Por qué Dios permite este sufrimiento si Él nos ama? ¿Por qué hay tanto dolor y miseria en nuestro mundo? He reflexionado en estas preguntas por mucho tiempo. Estoy segura que preguntas similares también han cruzado tu mente. En medio de mi dolor agonizante, especialmente a través del aspecto en mi jornada de sanación interior, y a través de mi ministerio de oración con otros, el Señor ha estado guiándome cuidadosamente a las respuestas. Lo que compartiré contigo es mi propia interpretación de las respuestas, basadas hasta ahora en la jornada de mi vida. Para estar segura, llamémoslas *"Teoría de Samia."* Claro, que no tienes que estar de acuerdo con ninguna de mis respuestas o aceptarlas pero mis pensamientos podrían desafiarte y desafiar tus creencias. Yo te agradezco que me permitas compartir mis pensamientos contigo.

Para ser capaz de dirigir estas preguntas propuestas arriba, tenemos que empezar desde *el principio*, no de mi libro, pero de la creación del mundo. Los judíos, cristianos y musulmanes reconocen el primer libro del Antiguo Testamento, el *Génesis*. También creo que Dios creó el mundo y a los primeros seres humanos como está descrito en los capítulos del uno al tres del *Génesis*. Yo creo que el diablo es real. Su nombre original era Lucifer. *Lucifer* es una palabra en latín que significa "portador de luz." De niña, me enseñaron que Lucifer era un ángel caído, conocido ahora por nosotros como Satanás. También me enseñaron que Lucifer era un arcángel prominente en el cielo que motivado por orgullo se había rebelado contra Dios. A él se le expulsó del cielo, junto con un tercio de los ángeles. Nos referimos a estos ángeles caídos como "demonios," quiénes fueron expulsados del Cielo. Satanás es la personificación del mal y es el enemigo de Dios. Se cree que el catalizador que condujo a Lucifer hacia la rebelión contra Dios fue la creación de los humanos y la revelación de la encarnación de nuestro Señor Jesús. Lucifer era muy orgulloso ya que él consideró esto un insulto ya que él se percibía superior a la humanidad.

Nuestro Señor Jesús dio una gran descripción de Satanás, el diablo. Él dijo:

"...Ha sido un asesino desde el principio, porque la verdad no está en él, y no se ha mantenido en la verdad. Lo que le ocurre decir es mentira, porque es un mentiroso y padre de toda mentira."[40]

Sé que Jesús siempre dice la verdad. Jesús *es* la Verdad.[41] Primero, Jesús nos confirma que el diablo *es* real, no una invención de nuestra imaginación. Él lo describe como un "asesino" desde el principio del tiempo. También lo describe como un mentiroso, llamándolo el "padre de las mentiras." No es el carácter de Satanás hablar con la verdad. Es en contra de su naturaleza ya que "no hay verdad en él." Es muy importante para ti y para mí entender este hecho esencial y que no se nos olvide. El diablo es un mentiroso tan bueno que el nos ha desviado con engaños y con sus mentiras y ha tenido éxito en transformar las mentiras en "verdades" aceptadas en el mundo de hoy. ¡Él es un experto en este campo! **Su único poder es la decepción.** Él nos engaña a través de las mentiras que inyecta en nuestras mentes, alterando nuestra verdad en su falsedad. Por otra parte, no tiene ningún poder sobre nosotros. **Jesús ha conquistado y ha derrotado al diablo a través de Su muerte en la cruz y Su resurrección victoriosa en el tercer día.** Nosotros solo

---

[40] Juan 8: 44-45

[41] Juan 14:6

necesitamos mantener nuestros ojos fijos en el Señor Jesús y en la Palabra de Dios. A pesar de todo, el diablo aún está en nuestro mundo con un sólo propósito y tiene sólo un objetivo: destruir nuestras almas haciéndonos creer que Dios no existe, y aunque excita, Él no nos ama y nos ha abandonado completamente; entonces no hay ninguna consecuencia de nuestra conducta en la tierra. Las jornadas de nuestra vida no tienen ningún propósito final.

Aunque el diablo comprende que él ha sido derrotado por Jesús, él sabe que su único poder que le queda es la decepción. El diablo opera hoy de la manera exacta en la que él ha operado desde el principio de la Creación. Él busca la destrucción de nuestras almas a través de nuestra cooperación, a través del ejercicio de nuestro propio "libre albedrío." El *Génesis* nos dice que desde el principio de la Creación, Dios creó a Adán y a Eva para vivir en Su presencia llenos de su amor, paz y armonía. Ellos eran los amigos íntimos de Dios y tenían dominio de todo lo que estaba alrededor de ellos. Ellos caminaron con Él y hablaron con Él. Dios compartió generosamente con ellos todas las bendiciones de Su Creación. Él les dio algo que no tiene precio algo con lo cual Él no interferiría: "el libre albedrío."

Debido a la omnipotencia de Dios, podría parecer como si Él hubiera cedido parte de Su poder al darnos el libre albedrío. Esto se oye contradictorio pero Dios *está, estuvo,* y *siempre estará* por completo al mando de todo, a pesar de que tenemos libre albedrío. No importa en que condición esté el mundo si es maravilloso o si es horrible Dios *siempre* tiene el poder total de toda Su Creación, incluso de Satanás y su equipo espiritual demoníaco. Desde el principio del tiempo, Dios *está* presente en todo momento. Dios no esta dentro de lo que nosotros conocemos como el "tiempo" o "el espacio." Él está presente fuera de ambos. Habiendo dicho todo esto, Dios tolera el mal porque nuestra voluntad escoge al mal sobre el bien.

Creo que cuando Dios nos dio el libre albedrío, lo hizo porque Él quiso que cada uno de nosotros lo *escogiera*, pero no a la fuerza o por obligación. En lo personal, yo me puedo relacionar con esto. Yo no me sentiría satisfecha obligando a un hombre a que me amara ya sea controlándolo o manipulándolo a amarme. ¿Qué valor tendría esto? ¿Dónde está el placer de saber que el hombre que yo amo no tiene otra opción más que amarme? Yo estaría eufórica al saber que él *escogió* amarme, sabiendo que él podría escoger a cualquier otra mujer en el mundo. Creo que Dios es de la misma manera. Él quiere que nosotros *escojamos* amarlo sobre todo. Él nunca nos obligará a amarlo u obedecerlo. Él quiere compartir el cielo con todas sus glorias con cada uno de nosotros. San. Pablo nos dice: "*...Ni ojo vio, ni oído oyó, ni por mente humana han pasado las cosas que Dios ha preparado para los que lo aman.*"[42]

Satanás ha sabido todo esto desde el principio de la Creación. Él no quiere que ningún hijo de Dios comparta las glorias de Dios en el cielo, nuestra casa final. Por esto precisamente él empezó a conspirar sus ataques contra Adán y Eva. Siendo un experto en mentir, se acercó a Eva para engañarla y convencerla de que hicieran exactamente lo que Dios le había pedido a ella y a Adán que *no* hicieran. Dios les había dado plena libertad en el Jardín del Edén con la excepción de una cosa. Él les pidió que no comieran del Árbol de Conocimiento del bien y el Mal ya que esto los llevaría a su

---

[42] 1 Corintios 2:9

muerte. Por Su amor hacia ellos, Dios les manifestó a ellos los efectos dañinos de consumir la fruta de este árbol. Fue irremediablemente venenoso separarlos de la presencia de Dios a través de su muerte. Dios deseaba que ellos fueran obedientes pero no los forzaría a serlo. Él les dio el libre albedrío para *escoger* la vida o la muerte, y para *escoger* estar físicamente con Él o separados de Él a través de la muerte.

Satanás hizo una declaración descaradamente falsa a Eva para atraerla en su esquema. Sabiendo que Dios les había pedido que no comieran del Árbol de Conocimiento, él le preguntó que si Dios les había ordenado que no comieran de *todos* los árboles en el jardín. Eva respondió inocentemente, corrigiéndolo que había *sólo* un árbol del que ellos no podían comer o ellos se morirían. Cuando Satanás no pudo forzar a Eva contra su voluntad, Satanás atrajo a Eva precisamente en su esquema de la misma manera que él nos seduce a todos nosotros. Él hizo una declaración que era claramente falsa. Él dijo: "¡*No es cierto que morirán! Es que Dios sabe muy bien que el día en que coman de él, se les abrirán a ustedes los ojos; entonces ustedes serán como dioses y conocerán lo que es bueno y lo que no lo es.*"[43] Aunque la declaración contradecía claramente la verdad de Dios, hizo sentir a Eva sentir ilusoriamente que ella se estaba perdiendo de algo grande, como si Dios la estuviera privando adrede de algo que era legítimamente suyo. Es precisamente en momentos como estos de tentaciones fuertes que Dios nos pide que lo llamemos para que nos ayude, con Su libre ayuda divina. Él nos ayuda dándonos toda la gracia que necesitamos para resistir de las tentaciones. Hacemos esto a través de la oración, conectándonos con Su

---

[43] Génesis 3: 4-5

Corazón.

Eva ejerció su libre albedrío para desobedecer Dios creyendo en esas mentiras. En lugar de prevenir un daño más extenso, ayudó a Adán a desobedecer a Dios también. Claro, Adán también tenía libre albedrío. Ninguno de los dos intentó resistir a la decepción o la obediencia permanente hacia Dios. Fue a través de su libre albedrío que la muerte entró en el mundo. El pecado fue un acto de desobediencia a las instrucciones de Dios.[44] Fue a través de la voluntad humana que el pecado entró en el mundo. Dios no causó su caída, al contrario. Él les dijo exactamente lo que hicieran para evitar su muerte. Dios no estaba castigándolos al permitirles morir. Él les dio una opción clara con instrucciones específicas. Él no los forzó de ningún modo y ellos tuvieron que vivir con las consecuencias de lo que ellos eligieron.

Cabe mencionar que un hecho muy esencial fue la reacción que Adán y Eva tuvieron después de que comieron del árbol. Nos dicen en el tercer capítulo de *Génesis* que sus ojos fueron abiertos y se dieron cuenta que estaban desnudos. Ellos intentaron cubrirse. Después, cuando oyeron a Dios caminar, se "escondieron" de Él debido a la vergüenza que sentían. Cuando Dios los llamó para ver donde estaban, Adán contestó y dijo: *"He oído tu voz en el jardín, y tuve miedo porque estoy desnudo; por eso me escondí."*[45] Dios contestó a Adán con una pregunta interesante: *"¿Quién te ha hecho ver que*

---

[44] El Catecismo de la Iglesia Católica define "el pecado" como: "una falta contra la razón, la verdad, la conciencia recta; es faltar al amor verdadero para Dios y para el prójimo, a causa de un apego perverso a ciertos bienes. Hiere la naturaleza del hombre y atenta contra la solidaridad humana. Ha sido definido como 'una palabra, un acto o un deseo contrarios a la ley eterna" (1849, 1853, 1854)
[45] Génesis 3:10

estabas desnudo? ¡Has comido acaso del árbol que te prohibí![46]

Es importante dar énfasis que hay consecuencias a nuestras acciones. Adán y Eva se sentían avergonzados, asustados y conscientes de su desnudez. Ellos se escondieron porque estaban demasiado avergonzados de revelar su verdadera, auténtica persona interna. ¿Has notado cómo Satanás desde entonces inyectó la vergüenza venenosa en la mente humana? Él empezó poco después de la Creación, a través de la cooperación del libre albedrío; esto fue el resultado de la desobediencia a Dios y la separación de Él. Un amigo una vez me dijo – y yo estoy de acuerdo en esto - que Adán y Eva ingirieron la vergüenza perversa de Satanás precisamente a través del acto de juzgarse uno a sí mismo como fue implícito en el *Génesis.*[47] La vergüenza es un veneno muy peligroso que nos hace sentir defectivos, inherentemente dañados, inferiores, indignos y no amados. El diablo y sus demonios inyectan la vergüenza directamente en nuestras mentes a través de juzgarnos a nosotros mismo. La vergüenza también se inyecta en nosotros vía otros cauces que violan el libre albedrío que Dios nos dio. Esto ocurre cuando otros alrededor de nosotros abusan de su propio libre albedrío violando el nuestro a través de su agresión - física, emocional y sexual. Esto produce y crea heridas profundas dentro de nuestros corazones que Satanás con desdén inyecta con

---

[46] Génesis 3:11

[47] Este entendimiento de la vergüenza y de las raíces de nuestras heridas fue explicado por William Cook en su tesis de maestrías titulado: *"Yes Father, Forgive Us - A Model for the Integration of Christian Spirituality and Psychotherapy,"* 1994, Trinity College of Graduate Studies, Orange, CA, USA.

vergüenza y mentiras. Satanás y su equipo demoníaco siempre están atacándonos, particularmente a través de nuestras mentes con su decepción de la misma manera que trataron Adán y Eva. Ellos continúan "rascando" nuestras heridas y amplificando las mentiras que creemos acerca de nosotros mismos y los que están a nuestro alrededor. Su objetivo principal es llenarnos de vergüenza para hacernos creer que nosotros somos indignos del amor de Dios y hemos sido abandonados por Él.

Permíteme darte un ejemplo muy común que, en mi opinión, causa las heridas más severas en nuestros corazones. Yo sé que este asunto puede ser incómodo y te puede activar una herida pero siento que es urgente que sepas que el diablo expone su esquema atroz en nuestro mundo, destruyendo las vidas de millones de bebés y niños. Muchos niños crecen y llegan a ser adultos sufriendo todavía severamente los efectos de haber sido molestados o haber sido violados. Yo compartí esto antes, yo fui casi violada físicamente estando en Europa. Fui indudablemente violada emocionalmente y espiritualmente. Le agradezco a nuestro Padre Celestial por haberme rescatado de la violación física. No obstante, yo sufrí las cicatrices emocionales y el trauma que resultó de sentir que mi inocencia iba a estrellarse. Yo en ese entonces no era una niña, pero una mujer de veinte años. El acto *no* fue mi culpa. Yo fui obviamente una víctima inocente del abuso de libre albedrío de otra persona. Yo no causé la situación ni la propicié. Fue un incidente horrible completamente fuera de mi control así que ¿por qué me llené de vergüenza, culpa, y miedo después de eso? ¿Por qué fui dejada en esclavitud y mentiras? Mi dignidad fue violada ciertamente, no físicamente, pero emocionalmente. Mis sentimientos fueron muy similares a aquéllos de

Adán y Eva cuando desobedecieron a Dios y se sintieron avergonzados y por eso se escondieron. En mi situación, yo era inocente pero en el caso de Adán y Eva ellos sentían vergüenza, miedo y culpa porque ellos comprendieron que habían desobedecido a Dios. En 1990 cuando el incidente ocurrió, no lo discutí con nadie durante doce años. Pude bloquear mentalmente y negué los efectos perjudiciales que resultaron de esto. Yo también escondí mi ser interno. ¿Cuál fue la causa de la raíz de mi reacción? ¿De dónde vino? ¿Por qué no importaba que me dijera a mi misma verbalmente o mentalmente que no era mi culpa, todavía me sentía culpable, avergonzada y sucia? Mis pensamientos no tenían ningún sentido lógico.

Después de recibir oración acerca de este incidente, el Señor Jesús me libró de mis mentiras y sanó mis heridas con Su verdad y amor. Él me liberó de la opresión del diablo y me quitó toda la vergüenza venenosa que él había inyectado en mi mente mientras yo había internalizado sus mentiras. A pesar de que sabía que yo era inocente y no tenía la culpa, yo no podía traer ese conocimiento a mi corazón. Las mentiras habían sido implantadas por los espíritus demoníacos y no podrían ser quitadas por un ser humano. Requirió de la divina curación y el verdadero amor de Jesús para traer la paz duradera a mi corazón. Aprendí muchísimo de esta experiencia. A pesar del horrible incidente, me ayudó a identificarme y ayudar a muchas personas quienes eran víctimas de violación (incesto, abuso sexual y acoso sexual) de niños. ¡Vamos a llamarlo por lo que verdaderamente es: violación de la inocencia! Por vergüenza, nuestra sociedad intenta reducir y ocultar la brutalidad de este acto llamándolo "molestia" o "abuso." ¡El Señor Jesús quiere que comparta contigo lo que yo he aprendido!

La violación es un acto completamente malo, orquestado por el propio Satanás, operando a través del libre albedrío humano. ¡El propósito de Satanás es destruir el alma de la víctima, estrellar y violar la inocencia de la niñez, profanando y torciendo la percepción de uno de los regalos más hermosos que el mismo Dios compartió con nosotros: el sagrado acto de procreación! Es el acto sexual que produce la vida humana, un hijo precioso de Dios. Para borrar y mutilar la santidad de este acto, Satanás lanza un ataque a los más vulnerables, puros e inocentes entre nosotros, nuestros pequeños niños. Él formula planes contra ellos porque son inocentes y puros. ¡Él sabe que él puede destruir la inocencia torciendo y empañando la santidad del acto procreador e inyectando vergüenza y mentiras a esta edad tan tierna y joven como lo es la niñez; su trabajo con estos niños es de por vida! Cuando somos niños pequeños aprendemos de lo que nos rodea y nuestras primeras interacciones con el mundo y lo que está a nuestro alrededor. Cuando niños inocentes y puros son violados, su inocencia y aprendizaje de esta primera experiencia acerca de su sexualidad y el sagrado acto de procreación se tuercen completamente y se deforman. Este acto *nunca* fue creado para los niños de esta edad tan vulnerable e inocente y de esta manera tan degradante. Un acto sumamente sagrado y santo se ha transformado por Satanás en una fuente de vergüenza letal. Las víctimas son entonces presas de sentimientos de culpabilidad, de rabia, de secretismo, de culparse a sí mismo, de no perdonarse a sí mismo o a otros, de mentiras obvias y de confusión interior de su propia sexualidad.

He hablado con muchos adultos hombres y mujeres de todos tipos de vida y culturas que fueron víctimas inocentes de dichos actos horrendos. Los números en *ambos* géneros son muy altos, sobre todo en la población masculina. Desgraciadamente, la vergüenza atada a la violación de hombres es aún mayor que a la de mujeres. En vez de que la sociedad sea una abogada para estos hombres victimas inocentes, la sociedad los avergüenza más cuestionando su *masculinidad.* Las vidas de hombres y mujeres víctimas han sido muy afectadas por estos crímenes cometidos durante su niñez. Las consecuencias de esto son innumerables: muchas de estas personas sufren de problemas de intimidad cuando son adulto; muchos empezaron a ser sexualmente promiscuos a una edad muy joven, muchos estaban confundidos con su orientación sexual, muchos a consecuencia de ser violados se volvieron violadores abusando y violando a otros niños inocentes y muchos de ellos intentaron anestesiar su dolor a través de adicciones severas al alcohol, a las drogas, al sexo, a la pornografía, a la comida, a los cigarros, a los juegos de azar, a gastar dinero en ir de compras o incluso a trabajar excesivamente y muchos se escondieron, negando completamente que fueron violados para poder sobrevivir. La vergüenza y las mentiras que estas personas interiorizaban eran agobiantes. ¡El diablo se sentía victorioso con desdén teniendo poder sobre los hijos puros e inocentes de Dios! ¡Éste es un crimen deplorable que ocurre repetidamente en nuestro mundo pero muchas personas se sienten sumamente avergonzadas de este tema y no pueden ni siquiera discutirlo! ¿Habrá más personas que se levanten en contra de la continua y silenciosa matanza de almas inocentes y puras? ¿Habrá más personas que tengan el valor de romper permanentemente la red vergonzosa del diablo?

Nuestro Señor también *se enfurece* por estos crímenes cometidos en contra de Sus hijos inocentes y puros. Tengo muy presente y recuerdo Su discurso apasionado y las palabras poderosas contra cualquier persona que comete este tipo de crímenes contra Sus hijos inocentes a quienes Él considera ser los mejores en el cielo. Jesús reveló esto cuando Sus discípulos le hicieron una pregunta:[48]

"En aquel momento los discípulos se acercaron a Jesús y le preguntaron: '¿Quién es el más grande en el Reino de los Cielos?' Jesús llamó a un niñito, lo colocó en medio de los discípulos, y declaró: 'En verdad les digo: si no cambian y no llegan a ser como niños, nunca entrarán en el Reino de los Cielos. El que se haga pequeño como este niño, ése será el más grande en el Reino de los Cielos. Y el que recibe en mi nombre a un niño como éste, a mí me recibe. Al que haga caer a uno de estos pequeños que creen en mí, mejor le sería que le amarraran al cuello una gran piedra de moler y que lo hundieran en lo más profundo del mar. ¡Ay del mundo a causa de los escándalos! Tiene que haber escándalos, pero, ¡ay del que causa el escándalo!"

¡¡¡Trágicamente, la mayoría de los perpetradores de una violación han sido víctimas alguna vez de una violación!!! Quiero aclarar que **no** estoy diciendo que cada víctima de violación se vuelve un perpetrador de violación. La mayoría no lo hace. ¡Sin embargo, muchos de los perpetradores una vez fueron victimas! Yo, *personalmente*, pienso que la mayoría de ellos fueron abusados. Éste es un ciclo demoníaco vicioso en que Satanás ha ganado

---

[48] Mateo 18: 1-7

mucho territorio. Puso la rueda de violación de inocencia en movimiento por generaciones y generaciones. ¡Debería haber más gente que pusiera un alto a esto y rompa con este ciclo vicioso! Yo quiero hacerlo. ¿Qué tal tú?

El Señor Jesús *nunca* ha abandonado a ninguno de Sus hijos preciosos. Él sufre al igual con cada víctima ya que el Señor está conectado a nuestras almas. Cuando sufrimos, Él sufre con nosotros en silencio. *Nunca* ha sido parte de Su plan que de estas cosas terribles nos pasaran a cualquiera de nosotros. A pesar de Su omnipotencia, Él no interfiere con nuestro libre albedrío. Los perpetradores que violan tienen libre albedrío y Dios no interviene en las decisiones que ellos eligen. Milagrosamente, Él intervino en mi caso. No fue porque Él me amara más que a otro de Sus hijos que habían sido violados. Nuestro Padre Celestial sólo contestó mi oración que salió de las profundidades de mi alma al instante que confiadamente clamé a Él para que me ayudara. Quizás si hubiera sido violada físicamente, yo no habría tenido la fuerza para continuar mi jornada o quizás no hubiera tenido la fuerza o perspectiva para escribir de esto hoy. Él me demostró Su poder y Su amor cuando me rescató físicamente y después sanó mis heridas y cicatrices emocionales. Yo soy un testigo del poder de Su amor sanador. ¡Si tú eres víctima de violación, yo quiero asegurarte que Su amor y verdad pueden sanarte! Soy la primera en asegurártelo. Él puede liberarnos de nuestras mentiras y puede sanar todas nuestras heridas. Él permitió el acto horrendo porque no interfiere en decisiones humanas; sin embargo, Él quiere sanar las consecuencias de esto. El Señor Jesús nos dijo cuando leyó las palabras del profeta Isaías que se cumplieron con Él: *"El Espíritu del Señor está sobre mí. El me ha ungido para llevar buenas nuevas a los pobres, para anunciar la libertad a los cautivos, y a los ciegos que pronto van a ver, para despedir libres a los oprimidos y proclamar el año de gracia del Señor.*"[49]

Jesús vino a traernos a *todos* la buena nueva, sin tener en cuenta nuestras diferencias. Él todavía está vivo hoy y está aquí para liberarnos de la esclavitud de las mentiras de Satanás. Jesús quiere restaurar nuestra "vista" - nuestra vista física, emocional y espiritual. Él quiere que nosotros seamos "libres" de nuestra "opresión" la cual está causando que muchas personas en el mundo de hoy estén severamente deprimidas y llenas de desesperación y desesperanza, dependiendo de una o más píldoras de anti-depresión para sobrevivir cada día.

Este es el momento para que Jesús nos traiga alegría y libertad a nuestras almas y corazones. Él dijo claramente "...*mientras que yo he venido para que tengan vida y la tengan en plenitud.*"[50]

Sí, Jesús quiere que vivamos la vida en abundancia. Yo no creo que Él se esté refiriendo particularmente a "la abundancia financiera" aquí. Jesús fue pobre. Él nunca buscó dinero, lujo o fama en Su vida. Jesús era humilde y simple en Sus maneras de ser. Él vino a darnos las *Buenas Nuevas* de amor, perdón, misericordia, sanación y libertad. De hecho, Jesús sanó muchas enfermedades físicas pero también muchas emocionales. Te invito a leer - solo - y detenidamente los Evangelios de Mateo, Marcos, Lucas y Juan y poner atención a algo muy importante. Jesús sanó a personas con "espíritus

---

[49] Lucas 4: 18-19

[50] Juan 10:10

demoníacos" o "espíritus impuros" a lo largo de estos evangelios.[51] Es obvio que Él sanó a muchas personas físicamente - a los ciegos, los leprosos, los paralíticos, los sordos e incluso a los muertos. ¡Sin embargo, muchas personas no dan importancia y no ven a todas las personas que Jesús liberó de opresión demoníaca y también de posesión demoniaca! Él dio esta autoridad a sus doce apóstoles e incluso a sus setenta y dos discípulos cuando los mandó evangelizar y sanar a Sus otros hijos.

¡Una parte esencial del ministerio de Jesús para el mundo como ya lo dije en mi cita de arriba es Su ministerio de sanación - física, emocional y espiritual! Jesús está vivo hoy así como el estuvo vivo hace más de 2000 años. Yo creo que Él está espiritualmente presente con nosotros en todas partes. También creo y estoy completamente convencida que Él está totalmente presente con nosotros en Cuerpo, Sangre, Alma y Divinidad a través de Su Presencia en la Eucaristía (el Santísimo Sacramento). ¡Yo he visto con mis propios ojos las sanaciones milagrosas que ha realizado y sigue realizando hoy! Él está verdaderamente *vivo* y quiere liberar a Sus hijos de las trampas del diablo, la opresión y la decepción. ¿Estás tú buscando esta liberación? ¿Permitirás que algunas de tus heridas de niñez - como el miedo, el enojo, la duda, la falta de mérito, el reproche hacia ti mismo, la falta de perdón o rechazo – sean obstáculos para la libertad de tu alma?

Ésta es absolutamente nuestra opción. Tenemos libre albedrío. Como yo dije previamente, Jesús no irá en contra de nuestro libre albedrío para

---

[51] Mateo 10: 1,8, 12: 22-28, 43-45; Marcos 6: 7-13, Lucas 9: 1-2, 10: 17-20 y otros más.

sanarnos, Él necesita *nuestra* rendición y cooperación. Jesús nos ama completamente. Él es Misericordia y Amor. En Su misericordia, nos perdona todas nuestras ofensas, pecados y transgresiones no importa cuales sean o que tan grave creamos que sean. Esto significa que no importa lo que haya sido nuestro pasado, si nosotros nos arrepentimos de verdad, Él nos perdona. Él nos dice: "*Ahora todo lo hago nuevo.*"[52] Si no tomas nada de las lecciones en la jornada de mi vida, yo oro para que por lo menos recuerdes la lección más importante que yo aprendí:

El amor y la misericordia de Jesús siempre serán más grandes que cualquier ofensa que nosotros hayamos cometido en la jornada de nuestra vida. Su amor es tan inmenso que murió para que cada uno de nosotros, incluyéndote, a TI, sí, a TI. Aun si tú hubieras sido la única persona viva, Él habría muerto por TI en la cruz. Nosotros somos dignos para Él, no importa lo que nuestro pasado haya sido. Él sabe de todas las heridas de nuestros corazones y por todo lo que hayamos pasado alguna vez o sufrido, toda la soledad que hemos experimentado, el rechazo, el abandono, el reproche hacia sí mismo, el sentido de culpabilidad, las lágrimas, la desesperación, el enojo y el abuso – físico, emocional o sexual. Él sabe las intenciones de nuestros corazones y por qué hicimos lo que hicimos en la vida. Sólo necesitamos confiar en Su Amor y Misericordia. Él quiere que busquemos Su abundante misericordia. Él nos perdonará. Sólo necesitamos pedirle perdón con humildad y con el corazón arrepentido. Él también quiere que nos perdonemos y que no

---

[52] Apocalipsis 21: 5

tengamos miedo. ¡Jesús ha conquistado la muerte y ha derrotado al diablo! ¡¿A qué podemos tener miedo?!

Terminaré este capítulo con una verdadera historia personal que muestra la fuerza de nuestro libre albedrío. Yo tenía un amigo cercano que sufrió un accidente grave que lo dejó físicamente obstaculizado de una pierna. Los cirujanos le hicieron muchas cirugías para salvarle su pierna, su pierna fue salvada pero no funcionó adecuadamente. Debido a esto, mi amigo perdió su empleo el cual era físico en naturaleza. Él estaba sumamente deprimido y lleno de enojo y desesperación. Su accidente afectó todos los aspectos de su vida. Yo sentía verdaderamente el dolor de mi amigo y quise ayudarlo a orar por la sanación de sus heridas emocionales y físicas. Mi amigo, muy enojado, rechazó todas mis ofertas. Él estaba muy enojado con Dios, no sólo por su accidente sino que también debido a las heridas de su niñez que lo dejaron con un severo dolor, emocional. Ya que mi amigo rechazó a Dios y no buscó Su sanación de amor, él buscó el remedio que el diablo le ofreció alegremente. Mi amigo intentó entorpecer su dolor a través de muchos comportamientos adictivos. Estas adicciones lo llevaron más a la perdición de su vida a que se moviera en un espiral que se extendió hacia abajo. Por el amor y afecto que le tenía a mi amigo, oré por él ante el Santísimo Sacramento y ayuné durante nueve días. El Señor Jesús me mostró que Él sanaría de su pierna un día específico si él iba a la capilla dónde el Santísimo Sacramento estaba expuesto. Ésta sería una prueba para mi amigo de que Jesús estaba vivo y lo amaba. Mi amigo necesitaba venir a Jesús para recibir su sanación física. Como yo no me atrevía a avisarle a mi amigo y mencionarle lo de Dios, le pedí a Dios que tuviera alguien de su propia familia que me avisara del día que se suponía que la curación ocurriría. El Señor Jesús me mostró en la oración lo que pasaría si mi amigo viniera a Él. Aunque yo no pudiera comprobar esto, yo sabía sin duda que la pierna de mi amigo se sanaría físicamente si él viniera a la capilla.

En ese día, mi amigo no me llamó, sin embargo, su madre lo hizo. Ella me dijo que de pronto sintió un impulso en su corazón por llamarme. Ella quería asegurarse de que yo estuviera bien. Le conté la historia a ella y le dije que trajera a su hijo a la capilla que Jesús iba a sanarlo. Yo le prometí que Jesús cumpliría lo que Él me había dicho. La madre de mi amigo le telefoneó y le informó acerca de lo que yo le había dicho. Él se enfadó cuando ella le mencionó a Dios y se negó a venir. Ella le telefoneó de nuevo y le dijo que yo lo esperaría en la capilla hasta la medianoche. Él le dijo a su madre que lo pensaría. Yo esperé pacientemente en la capilla y oré para que el corazón de mi amigo se ablandara para que él pudiera venir y para que pudiera recibir la sanación y amor de Dios por él. Esperé hasta la medianoche. Cuando mi amigo no llegó, sentí una gran tristeza en mi corazón. Yo le dije al Señor Jesús que yo no podía entender por qué mi amigo no había venido. ¿Cómo podía ser que alguien no quisiera ser sanado? Yo *sabía* que su pierna se sanaría aquel día. Yo sabía que la vida de mi amigo mejoraría significativamente como resultado de su sanación. ¿Cómo podía decir no a la curación milagrosa de su vida? El Señor me dijo suavemente las siguientes palabras:

"Esto simplemente es para mostrarte que poderosa es la voluntad humana. Yo nunca actuaré en contra de esta voluntad."

El Señor entonces me explicó que mi amigo no vino, simplemente porque tenía miedo. Él estaba asustado de las consecuencias que hubieran resultado de su curación. Si él hubiera sanado, tendría que cambiar su vida y su manera de ser. Claramente, mi amigo permitió que su miedo y las mentiras prevalecieran. Sus miedos lo llevaron escoger la oscuridad sobre de la luz, rechazando la sanación del amor de Dios. Dios no nos sana – físicamente, emocionalmente o espiritualmente – si nosotros no lo reconocemos. Nosotros tenemos que decirle SÍ a Él primero.

Por último le pregunte a Jesús si mi amigo había perdido su oportunidad de ser sanado ya que no se había aparecido ese día específico. La respuesta de Jesús fue asombrosa:

"YO SOY ETERNO."

Capítulo Dieciséis[53]

La escuela del amor

"Miren qué amor tan singular nos ha tenido el Padre que no sólo nos llamamos hijos de Dios, sino que lo somos. Por eso el mundo no nos conoce, porque no lo conoció a Él."

1Juan 3:1

Las jornadas de nuestras vidas son similares a los enigmas de un rompecabezas. Cada pedazo en el rompecabezas tiene un corte y lugar diferente y estimula nuestro cerebro para que se desarrolle y crezca. Algunos pedazos son fáciles de encajar mientras que otros son sumamente difíciles y desafiantes, pero cada pedazo en el rompecabezas es de igual importancia en la producción de la gran obra maestra.

De esta manera, nuestras jornadas forman en la tierra la estructura para nuestra educación espiritual y nuestro crecimiento. Cada persona y evento en nuestra vida pueden servir para un buen propósito.[54] Cada uno de ellos se

---

[53] La autora reconoce que el Capítulo Dieciséis incluye muchas metáforas y no está intentando crear un nuevo dogma en la iglesia o crear una nueva teología.
[54] Romanos 8:28

encaja en nuestra vida de diferente manera todo depende del objetivo o la lección aprendida. Cada uno es importante en nuestra vida, no importa el tipo o duración de nuestra relación. Algunas personas o eventos son mas desafiantes de encajar en nuestra vida que otros. Algunos pueden tomarnos más tiempo para poder adaptarnos a lidiar con ellos, ya que nos pueden causar confusión y dolor. Otros son muy simples y sinceros pero cada uno contribuye a nuestra jornada terrenal y el desarrollo espiritual de una manera u otra. Cada persona y evento en nuestra jornada son esenciales para completar nuestra educación.

Las circunstancias de los eventos - buenos o malos - son lo que crean cada encuentro que tenemos con otro ser humano, esto viene a ser el catalizador de nuestro crecimiento. Nosotros no estamos destinados a vivir exclusivamente solos en este mundo. Cada uno de nosotros tiene un papel específico en la tierra y una tarea única. Cada uno de nosotros nos necesitamos de una forma u otra para resolver nuestro rompecabezas (*nuestras tareas*). Ninguno de nosotros está aquí por accidente, no importa si fuimos concebidos con mucho amor o sin ser planeados. Quizás nuestros padres no estaban casados; quizás sólo se conocieron y compartieron un encuentro sexual breve; quizás somos el producto de una violación violenta. ¡No importa cual especifica sea nuestra situación, Dios tiene un propósito para la vida de cada uno de nosotros!

Dios no ha causado ninguno de los males que hemos experimentado en nuestras vidas, pero Él convierte nuestras experiencias malas en algo bueno para lograr Su propósito en nuestras vidas. Nosotros somos hijos de Dios primero antes de ser los hijos de nuestros padres terrenales. Él diseña a cada uno de nosotros individualmente y en Su manera perfecta y tiene un plan para nuestras vidas. Él confía nuestras vidas preciosas - nuestro nacimiento, nuestra crianza y nuestra educación primaria - a nuestros padres terrenales. Si nuestros padres no han cumplido con sus obligaciones, no es porque Dios no nos ame. Él nos ha dado el libre albedrío a cada uno de nosotros para cumplir o descuidar nuestros roles y tareas. Él nunca violará nuestro libre albedrío mientras que estemos en nuestras jornadas de vida. Él siempre cuida de nosotros y nunca nos abandona. Nuestra conexión con Él es mediante la oración. El hecho de que no podamos verlo físicamente, no significa que Él no exista. Yo aprendí claramente esto en Medjugorje. Nosotros estamos verdaderamente rodeados del mundo espiritual aunque nosotros no podamos verlo con nuestros ojos humanos. Aquí en la tierra, nuestros cuerpos físicos son solamente los vehículos para nuestras almas.[55] En el cielo, nosotros recibiremos un cuerpo glorificado que no se deteriorará y yo te diré cómo aprendí esto a través de un ejemplo personal que quizás hayas experimentado tú mismo.

Mi abuela falleció (se graduó) hace varios años cuando vivía en la casa de mis padres. La noche antes de que ella se muriera (se graduara), yo estaba hablando alegremente con ella. Ella se veía perfectamente bien. Aunque ella pasaba de los 100 años de edad, ella todavía estaba bastante saludable y no padecía de ningún dolor físico que fuera significativo. A la mañana siguiente, me enteré que había muerto inesperadamente (se graduó) a la vida eterna mientras ella dormía. Cuando fui a su cuarto a verla, ella estaba en su cama sin vida. Normalmente cuando alguien moría (se graduaba) yo estaba en un

---

[55] 1 Corintios 15: 39-44

país diferente, una ciudad diferente, o morían mientras yo estaba lejos. Con mi abuela, la situación fue diferente. Cuando la miré, sentía como que quería agitarla para que se despertara. Ella me había estado hablando unas horas antes. ¿Qué había cambiado en ella? Su cuerpo estaba allí y casi parecía el mismo. ¿Y qué si su piel parecía pálida y estaba fría? ¿Qué se había perdido de repente en ella que era lo que la había llenado antes para tener una vida vibrante? ¿Por qué no podía moverse? Obviamente, ella no sólo estaba hecha de un cuerpo completamente físico pero su alma ya no estaba allí. Claramente vi cómo era crucial el alma en el cuerpo físico. El cuerpo se descompone poco a poco excepto que el alma regresa (se gradúa) a su casa eterna y deja atrás todo lo material lo que constituye el sentido de seguridad - el cuerpo físico, los diplomas universitarios, los títulos profesionales, las grandes cuentas de banco, las opciones de compra de acciones, las ataduras, las inversiones, los automóviles elegantes, las casas grandes, el empleo prestigioso e incluso nuestros seres queridos. ¿Había realmente algún propósito en la vida de mi abuela en la tierra? *¿Te preguntarás por qué yo sigo repitiendo la palabra "graduado" cuándo hablo de la muerte de mi abuela?* Creo que la muerte no es el fin de la vida sino que simplemente el principio de nuestra ceremonia de pos-graduados. La muerte es el Día de la Graduación de nuestra educación terrenal en la *Escuela del Amor*. Yo hubiera anhelado haber sabido esto cuando mi abuela repentinamente se graduó. Aunque hubiera habido la necesidad de procesar el dolor natural humano de mi pérdida, mi actitud habría sido muy diferente.

¿Estás pensando *"que es lo que Samia está diciendo? ¡No la comprendo!"* No te preocupes. No me he vuelto loca de repente al llegar casi a la conclusión de este libro de la jornada mi vida. Realmente es todo lo contrario. La vida nunca ha tenido más sentido para mí como hoy. Permíteme compartir otra *"Teoría de Samia"* de lo que pienso que es propósito verdadero de nuestras jornadas en la vida.

Así como fui a estudiar en Francia durante un año a un programa educativo al extranjero, de igual manera cada uno de nosotros está actualmente estudiando en el extranjero en un programa educativo terrenal intensivo en la *Escuela del Amor*. Para aumentar al máximo esta experiencia educativa, debemos recordar siempre que nuestro propósito aquí es crecer y madurar espiritualmente a través de todas las lecciones que aprendemos mientras vivimos temporalmente en la tierra. Sin embargo, no debemos olvidarnos que nuestra casa permanente es el cielo. No debemos olvidarnos que cada uno de nosotros tiene permitido merecer el cielo; sólo necesitamos perseverar en nuestra misión de seguir a Dios. El cielo es un lugar hermoso lleno de amor perfecto y armonía. Todo es majestuoso e impresionante. No existe el odio, la enfermedad, los celos, la violencia, el sufrimiento o la tristeza, el dolor o el egoísmo. El cielo simplemente es *perfecto* y no podemos compararlo con nada de lo que nosotros conocemos aquí.

Nosotros somos una familia,[56] a pesar de nuestras creencias, etnicidad, color, nacionalidad o género y Dios es Nuestro Padre Celestial.[57] Él es un Espíritu, **Un Dios** que existe a través de vivir mutuamente en **tres Personas** distintas, coeternas, coexistentes e iguales: Padre, Hijo y Espíritu Santo - "la

---

[56] Efesios 3:14-15, Efesios 2:19

[57] Mateo 6:9

Santa Trinidad." Dios el Padre y Dios el Espíritu Santo tienen una naturaleza, divina. Dios el Hijo, Jesús, es Una Persona con dos naturalezas distintas, humana y divina. Cuando Él murió en la cruz, Él solamente murió en Su naturaleza humana. A través de Su Naturaleza Divina, Él triunfó sobre la muerte y resucitó al tercer día. En nuestra humanidad, es muy difícil que comprendamos el concepto de la Trinidad, Un Dios en Tres Personas Distintas. Muchos estudiantes en la Escuela no entienden la naturaleza de la Trinidad de Dios. Alabar a Dios "Trino o Trinitario" **no** implica politeísmo o el culto de tres dioses separados. **Hay sólo UN Dios** que se manifiesta en **tres personas distintas ligado en amor perfecto, unidad y cooperación.** Éste es un misterio que nosotros sólo comenzaremos a entender completamente después de habernos graduado a nuestra casa en el cielo. Mientras tanto, se nos pide que practiquemos la virtud de la fe. Mientras estaba en oración, el Señor me dio una analogía tangible de la Trinidad para que yo pudiera comprender con mi mente humana finita. Él comparó la Trinidad con el agua. El agua es un compuesto químico esencial que mantiene la vida en los humanos, las plantas, los animales y toda cosa viviente en la tierra. Aunque el agua existe en tres estados distintos - el sólido (hielo o nieve), líquido y gas (nubes o nieblas) - la esencia permanece la misma, una y la misma agua. Puede existir simultáneamente en los tres estados distintos – por ejemplo un lago profundo en un día helado y brumoso. Debido a la profundidad del lago, el agua encima está helada (el hielo) mientras el agua bajo el hielo es líquida y el agua en el aire (la niebla) es el gas. Igualmente, Dios es tres en uno. Dios es las tres Personas inseparables juntas unidas en el amor perfecto y son una sola persona. San Juan dice que *"Dios es Amor"*[58] esto aplica simultáneamente a las tres personas. Las tres Personas - son Un Dios - Dios *es* Amor. **Parecido al agua, Dios (La Santa Trinidad) es esencial para sostener la vida en los seres humanos, las plantas y los animales.**

Cuando Dios Hijo se encarnó en nuestra humanidad y se volvió el Hijo de Hombre, Cristo Jesús, se vio físicamente en la tierra en Su "estado sólido," *hablando metafóricamente,* sin dejar a Dios Padre. Él retuvo Su esencia coeterna, coexistente, con Dios el Padre y Dios Espíritu Santo. Muchos estudiantes en la tierra han crecido creyendo que nadie sabe, o debe atreverse a decir, quién es Dios. Ellos lo conocen intelectualmente como un concepto o una idea una decisión de poder en el mundo. Por consiguiente, han sido incapaces de comprender cómo Él puede ser en un "estado sólido" tangible, no reconociéndolo como su Dios. Dios el Hijo, Cristo Jesús, apareció en Su "estado sólido," como el Hijo de Hombre. Retuvo Su naturaleza divina y lo mostró repetidamente a través de todos los milagros que realizó mientras estaba en la tierra – sanando al enfermo, sanando al ciego, sanando a los paralíticos, expulsando demonios y espíritus impuros perdonando los pecados, resucitando a los muertos y finalmente Su resurrección victoriosa de la muerte al tercer día. No obstante, muchos de los corazones de los estudiantes están cegados por las mentiras venenosas de Satanás, el mal y esquemas engañosos y estas personas no pueden reconocer a Dios en Su forma humana aunque todos Sus mecanismos divinos en la tierra hablaban de Él. Él todavía fue

---

[58] 1 Juan 4:8

capaz de aparecerse a Sus apóstoles y a centenares de personas[59] después de Su Resurrección. Jesús es *"la imagen del Dios que no se puede ver, y para toda criatura es el Primogénito."*[60] *"Él nos arrancó del poder de las tinieblas y nos trasladó al Reino de su Hijo amado. En Él nos encontramos liberados y perdonados."*[61] *"Porque en Él fueron creadas todas las cosas, en el cielo y en la tierra, el universo visible y el invisible, tronos, gobiernos, autoridades, poderes. Todo fue hecho por medio de Él y para Él. Él existía antes que todos, y todo se mantiene en Él. Y Él es la cabeza del cuerpo, es decir, de la Iglesia, Él que renació primero de entre los muertos, para que estuviera en el primer lugar en todo."*[62]

Antes de Su Pasión, Jesús instruyó a Sus apóstoles *"...Yo soy el Camino, la Verdad y la Vida. Nadie va al Padre sino por mí. Si me conocen a mí, también conocerán al Padre. Pero ya lo conocen y lo han visto... ¿No crees que yo estoy en el Padre y que el Padre está en mí? Cuando les enseño, esto no viene de mí, sino que el Padre, que permanece en mí, hace sus propias obras. Yo estoy en el Padre y el Padre está en mí. Créanme en esto, o si no, créanlo por las obras mismas."*[63] *"Yo y el Padre somos una sola cosa."*[64]

---

[59] Mateo 28: 1-20, Marcos 16: 1-20, Lucas 24: 1-53, Juan 20:1-30, 21:1-25, Hechos 1:1-12

[60] Colosenses 1:15

[61] Colosenses 1:13-14

[62] Colosenses 1:16-18

[63] Juan 14: 6-8, 10-11

[64] Juan 10:30

Después de la resurrección de Jesús, ascendió al cielo. Fue alzado en una nube ante los ojos de Sus apóstoles, dejándolos con la promesa de enviar al Espíritu Santo. El Espíritu Santo es la tercera Persona de la Trinidad, es una manifestación del AMOR continuo de Nuestro Padre. Jesús dijo a Sus apóstoles: *"y yo rogaré al Padre y les dará otro Protector que permanecerá siempre con ustedes, el Espíritu de Verdad, a quien el mundo no puede recibir, porque no lo ve ni lo conoce. Pero ustedes lo conocen, porque está con ustedes y permanecerá en ustedes. No los dejaré huérfanos, sino que volveré a ustedes."[65]*

Todos nosotros somos sus Hijos Preciosos.[66] Él nos tejió cuidadosamente en el vientre[67] y hasta nos ha nombrado a cada uno de nosotros incluso cuando estábamos en el vientre de nuestra madre terrenal;[68] todos somos hermanos y hermanas. Nuestro Padre ha decidido enviarnos al extranjero a estudiar temporalmente en la tierra. La nacionalidad aquí se llama Humanidad. Los idiomas que nosotros hablamos varían, depende de nuestro papel y tarea a través de nuestra educación. Todos estamos matriculados en la misma escuela llamada la *Escuela del Amor*. La tierra es muy diferente a nuestra casa en el cielo. Necesitamos llevar un traje especial diseñado específicamente para vestir nuestras almas en este mundo terrenal. Este traje se llama "cuerpo físico" y está hecho de un material interesante se llama "carne." Nuestra

---

[65] Juan 14:16-18

[66] 1 Juan 3:1

[67] Salmo 139:13

[68] Isaías 49:1

humanidad se crea en la imagen divina y semejanza de la Santa Trinidad.[69] Cada detalle de nuestros trajes está precisamente diseñados, dependiendo del rol especial que se nos haya dado o la tarea en la *Escuela del Amor*. La escuela funciona de una manera similar en la cual la vida es como una obra de teatro donde se nos han dado diferentes papeles en esta obra. Hay diferentes personajes involucrados en esta obra. Los personajes visten una variedad de trajes de diferentes colores y diseños, depende de los diferentes roles en esta obra. La diversidad de trajes es crucial ya que mantiene la inspiración de la obra y desafía a todo el mundo involucrado. Si todos los trajes fueran iguales, la obra sería demasiado aburrida y poco interesante. Algunos personajes tienen papeles serios y que duran mucho tiempo en la obra. Otros tienen roles que son muy pequeños y desaparecen de la obra después de que su parte ha terminado. Algunos personajes mueren trágicamente mientras otros se mueren de enfermedades o causas naturales. Cada papel está perfectamente escrito por el autor, nuestro Padre Celestial. Él escribe a la perfección cada rol y cada guión pero Él da a los personajes la libertad de improvisar durante la obra previniéndolos de los peligros de que se puedan salir del guión.

En la *Escuela del Amor*, nuestro Padre nos da una tarjeta de identificación de estudiante única llamada "huella digital" con la esperanza de que estas huellas digitales nos recuerden que somos especiales. No hay un ser vivo ahora, en el pasado, o en el futuro que tenga las mismas huellas digitales. ¡Él nos dice que incluso cada pelo en nuestras cabezas está numerado![70] Él

---

[69] Génesis 1:26-27

[70] Mateo 10:30

sabe que debido a nuestro estudio en el extranjero, las tentaciones terrenales serán muy influyentes y seductoras, causándonos que nos olvidemos de Él, de nosotros, de nuestra casa permanente en el cielo, y de nuestras verdaderas identidades y de quiénes somos verdaderamente: Hijos de Dios.

Hemos sido enviados a esta escuela intensiva para avanzar nuestra educación en un tema muy importante, que es el curso del AMOR. Nuestro Padre sabe que entre más avancemos en el curso de AMOR, más grande será nuestra capacidad de experimentar y disfrutar Su amor por nosotros. En el cielo, el amor naturalmente llena a todos y todo. Nuestro Padre, quién es AMOR,[71] ha creado todo con amor en armonía con Su esencia. No hay ningún desafío para amar a otros en el cielo. El amor es el estado natural de cada espíritu allí. Todos los hermanos se aman sin interés, celos o comparaciones.

Para saber realmente lo que es el AMOR se nos exigen que tomemos algunas clases muy difíciles que son cruciales para acelerar el proceso de aprendizaje. Estas clases incluyen: sufrimiento, sacrificio, el darse uno mismo, dolor y enfermedad. Cuando estas clases se ponen muy difíciles, Dios nos "regala" las lágrimas para dispersar la presión. Él nos advierte que con cada una de estas clases, puede haber un curso de laboratorio adicional, llamado "el mal." Este curso es manipulado por medio de trampas de un artista impostor y amargado llamado Satanás. Él ha estado rabioso con nuestro Padre, el Director de la Escuela, ya que él es muy celoso de todos nosotros, los estudiantes, porque el Director nos ama a cada uno de nosotros.

---

[71] 1 Juan 4:8

Satanás quiere hacer todo lo posible con su poder para que reprobemos[72] todas las clases y que nos llenemos de amargura con nuestro Padre Celestial quién nos ha enviado aquí para estudiar. La esperanza de Satanás es de influenciarnos fuertemente con su propio curso del laboratorio para que nosotros rechacemos a nuestro Padre aquí en la tierra y aun después de nuestra graduación. Su estrategia principal es intentar inyectar nuestras mentes con sus venenos tóxicos **de miedo, desconfianza y duda**. El miedo normalmente es una señal de la falta de fe y confianza en el AMOR de nuestro Padre por nosotros. La fe y confianza son virtudes esenciales e ingredientes para sostenernos en nuestro crecimiento mientras que estamos en el extranjero. Nuestro Padre Celestial nos dice que la única manera en que Satanás puede reclamarnos para él, es si nosotros nos damos por vencidos y no creemos en el AMOR que nuestro Padre tiene por nosotros. Nuestro Padre nos recuerda que Su amor siempre será mayor que cualquier desobediencia u ofensa contra Él. **Él siempre nos perdonará, todo sin importar lo que hayamos hecho, si le pedimos perdón con nuestros corazones arrepentidos y humildes.** Sólo necesitamos estar conscientes de las desviaciones de Satanás y de no caer en sus trampas engañosas. El curso del laboratorio de Satanás es un desafío adicional en todos nuestros cursos. Entre mejor lidiemos y combatamos con las pruebas del diablo y persecuciones, mayor será nuestro crecimiento en la fe, confianza, esperanza y especialmente en el AMOR. Es precisamente a través de éstas "tensiones" que el crecimiento del AMOR es acelerado. Es por eso que no crecemos de la misma manera en el cielo porque todo es armonía allí. Estas tensiones no existen allí, no hay

---

[72] Apocalipsis 12:17

ningún desafío. Nuestro Padre promete mandar a Satanás y sus seguidores al infierno una vez que todos nosotros nos hayamos graduado.[73] Después de eso, Nuestro Padre no tendrá ningún propósito para él. Él nos dice que cuando estos cursos se pongan difíciles y dolorosos, debemos recordar que hay siempre una lección que aprender en cada curso. Necesitamos recordar y hacernos la siguiente pregunta: *¿Qué es lo que debo aprender de esto?* Esta pregunta nos ayudará a que veamos estas clases de una forma más positiva y por consiguiente aceptar el desafío y crecer con AMOR.

Porque nuestro Padre Celestiales nos ama, Él también incluye clases de apoyo y gracia tales como el perdón, la confianza, la fe, la esperanza, la misericordia, la alegría, la paciencia, la perseverancia, la compasión, la comprensión y la paz. Él enfatiza que el curso del perdón es muy importante. Nosotros necesitamos practicarlo continuamente ya que es esencial para nuestro crecimiento en el AMOR. Él agrega que siempre debemos perdonarnos los unos a los otros pero también debemos perdonarnos a nosotros mismos. Si tenemos dificultades con este curso, Él ofrece darnos ayuda con toda la gracia que nosotros necesitemos incluyendo la "risa" para compensar durante los tiempos difíciles de estos cursos.

Como el Director de la *Escuela del Amor,* Nuestro Padre tiene la autoridad máxima en todas las materias relacionadas con nuestra experiencia educativa pero Él no quiere ser un dictador. Él nos dice que nos dará libertad a través de algo llamado "libre albedrío" mientras practicamos nuestros papeles y terminamos nuestras tareas. Algunos papeles son más fáciles que

---

[73] Mateo 25:14

otros. Algunos serán más desafiantes debido a las persecuciones y adversidades que enfrentarán. Los papeles difíciles están acompañados de oportunidades grandes para AMAR. Nuestro Padre también da a cada uno de nosotros una "tarea especial." Esta tarea sólo puede ser realizada por una persona específica. Aunque podría aparecer que algunas tareas son más importantes que otras, Él nos asegura que todas son de igual importancia ante Sus ojos. Nosotros debemos completar nuestra tarea antes de la graduación. Una vez que la tarea se haya terminado, nos podremos graduar y regresar a casa. Para ayudarnos con nuestra tarea, Él nos forma en grupos diferentes para ayudarnos entre nosotros mismos. Cada grupo se llama "familia." Nuestra familia será el primer lugar donde aprendamos y practiquemos el AMOR. Es el lugar dónde los desafíos para amar y perdonar son más grandes debido a nuestra naturaleza humana y nuestras heridas las cuales crean tensiones con el contacto frecuente. Sin embargo, este grupo también será una gran fuente de apoyo y amor. Él nos da a cada uno de nosotros un "padre" y una "madre" quién son las dos primeras personas en enseñarnos acerca del AMOR. Los padres representan y reflejan a Dios y Su amor por nosotros. Si somos criados en una familia amorosa con padres amorosos, esto se reflejará en nuestra percepción de Dios y Su amor para con nosotros de una manera positiva y saludable. Desgraciadamente, Satanás sabe esto y por consiguiente, él lanza ataques a la familia causando problemas e incluso una división permanente llamada "divorcio." Desgraciadamente, los divorcios causan muchas heridas en los corazones y las almas de los niños ya que sacude los cimientos y vínculos con los padres. El divorcio afecta su autoestima, su sentido de pertenecer, su seguridad en la vida pero más importante todavía la confianza en sus padres y por consiguiente esto resulta en su desconfíanza en Dios.

¿Cómo puede confiar un niño en el "Padre Celestial invisible," si el niño ni siquiera puede confiar en el padre terrenal o madre visible? Esto normalmente causa heridas severas en la relación del niño con Dios. A Satanás le encanta inyectar sus mentiras en estas heridas para causar mucha vergüenza y hacer que el niño se sienta responsable de esto y que no es amado, que es indigno, culpable, y que está abandonado. Para proteger la unidad familiar, nuestro Padre les pide a las familias que oren juntas diario para obtener protección espiritual y gracia. Así como la unidad familiar hace todo lo posible por protegerse del daño físico, también necesita hacer todo posible por protegerse de las amenazas espirituales. La oración familiar es la respuesta para obtener ayuda celestial y protección.

Nuestro Padre nos recuerda que Su amor por nosotros es muy maternal. *"Pero, ¿puede una mujer olvidarse del niño que cría, o dejar de querer al hijo de sus entrañas? Pues bien, aunque alguna lo olvidase, yo nunca me olvidaría de ti. Mira cómo te tengo grabada en la palma de mis manos."*[74] Él siempre nos estará cuidando. Nosotros siempre podemos llamarlo para pedirle ayuda.[75] Nuestros teléfonos terrenales no pueden usarse para esto; necesitamos usar el teléfono espiritual para tener una conexión perfecta. Él nos da una poderoso teléfono móvil llamado *Oración*; este nos ayudará a obtener cualquier cosa que le pidamos,[76] si esto es bueno para nuestro crecimiento y educación. Para hacer esta llamada, debemos mirar hacia

---

[74] Isaías 49: 15-16

[75] Salmo 50:15

[76] Marcos 11:24

nuestros corazones. Él nos dice que Él siempre estará disponible a través de la oración, veinticuatro horas al día. Su línea nunca está ocupada. Él promete que nunca nos pondrá en espera y siempre contestará nuestras llamadas.[77] Él nos previene que para tener una conexión de teléfono buena con Él, debemos estar enfocados y en silencio para poder conectarnos interiormente.[78] Aunque nuestro Padre ya sabe todas nuestras necesidades antes de que nosotros le pidamos,[79] Él quiere que oremos y nos conectemos con Él. La oración es un instrumento muy poderoso para nosotros. Necesitamos orar los unos por los otros; esta es una de las maneras en que expresamos nuestro amor el uno por el otro y esto aumenta nuestra capacidad de amar.[80] La oración nos fortalece durante las tentaciones y pruebas ya que la carne es débil aunque el espíritu este deseoso.[81] La oración nos ayuda cuando luchamos contra el orgullo cuando nos esforzamos a ser humildes. Cuando oramos, reconocemos nuestras debilidades y limitaciones como humanos; nosotros nos humillamos ante el poderío de Dios.[82] *"...Porque el que se hace grande será humillado, y el que se humilla será enaltecido."*[83]

El Señor Jesús fue encarnado para testificar la verdad y Él nos pide que

---

[77] Isaías 58:9

[78] Mateo 6:6

[79] Mateo 6:8

[80] Santiago 5:16

[81] Marcos 14:38

[82] 1Pedro 5:6

[83] Lucas 18:14

siempre busquemos Sus caminos buscando siempre "la verdad." Él nos dice: *"...Todo el que está del lado de la verdad escucha Mi voz."*[84] Él nos advierte que durante nuestros años en el extranjero, nos ofrecerán muchas verdades falsas de Su enemigo, Satanás cuyo sólo objetivo es destruir nuestra experiencia educativa y enseñarnos clases adicionales no-recomendadas tales como juzgar, orgullo, odio, división, destrucción, rechazo, egoísmo y prepotencia. Nuestro Señor nos ordena que dejemos de juzgar a otros o seremos juzgados de la misma manera con la misma medida que nosotros aplicamos a otros. Él nos recuerda que veamos nuestros propios errores e imperfecciones primero antes de señalar las imperfecciones de los otros.[85]

Nuestro Padre ha creado nuestras almas humanas y espíritus para que siempre tengan sed de Él ya que Él es la fuente de sabiduría y fuente de amor eterno. Él nos enseña a través de San Agustín de Hipona - un estudiante fiel que se graduó en el año 430 – a buscar la verdad y a encontrar a Dios, así como él lo hizo, que al fin se volvió un santo. Agustín había estado viviendo bajo las garras de Satanás durante muchos años y estaba obstinado en seguir el camino del mal. Él es recordado por su famosa frase en su libro autobiográfico:[86] *"Nos hiciste para Ti, y nuestro corazón está inquieto hasta no encontrar descanso en Ti."* San Agustín buscó la verdad y encontró a Dios en quien su corazón inquieto pudo encontrar paz. Como resultado, lleno del

---

[84] Juan 18:37

[85] Mateo 7:1-5

[86] Augustine. *The Confessions of Saint Augustine.* Baker Book House, 2005, 17.

amor del Señor Jesús, San Agustín consagró su vida a enseñar acerca de Dios y de su fe.

Para mantenernos al tanto, Nuestro Padre nos recuerda que leamos siempre Su "carta de amor" - la Santa Biblia ya que esta nos enseñará más acerca de Él y la historia y objetivo de la Escuela. Aunque Su carta podría parecer larga o demasiado histórica, Él nos asegura que cuando necesitemos respuestas a nuestras preguntas durante la jornada, Él hablará a nuestros corazones frecuentemente a través de ella. La carta está compuesta de dos partes importantes que se llaman "El Antiguo Testamento" y el "el Nuevo Testamento." El Antiguo Testamento nos recuerda el principio de la *Escuela del Amor*. Narra cómo nuestro Padre Celestial formó todo alrededor de la escuela para reforzar nuestra educación. Él creó todo con lo que estamos familiarizados, tiempo y espacio tierra, agua, cielo, vegetación y animales.[87] Después que Nuestro Padre creó el ambiente de nuestra escuela, Él creó a nuestro primer hermano espiritual y hermana, Adán y Eva. Él vio todo lo que había hecho y lo encontró muy bueno.[88] En esta bondadosa creación de nuestro Padre, Satanás insinuó su cabeza maligna. Desgraciadamente, Adán y Eva cayeron en las trampas de Satanás ya que no obedecieron a Dios de no comer de la fruta del Árbol de Conocimiento del Bien y del Mal. Su caída afectó a toda la humanidad. Como resultado, aunque Adán y Eva se graduaron, no pudieron regresar a su casa eterna ya que ellos habían desobedecido gravemente a nuestro Padre. De esta manera se cree que Adán y

---

[87] Génesis 1:1-25

[88] Génesis 1:31

Eva junto con otras almas fieles que siguieron después quedaron exiliados en un lugar desterrado por miles de años. La carta de amor de nuestro Padre nos prometió salvación a lo largo de la historia del Antiguo Testamento que Él nos restituiría de las trampas de Satanás viniendo a la tierra como el Mesías, el Ungido, conocido por nosotros como el Hijo Único de Dios, Jesucristo.

Como se nos ha enseñado en el Nuevo Testamento, el propio Dios volvió a abrir las puertas del cielo a todos Sus hijos a través de los eventos históricos más importantes en la historia de la Escuela, Su Pasión, la Muerte en la cruz y Resurrección de la muerte. Nuestro Padre, **en Su amor perfecto que tiene para todos nosotros**, se humilló completamente, viniendo a la tierra y volviéndose uno de nosotros a través de Su propia encarnación, asumiendo nuestra naturaleza terrenal, como se profetizó en el Antiguo Testamento. "... *La joven está embarazada y da a luz un varón a quien le pone el nombre de Emmanuel,*[89] *es decir: Dios-con-nosotros.*"[90]

El nacimiento de Jesús en Belén,[91] Su ministerio,[92] Su pasión, muerte[93] y Su resurrección[94] fueron profetizados en el Antiguo Testamento. Trágicamente, por el orgullo, ignorancia, celos y miedo, los suyos traicionaron a Jesús y lo condenaron a la muerte en la cruz. A pesar de esto,

---

[89] Isaías 7:14, también Mateo 1:23

[90] Mateo 1:23

[91] Miqueas 1:5

[92] Isaías 61:1-2, Lucas 4:16-12

[93] Isaías 53:7-11

[94] Oseas 6:2

Jesús nos enseñó la lección más grande de AMOR y perdón cuando dijo, mientras moría en la cruz *"Padre, perdónalos, porque no saben lo que hacen."*[95]

Jesús también nos enseñó durante Sus últimas veinticuatro horas que el AMOR no es un **sentimiento**. El AMOR es una **decisión**. Él estaba en gran agonía cuando Él oró en el Jardín de Getsemaní. Él oró tan fervorosamente que su sudor se volvió gotas de sangre derramadas en el suelo.[96] A pesar de Su gran agonía y la oscuridad en Su alma, Él decidió beber de la copa del sufrimiento y así mostró Su gran AMOR por todos nosotros haciendo la voluntad de Dios Padre. Cuando estaba en la cruz nos dio a Su propia Madre María como nuestra madre, delegando a Su apóstol Juan como su hijo.[97] Nuestro Padre Celestial escogió a María de entre todas las mujeres debido a su increíble humildad, amor y rendición total a Su divina voluntad. Aunque ella era una virgen cuando el ángel anunció a María que ella concebiría al Hijo de Dios por medio de la sombra del Espíritu Santo,[98] ella entendió el ridículo y las persecuciones que ella tendría que enfrentar como resultado de su embarazo fuera del matrimonio. María sólo era novia (prometida) de José y no vivían juntos. En la cultura estricta de esos días que es muy similar a la que yo fui creada, ella pudo ser apedreada a muerte pero María se sometió totalmente y dijo **SÍ** a Dios cuando ella dijo con mucha humildad y amor:

---

[95] Lucas 23:24

[96] Lucas 22:44

[97] Juan 19:26-27

[98] Lucas 1:35

"...Yo soy la servidora del Señor, hágase en mi tal como has dicho."[99] Nuestro Señor Jesús y María moldean el tipo de vida que nosotros debemos llevar en esta escuela - una vida de perdón, humildad, fe, simplicidad y rendición total a la voluntad de Dios.

La graduación es el único evento garantizado después de la concepción que todos experimentaremos en la tierra. Como parte de nuestra graduación, dejaremos nuestro cuerpo físico en la tierra. Ya no necesitaremos los cuerpos terrenales cuando regresemos a la casa del cielo ya que no se necesitaran allí. En cambio, recibiremos nuestros cuerpos glorificados.[100] Muchos de nosotros podríamos estar tan atados a nuestras jornadas terrenales que podríamos olvidarnos en el futuro que sólo estamos estudiando temporalmente en la tierra. Durante la graduación algunos podríamos estar influenciados por las clases de Satanás y sus esquemas que rechazaríamos Dios a pesar de todo Su amor por nosotros. Podríamos estar todavía llenos de mucho odio y rabia contra Él. En este evento, aunque Él no desea esto para ninguno de Sus queridos hijos, Él necesitará enviarnos a otra casa permanente además del cielo, llamado infierno. Así como todo en el cielo está en un estado de amor perfecto, armonía y paz, el infierno es un lugar dónde no existe el amor, la armonía ni la paz. Es un requisito en el cielo que estemos llenos de amor y de desechar cualquier negatividad que hayamos podido agarrar mientras estudiábamos en la tierra. Si agarraremos cualquier toxina terrenal que contaminara nuestros espíritus, tales como la falta de amor, odio, falta de

---

[99] Lucas 1:38

[100] 1Corintios 15:39-44

perdón, y prejuicios hacia otros, necesitaremos ir a un lugar anexado al cielo llamado purgatorio para purgarnos de todo los efectos dañinos de estas toxinas.[101] Este lugar es similar a un "cuarto de vapor." Daremos la bienvenida a los beneficios positivos que producirá en nuestros espíritus y en el futuro nos permitirá que estemos con nuestro Padre quién es el AMOR perfecto. Si vamos directamente al cielo o al purgatorio, nosotros permaneceremos siempre en comunión – ésa es la unión espiritual - con nuestros hermanos amados que todavía están estudiando en la tierra.

Necesitamos practicar el AMOR entre todos nosotros, sobre todo con nuestras familias, entre sí, con los extraños e incluso con nuestros enemigos. Nuestro Señor nos pide que hagamos todo con AMOR. Él nos ordenó: "*...que se amen unos a otros como yo los he amado. No hay amor más grande que dar la vida por sus amigos*"[102] El apóstol amado de nuestro Señor Juan también dice: "*El que no ama no ha conocido a Dios, pues Dios es Amor.*"[103] Las cosas no tienen valor si no se hacen con AMOR. El AMOR debe ser el objetivo esencial de todo lo que hacemos y la razón por la cual lo hacemos. En realidad, creo que una vez que nos graduemos y regresemos con nuestro Señor en el cielo, Él nos hará sólo una pregunta: **¿Cuánto AMASTE?**

La Madre Teresa de Calcuta se graduó en 1997 y ejemplificó cómo practicar el AMOR en todo y con el todo el mundo. La mayor parte de su vida, sirvió al más pobre de los pobres, al enfermo, al huérfano y al

---

[101] 2Macabeos 12:42-46, Lucas 12:58-59, Apocalipsis 21:27, 1Corintians 3:10-15

[102] Juan 15:12-14

[103] 1Juan 4:8

moribundo. En su gran amor, ella sirvió a todo el mundo por igual sin discriminación, sin tener en cuenta la religión, credo, color o nacionalidad. Ella vio a todos como hijos preciosos de Dios. Ella declaró frecuentemente durante sus entrevistas: *"No es cuánto hacemos, sino cuánto amor le ponemos al hacerlo. No es cuánto damos, sino cuánto amor ponemos en lo que damos. Nosotros no podemos hacer ninguna cosa grande, sólo cosas pequeñas con gran amor. Si realmente deseamos AMAR, debemos aprender a PERDONAR. Hay un hambre terrible por el amor. Todos experimentamos esto en nuestras vidas - el dolor y la soledad. Debemos tener el valor para reconocerlo. Los pobres pueden estar en tu propia familia. Encuéntralos. Ámalos."*[104]

Después de haber compartido la jornada de mi vida contigo, te podrías estar preguntando por qué nuestro Padre Celestial me ha permitido tener experiencias milagrosas en mi jornada ya que muchas personas no lo hacen. Tú podrías estar juzgando tu vida y podrías descontarla como menos importante en comparación con la mía. Créeme cuando yo te digo, Dios **no** me ama a mi o nadie más de lo que Él te ama **a ti**. Él nos ama a todos igual como Sus Hijos. Él no tiene preferencias entre nosotros.[105] Él nos ha dado una tarea y un papel diferente a cada uno de nosotros los cuales son de igual importancia para Él. La madre que está trabajando criando a sus niños en casa tiene una tarea *tan* importante como la tarea de cualquier ejecutivo en una corporación. Yo me atrevo a decir que ella tiene responsabilidades más críticas. Dios le ha confiado con las vidas de uno o más de Sus preciosos

---

[104] *Mother Teresa* (1986). Película de DVD de Ana Jeanette Petrie con una narración de Richard Attenborough www.motherteresa.film.com

[105] Hechos 10:34-35; Lucas 20:21

hijos. Nada es más importante para Dios que nuestras vidas. Yo nunca he tenido el gran privilegio de tener a un hijo, sólo Dios sabe si esto es aun parte de mi tarea, después de que yo encuentre y me case con mi amado. ¡Yo admiro mucho a cualquier mujer u hombre que estén criando una familia! Yo creo que ésta es una de las tareas más importantes que cualquier persona puede tener en la vida. ¡Qué nuestro Padre Celestial gustosamente bendiga sus corazones y familias y les dé toda la gracia que necesiten para perseverar en el trayecto de esta tarea!

Mientras estoy en la tierra, creo que parte de mi tarea es guiar a mis hermanos hacia el corazón amoroso de nuestro Padre y ser una de los muchos mensajeros de Su amor. Yo creo de verdad que ésta es la razón de este libro. *Sin Dios, mi vida no tiene ningún significado.* Yo siempre me conecto con Él por medio de la oración. Cuando yo persevero en mi educación humana y mi jornada, pienso como que si yo fuera un lápiz con el que Nuestro Padre Celestial escribe mi tarea para Su Gloria. Cada vez que me quiebro, Él me afila lenta y suavemente. Él seguirá afilándome hasta que yo termine mi tarea y regrese a Sus brazos amados. Ese día será glorioso para mí ya que será el Día final de mi Graduación. Yo anticipo esa fiesta majestuosa de graduación que nuestro Padre Celestial tendrá en mi honor después de que yo me gradúe de la *Escuela del Amor* en la tierra y regrese a nuestra casa eterna, el cielo.

¡Ahora yo rezo para que tú abras tu corazón para recibir Su amor cuando Él te hable!

Capítulo Diecisiete

El mensaje del amor

"Este es mi mandamiento: que se amen unos a otros como yo los he amado.
No hay amor más grande que dar la vida por sus amigos, y son ustedes mis
amigos, si cumplen lo que les mando."

Juan 15:12-14

Este capítulo debe ser leído después de que hayas completado la lectura de los capítulos anteriores. Espero que no te estés saltando los capítulos de este libro y que simplemente te saltes al final. Si lo estas haciendo, te pido amablemente te regreses a leer todos los capítulos que preceden este, en particular el Capítulo Trece. De otra manera, este capítulo no tendrá sentido para ti y me podrías juzgar severamente mal y desperdiciar el mensaje intencional del Señor para **TI**.

Durante los años 2006-2007, el Señor me habló a menudo al corazón para instruirme, para consolarme en mis adversidades y guiarme en varios aspectos de la jornada de mi vida. Al principio, yo no estaba planeando incluir ninguna de las palabras de las que Él me habló ya que eran personales y directamente relacionadas con los eventos que ocurrían en mi vida. Él me dio estas palabras en un transcurso de trece meses. Después de mucha oración, el Señor me dijo que las incluyera en mi libro. Aunque estas palabras fueron dichas al principio para el beneficio de mi jornada, el Señor me dijo que Él te hablará directamente a través de ellas para el beneficio de tu **propia** jornada. Él específicamente me pidió que yo las comparta **contigo**. Ésta será una conversación muy íntima entre el Señor y **tú**. Estas palabras ya no son para mí pero se volverán un curso adicional educativo para **tu** educación terrenal en tu *Escuela del Amor*, así como ellas ahora son parte de mi experiencia. Estas palabras tendrán un significado diferente para ti de lo que fueron para mí. Yo oro para que tú te des permiso de experimentar Su amor al leer estas palabras. Las palabras de amor son específicamente para **ti**. Él quiere que tú experimentes Su amor. Él no te forzará. ¡Él sólo tocará en la puerta de tu corazón para hablar contigo y siempre te amará independientemente de tu contestación!

Permíteme recordarte que yo soy sólo una mensajera humilde del Señor con la tarea de llevar Su amor hacia ti. Como yo soy tu hermana espiritual, ésta es parte de la jornada de mi vida, una de mis tareas de mi *Escuela del Amor*. El contenido de las palabras a continuación no me eleva sobre ti o nadie más. Nosotros todo somos iguales como Sus hijos queridos. Las palabras que siguen nos dan a cada uno de nosotros dirección amorosa para guiarnos y ayudarnos en nuestra jornada aquí en la tierra mientras nos encontramos fuera de nuestra casa real, el cielo. Así como el Señor me enseñó: *"La Verdad nunca necesita ser demostrada. Está de pie por si sola."*

Yo oro para tu protección. Yo te cubro completamente con la Sangre Preciosa de Jesús. Oro para que tu ángel guardián te escude y proteja a ti y tus seres queridos. Yo ato en el nombre del Señor Jesús cualquier espíritu demoníaco que esté alrededor de ti: *"Ustedes espíritus diabólicos no tienen autoridad para interferir con el mensaje que Jesús tiene para mi hermano o hermana. Vete inmediatamente sin dañar o perturbar a nadie y permítele al Señor Jesús tratar contigo como Él lo considere necesario."*

Los siguientes párrafos de este capítulo son las palabras que escuché que el Señor le hablaba a mi corazón, mientras que estaba en oración profunda durante un periodo de trece meses.[106] Recibe a **Jesús** y con Él su paz y amor mientras ahora **Él** le habla a tu corazón.

"Mi dulce hija (o hijo)*,*

"Yo he estado pidiéndote que me des treinta días de tu vida. Tú has permitido que muchas cosas se interpongan entre nosotros, y entre tú y tu libro. No te estoy reprendiendo. Sólo estoy hablando palabras verdaderas a tu corazón. Tú te frustras fácilmente y a menudo estás llena de desesperación. Necesito tu cooperación para lo que viene. Tu alma, y no sólo tu cuerpo, necesitan estar listos. Entrena tu alma tan duro como entrenas tu cuerpo

---

[106] Esto es considerado una revelación privada. Hay dos tipos de revelaciones: 1) las revelaciones públicas universales que están contenidas en la Biblia o en el depósito de la Tradición Apostólica transmitida por la Iglesia; estas revelaciones públicas terminaron con el predicar de los Apóstoles y deben ser creídas por todos; (2) las revelaciones privadas son las que constantemente están ocurriendo entre los Cristianos. Cuando la Iglesia aprueba revelaciones privadas, sólo declara que no hay nada en ellas contrario a la fe o las buenas morales, y que estas pueden leerse sin peligro o incluso con ganancia; no se impone ninguna obligación por eso en el creyente para creerlas. Esta revelación privada particular no ha sido oficialmente aceptada o desaprobada por la Iglesia.

cuando te ejercitas. Así como tú sientes los músculos creciendo en tu cuerpo, tú necesitas también experimentar eso con tu alma.

"Supera tus tentaciones. Yo necesito que tú permanezcas unida a mí. Cada vez que cometes pecados, tú cortas nuestra unión. Necesitas decir "no" al pecado para llegar a ser más fuerte con la gracia que te estoy dando. Resiste las tentaciones y serás más fuerte. Así es como entrenas tu voluntad. Practica hasta que sea algo natural para ti. Yo te amo, Mi dulce hija. No estoy reprendiéndote pero estoy amándote más tiernamente. Quiero que tú estés entrenada para lo que viene para que yo pueda manifestarme más poderosamente a través de ti. Todo lo que tú has recibido son vislumbres de esperanza que vendrá a su debido tiempo. Tú has recibido confirmación de tantos de Mis hijos, incluyendo a tu amiga.[107] Tu vida ha sido ungida y has sido escogida para traer paz. Tu libro se completará y yo lo inspiraré completamente. Mi Espíritu hablará a través de él. No te presiones. Necesitas seguir siendo un vaso limpio. Siempre permanece humilde, amorosa, y mansa. Ora, Mi dulce hija. Yo te daré las palabras. Permanece unida a Mi Sagrado Corazón y al corazón de Mi Madre querida que te ha escogido. Permanece cerca de su corazón. Aférrate a su rosario y medita en él. Permite que tus dedos se acostumbren a orar que ellos se sentirán abandonados sin el rosario.

"Quiero tu atención completa. Hazlo por Mi Gloria. Hazlo para la Gloria de la Santa Trinidad. No permita que nada te distraiga. Permanece enfocada. Permítame trabajar a través de ti. Todo lo que tenga que pasar, pasará. Se cumplirán las palabras de las que yo te he hablado. No te

---

[107]En esta situación específica, el Señor está refiriéndose a mi amiga Mónica.

preocupes por tu próximo empleo. Despreocúpate con eso por ahora. Yo prometí traer trabajo a ti. No quiero que hagas nada excepto que trabajes en tu libro. Necesita ser tu prioridad. Por favor considera Mis palabras, Mi hija preciosa. Necesito que entiendas la urgencia de lo que yo te estoy diciendo.

"Siempre sé disciplinada. Recuerda la disciplina con la que yo viví. Yo tuve tiempo para orar, tiempo para estar solo con Mi Padre Celestial aparte de Mis discípulos. Te pido que hagas lo mismo con tu vida. Quiero tener tu atención llena y enfocada. La lucha no puede ganarse sin la disciplina estricta. Designa horas específicas de tu día para estar conmigo en la adoración. No traigas tu teléfono móvil o nada que podría distraerte. Yo haré acordarte de los recuerdos e inspiraré las palabras para tu libro para que Mis otros hijos puedan conectarse. Escribe, hija Mía. Yo te daré todas las palabras de amor. No estés ansiosa. El Espíritu te inspirará con las palabras.

"No te preocupes por tus finanzas. Yo te proporcionaré todo lo que necesites diariamente. Medita a menudo en Mis Palabras en el Evangelio de Mateo 6:24-34.[108] Éstas son Mis palabras y promesas a ti.

---

[108] "Nadie puede servir a dos patrones: necesariamente odiará a uno y amará al otro, o bien cuidará al primero y despreciará al otro. Ustedes no pueden servir al mismo tiempo a Dios y al Dinero. Por eso yo les digo: no anden preocupados por su vida con problemas de alimentos, ni por su cuerpo con problemas de ropa. ¿No es más importante la vida que el alimento y más valioso el cuerpo que la ropa? Fíjense en las aves del cielo: no siembran, ni cosechan, no guardan alimentos en graneros, y sin embargo el Padre del Cielo, el Padre de ustedes, las alimenta. ¿No valen ustedes mucho más que las aves? ¿Quién de ustedes, por más que se preocupe, puede añadir algo a su estatura? Y ¿por qué se preocupan tanto por la ropa? Miren cómo crecen las flores del campo, y no trabajan ni tejen. Pero yo les digo que ni Salomón, con todo su lujo, se pudo vestir como una de ellas. Y si Dios viste así el pasto del campo, que hoy brota y mañana se echa al fuego, ¿no hará mucho más por ustedes? ¡Qué poca fe

"Estoy tratando de enseñarte lentamente cómo superar las debilidades de tu carne. La carne es exigente pero no puede dominar el alma. Tú tienes que entrenar estrictamente tu alma para controlar todos los deseos de la carne. Sé lo doloroso que es esto. Pasé cuarenta días en el desierto con tentaciones muy dolorosas. Dedica horas de tu día para estar Conmigo y sé fiel a esto.

"El ejercicio físico es muy importante para relajar tus tensiones y para relajar tu mente. Te ayudará a reenfocarte y conectarte de nuevo mental y físicamente.

"Estate en paz con todas las personas alrededor de ti, especialmente tu familia. Necesitas el apoyo y la fuerza de tu familia. Sé compasiva y cariñosa con tus padres. Estoy sanando tu relación con ellos. Necesitas estar en paz con ellos para poder llevar la misión adelante. Siempre toma el refugio en Mi Corazón. Yo quiero que tú estés en paz.

"Recuerda Mi Pasión. Medita en Mi Pasión y cómo reaccioné a las pruebas y las falsas acusaciones. Yo siempre reaccioné con paz, amor y obediencia. Nunca entretengas los argumentos del enemigo en tu vida. La división y fricción siempre vienen de él.

"La verdad nunca necesita ser comprobada. Está de pie sola. Siempre recuerda eso. Cuando conoces la verdad en tu corazón, permanecerás en paz,

tienen! No anden tan preocupados ni digan: ¿tendremos alimentos?, o ¿qué beberemos?, o ¿tendremos ropas para vestirnos? Los que no conocen a Dios se afanan por esas cosas, pero el Padre del Cielo, Padre de ustedes, sabe que necesitan todo eso. Por lo tanto, busquen primero su reino y su justicia, y se les darán también todas esas cosas. No se preocupen por el día de mañana, pues el mañana se preocupará por sí mismo. A cada día le bastan sus problemas."

no importa lo que este viniendo contra ti. Claro tú serás atacado en el mundo. No eres mayor que tu Amo. Da la bienvenida a los ataques con amor, alegría, paz y humildad. Yo usaré todo lo que tú me ofreces para salvar muchas almas.

"Tu voluntad fue varias veces rota cuando tú eras una niña. Te enseñaron a decir "no" o "sí" cuando en realidad no era tu verdadero deseo. Ahora estás aprendiendo a representar la verdad pero debes hacer todo con amor y humildad.

"Mantén tu corazón limpio, lento a la ira, manso y humilde. Vístete con Mi Amor y Humildad. Sólo abre tu boca para defender a otros o decir palabras de alabanza acerca de ellos. Por otra parte, guarda tu lengua y lo que sale de tu boca.

"¿Qué se tomará para que tú confíes en Mi Amor por ti? No busques el amor del mundo o halago. Siempre te defraudará. Busca Mi Reino primero; todo lo demás se te dará. Todos estamos juntos y unidos contigo en el cielo. Quédate conectada en mí y te guiaré paso a paso. Recuerda, cierra tus ojos, respira profundamente y consulta conmigo acerca de todo. Busca Mi Voluntad en todo. Yo te estoy afinando. Tendrás mucha sanación que vendrán a ti.

"Las cosas no siempre son como parecen en la vida. Fue en medio de oscuridad que yo triunfé victoriosamente sobre el pecado. Ninguna oración que tú hayas hecho por alguien no se ha ido sin ser oída o sin ser contestada.

"Yo oí tus súplicas y gritos, yo oí el grito de tu corazón. Nada se ha caído en oídos sordos. Tú eres la joya de Mis Ojos. ¡Yo te amo! Tu corazón anhela con dolor escuchar estas palabras, yo sé. Confía en mí porque yo soy tu Jesús. Yo he limpiado muchas veces tus lágrimas. No te desesperes. Recibe la gracia de Mi Victoria sobre Satanás. El enemigo se regocija destruyendo tus planes y trabajando contra ti. Siempre pide a otros que oren por ti pero confía tus pensamientos más profundos a mí. Persevera y no te rindas. Podría parecer que has perdido la lucha pero no la has perdido. Yo estoy fortaleciéndote. Yo sé cuánto has soportado en la vida. Yo sé cuánto has sufrido. Créeme cuando yo te digo que nada ha sido en vano en tu vida.

"Te cuesta trabajo entender Mi Voluntad. Estás cuestionando todo incluyendo lo que yo te estoy diciendo ahora mismo. No dudes de Mi Voz. Tú conoces la Voz de la Verdad. No pienses que te he abandonado ni por un segundo. Tú y yo estamos más unidos que nunca. Yo he estado purificando tu alma, haciéndola fértil, lista para lo que hay delante. Tú necesitas este tiempo de preparación. No tomes a la ligera lo que le espera al mundo. Tú tienes una misión importante por delante. Tú necesitas permanecer enfocada y unida a Mi Corazón. No temas. No te preocupes.

"Tú vida no es un fracaso. Deja de juzgarla desde el punto de vista del mundo. Mi dulce hija, yo estoy intentando enseñarte a unirte a mí en todo. No busques el amor y consuelo del mundo. Siempre te defraudará, como me defraudó a mí. La humanidad es débil y egoísta. El amor verdadero es muy raro en la tierra. Tú ya sabes eso. Une tu corazón completamente al Mío. Toma refugio en Mi Corazón. Yo no te abandono y nunca te abandonaré. Tus

luchas han sido largas y pueden parecerte sin sentido pero confía en Mi Amor y Misericordia. Ven y sumérgete en Mi Corazón.

"¿Por qué te detienes precisamente cuándo yo te pido que dejes ir todo completamente? Tú estás estancada en medio del camino y así retrasas el proceso de sanación. Con frecuencia has leído mal e interpretado mal las cosas. El conflicto viene del diablo, no de mí. El conflicto no es un instrumento de Dios pero sí del enemigo. Yo traeré bondad a cualquier situación. Yo traigo sanación. Regocíjate en tu sufrimiento yo lo estoy usando para la expiación de pecados específicos. Quiero que sepas que yo también amo a todos y que morí por todo el mundo. La gente está herida. A pesar de las apariencias materiales de lujo, se sienten más vacíos que nunca. No te crucifiques cuando no es necesario. Confía en tu corazón. Las personas que te han herido proyectaron sus heridas y sentimientos de culpa y resentimiento en ti. Las personas te aman con su capacidad para amar. No descalifiques lo que tú haces en sus vidas. Estarías haciéndoles una tremenda injusticia. Tú les traes tremendas curaciones a través de tus oraciones, ayunos, Misas y principalmente con el sufrimiento. Yo no permitiré esto sin premiarlo.

"Mantén tu corazón abierto y limpio. Quiero que me des todo el resentimiento y heridas que tú te estás guardando en tu interior. El enemigo quiere usar eso para torturarte y destruirte. Entrégame todo a mí ahora mismo y no tengas miedo. Nunca te defraudaré. Tú eres Mi fiel y obediente sirviente.

"Deja de juzgar a otros. Yo quiero que tú estés completamente en paz, llena de mí. Nada ha sido demasiado tarde en tu vida. Todos los días son un

nuevo principio y una nueva salida. Recuerda que yo hago todo nuevo. Yo te renovaré pero yo necesito tu participación. Yo necesito tu ayuda y obediencia. Por favor hazte una prioridad para ti misma. Trabaja en ti. Ponte primero. Yo no estoy pidiéndote que seas egoísta; necesito tu atención completamente para quitarte la amargura y ansiedad que estás sintiendo. Yo estoy purificando y santificando tu corazón y alma, día a día, minuto a minuto.

"El ayuno es crucial para tu crecimiento. Tienes que dominar tu carne para fortalecer tu alma. Cada vez que tengas tentación de comer, ore una Coronilla de la Divina Misericordia.[109] Yo prometo alejar la tentación de ti. Ora para que no seas tentada.

"La oración es tu respuesta a todo en la vida. Te conecta al Corazón del Padre y al Mío. Nosotros te fortaleceremos y te defenderemos. Por eso es que siempre tienes que estar en oración. Tú estás preguntándome que significa esto. Significa que tienes que estar conectada a mí. Entre menos estés "llena" de cosas mundanas, más clara será tu percepción y oído. Entre más "llena" estés ya sea con comida u otras personas, menos tiempo tendrás para oír Mi Voz. Tú estarás también distraída y te enfocarás en otras cosas. Enfócate en mí. Ámame. Habla conmigo. Llórame. Desahógate conmigo. Come Mi Comida Espiritual. Escucha Mi Voz y Consejo. Yo prometo darte todo lo que tú necesitas. Tú recuperarás tu alegría cuando experimentes Mi Amor completo.

---

[109] Para obtener más información sobre la Coronilla de la Divina Misericordia, por favor visite el sitio internet:
http://www.ewtn.com/spanish/prayers/Misericordia/Coronilla.htm

"*El cielo está orando por ti. Tú no estás sola y nunca estarás sola. Tu vida está a punto de cambiar dramáticamente. Yo quiero que estés lista. Únete completamente a mí. Nunca dudes cual especial eres para Mi Madre. Ella ha estado intercediendo por ti. No te apartes de ella. No dudes. No temas. No tengas miedo de recibir Mi Amor. Esto no es de ti ni para tu propia gloria. No tengas miedo de aceptarlo. Mientras que estés unida a Mi Corazón, yo no permitiré que te alejes. Nosotros somos uno, hija mía. Yo trabajaré a través de ti y dentro de ti. Lo que sigue adelante no será fácil pero yo ya he conquistado la muerte; nada es imposible. Yo te pido que tomes las cosas en serio. No te preocupes por tus finanzas. Yo estoy contigo manteniendo tus necesidades diarias.*

"*Muchas cosas se harán a través de tu jornada, a través de tu persona. Ves ahora por qué has sido atacada durante toda tu vida. Siempre permanece humilde y mansa. Permanece tranquila y amorosa. No juzgues. Algunos tendrán celos de los regalos que yo te he dado. No guardes rencor contra ellos. Se requiere gran amor para amar a otros de verdad sin interés propio. Este tipo de amor es el que experimentarás siempre en el cielo. No habrá necesidad allá de compararse. Todos nos vemos en relación con el Padre, en unión conmigo, el Hijo.*

"*No hay pierde cuando tú me buscas; tú nunca podrás agotar Mi Gracia, siempre habrá más. La fe es la magnitud de tus creencias. No pongas los límites en mí, que soy Ilimitado.*

"*¡Yo te amo hija mía!*"

Sobre la autora

Samia Mary Zumout nació en Jordania en el Medio Oriente en una familia católica. Su familia emigró a los Estados Unidos en 1983 cuando Samia tenía trece años. Samia asistió a la Universidad de California en Davis donde recibió doble licenciatura en Relaciones Internacionales y francés. Más tarde recibió su Doctorado de la Escuela de Leyes de la Universidad de San Francisco. Samia domina cuatro idiomas: inglés, árabe, español y francés.

En 1990 después que Samia estudió en Francia por un año, viajó con unas amigas a Europa. Durante este viaje, Samia viajó a Medjugorje en el país de Bosnia-Herzegovina, (anteriormente conocido como Yugoslavia) donde Nuestra Santísima Madre María ha aparecido diariamente desde 1981. Esta experiencia cambió la vida de Samia ya que experimentó en su corazón, por primera vez, el inmenso amor de Nuestro Señor Jesús por ella de una manera tan profunda que cambió radicalmente su vida. Nuestra Santísima Madre María la guió en el camino a vivir una vida sacramental centrada en la Eucaristía. Samia ha consagrado su vida para servir al Señor Jesús. Esto fue también el principio de la jornada de sanación interior de Samia y su ministerio de oración que la llevó a ser una mensajera y un instrumento del amor sanador de Dios para Sus hijos.

En el aspecto profesional, Samia ha trabajado como abogada por más de diez años. En su vida personal, ha pasado mucho tiempo en los ministerios de sanación interior y evangelización en los últimos nueve años. Samia ha obtenido agresivamente su propia sanación interior que le ha permitido a ayudar a otros en sus jornadas de sanación - especialmente después de haber sido entrenada en varios ministerios cristianos de oración y sanación.

En junio del 2006, Samia sintió un deseo muy fuerte en su corazón de escribir su autobiografía, *El Puente entre el Este y el Oeste: Una Jornada a la Verdad a través de Su Amor*. Al estar en profunda oración, el Señor Jesús le confirmó a Samia que el escribir este libro sería una parte importante en la misión de su vida ya que traería y acercaría a más gente a Su Corazón y que muchos experimentarían Su sanación amorosa al leer este libro de la jornada de su vida. El Señor le dijo a Samia que el libro sólo le llevaría 30 días para escribirlo si ella vivía una vida sacramental centrada en la Eucaristía, en profunda oración y ayunando durante este tiempo. Samia empezó a escribir el libro en julio 17, 2007 y el libro fue terminado el 15 de Agosto del 2007, exactamente 30 días después.

En julio de 2008, Samia fue invitada a Twin Falls, Idaho, a desempeñar un trabajo como misionera en la Iglesia Católica de San Eduardo hasta mayo de 2009. Samia dejó su carrera como abogada para seguir la voluntad de Dios en su vida y servir a Dios tiempo completo para traer la sanación amorosa de Él y Su presencia a Sus hijos heridos. En junio de 2009, Samia regresó a Sacramento, California. A través de la generosidad de la Parroquia Inmaculada Concepción, Nuestro Señor Jesús ha proveído a Samia con una oficina para poder realizar su ministerio de sanación interior. También, Samia viaja nacional e internacionalmente para compartir en inglés e español su testimonio y dar conferencias sobre la fe católica y sanación interior.

Información para ponerse en contacto

Si usted tiene cualquier comentario u quiere invitar a Samia a participar en eventos en su comunidad, por favor siéntase libre de contactar a la autora:

Samia Zumout

P.O. Box: 189451

Sacramento CA 95818

Correo electrónico:

samiazumout@yahoo.com

Sitio Web:

www.samiazumout.com

www.bridgebetweeneastandwest.com

Para ordenar copias del libro, por favor visite el sitio web:

http://booklocker.com/books/4177.html

www.samiazumout.com

CPSIA information can be obtained
at www.ICGtesting.com
Printed in the USA
FSOW02n1737061014
3197FS